AMÉLIE

ou

VOYAGE A AIX-LES-BAINS.

LYON, IMPRIMERIE ANDRÉ IDT.

AMÉLIE,

ou

VOYAGE A AIX-LES-BAINS

Et aux Environs,

PAR M. LE Cte DE FORTIS,

CHEVALIER DE LA LÉGION-D'HONNEUR, MEMBRE DE PLUSIEURS SOCIÉTÉS SAVANTES.

Utile dulci. (HORAT.)

TOME SECOND.

LYON,

CHEZ LES PRINCIPAUX LIBRAIRES.

1829.

CHAPITRE XV.

Promenade a Hautecombe.

> Les monumens parlent à notre esprit et à notre cœur avec bien plus de force que les pages les plus éloquentes de l'histoire... Le fondateur associe toujours sa gloire aux illustres souvenirs qu'ils consacrent.
>
> Saint-Denys, Superga, solitaire Hautecombe!
> Monumens érigés à l'immortalité!
> C'est vous qui retracez à la postérité
> L'histoire des bons rois écrite sur leur tombe.
>
> L'Auteur.

ARTICLE PREMIER.

L'AVENUE DU LAC PAR LE PORT DE PUER. — COUP-D'ŒIL GÉNÉRAL SUR LES RIVES DU LAC, NATURE DU PAYSAGE QU'ELLES PRÉSENTENT.

Au nord d'Aix, la route de Genève, qui est bordée de maronniers, s'embranche avec la belle avenue qui conduit au lac. A quelques pas du point de leur jonction, la vue qui embrasse ces deux routes se perd dans le lointain sous les beaux ombrages qui les couvrent, ce qui forme un magnifique coup-d'œil : on croirait voir les avenues de quelques grands parcs.

Vers le point d'embranchement est une promenade en forme de triangle arrondi à deux de ses extrémités. L'on rapporte que cette forme bizarre, imaginée par le sieur Lampoz, ingénieur piémontais, ayant attiré la raillerie des habitans d'Aix, ils donnèrent à cette promenade le nom de *Cul-de-lampe*, auquel le peuple substitua dans la suite le nom de *Gigot ;* c'est ce dernier qu'elle porte maintenant.

Cette promenade, ombragée de deux rangs de maronniers, laisse à désirer plusieurs agrémens qu'il serait facile de lui donner.

Près de là s'ouvre la magnifique avenue de peupliers d'Italie qui conduit au lac. A gauche de cette route, est une prairie arrosée par le ruisseau qui traverse la ville, auquel se joignent les eaux des deux sources thermales. La fertilité prodigieuse de cette prairie, qui appartenait autrefois au marquis d'Aix, avait passé en proverbe*.

* Les habitans d'Aix, pour rendre le sens de cette expression familière *Ce n'est pas le Pérou*, disaient : *Ce ne sont pas les prés du marquis d'Aix.*

En face du voyageur, et sur sa droite, la montagne de Saint-Innocent, déclinant du couchant au nord, paraît s'élever en forme de triangle. Sur son penchant, sont les vignobles de Touvières et de Pontpierre; et à gauche, la pointe de la colline de Tresserve séparée d'environ une demi-lieue de celle de Saint-Innocent. Sur un plan plus éloigné, la vue est bornée par le Mont du Chat, et les regards se portent sur l'échancrure de la montagne appelée le Passage du Mont du Chat. On aperçoit la rampe de la belle route d'Yenne.

« Ce paysage, dit Amélie, me rappelle d'agréables souvenirs : la verdure fraîche et brillante de ces prairies, la forme pyramidale de ces beaux peupliers, ces champs, ces vergers plantés de vignes en hautins qui s'élèvent sur les arbres et retombent en guirlandes, en un mot, ce riche paysage m'offre un tableau en miniature de ces vastes et magnifiques campagnes du Piémont et de la Lombardie, arrosées par une multitude de canaux. Je me crois encore dans les douces contrées

Del bel paese là dove' el si suona *. »

* DANTE ALIGHIERI. *Inf.*

La route est bordée de peupliers d'Italie jusques au torrent du Sierroz que l'on passe sur un pont de pierre. Elle suit la même direction sous l'ombrage de beaux noyers.

La vallée, qui se resserre entre la colline de Tresserve et les vignobles de la montagne de Saint-Innocent, est parsemée de vignes plantées en hautins et d'arbres fruitiers dont la végétation vigoureuse annonce la fertilité du sol.

Le port de Puer, auquel on arrive après environ trois quarts d'heure de marche, est le principal point de communication entre la France et la Savoie pour le transport des grosses marchandises qui descendent ou qui remontent le Rhône. On y trouve un bâtiment d'entrepôt.

Le lac forme un carré long, arrondi aux deux extrémités, d'environ quatre lieues de long sur une de large. Ce bassin est encaissé au couchant par la montagne de l'Epine dont les flancs escarpés sont dégarnis de bois, à l'exception de la partie où se trouve Hautecombe.

Au levant, se présentent les montagnes de Saint-Germain et de Chambotte couronnées par un immense rocher taillé à pic. Dans sa partie la plus élevée il forme une arête crenelée. Plus bas, on aperçoit au milieu des rochers quelques vignobles épars çà et là sur une pente rapide, ou suspendus sur des bancs de roches.

Au nord, les eaux baignent le roc de Châtillon qui s'élève comme un pic à l'entrée de la vallée de Chautagne. Au dessus de ce pic, s'élève un château flanqué d'une tour dont la sommité porte les traces du marteau révolutionnaire qui en détruisit une partie en 1792.

Du côté du midi, les regards se portent sur le lac bordé au levant par la colline de Tresserve et en partie par le coteau de Saint-Innocent.

La grande profondeur des eaux leur donne une teinte d'azur foncé qui contraste avec les couleurs sombres de ces deux grandes montagnes ; ce contraste, d'un effet piquant et singulier, est surtout remarquable pendant quelques heures, au lever du soleil et à son coucher, lorsque l'une des deux montagnes est dans l'ombre, tandis que l'autre est fortement éclairée.

Ce lac a d'abord porté le nom de *Châtillon*, ensuite celui du Bourget, sans doute en raison du château que les princes de Savoie y possédaient ; mais ce château, dont on a de la peine à reconnaître les ruines, n'existant plus depuis un grand nombre de siècles, c'est l'antique et célèbre monastère d'Hautecombe qui doit maintenant lui donner son nom ; nous ne le désignerons dans cet ouvrage que sous le nom de lac d'Hautecombe.

En partant du port de Puer pour arriver au monastère, on traverse le lac en suivant une ligne oblique du levant au couchant : le trajet est d'une heure. Lorsqu'on en a fait une partie, les regards se portent au levant sur la colline de Saint-Innocent couronnée par la montagne. Cette riche colline s'élève en amphithéâtre agréablement varié par des vignobles et des bois ; elle est parsemée d'habitations parmi lesquelles on distingue d'abord la charmante maison de campagne de M. Blanchard, sur le bord du lac ; plus haut, celle de M. son frère et celle de M. le docteur Despine, le village et le château de Saint-Innocent. Au couchant, et au bas de la montagne du Chat, à une distance des deux extrémités du lac, un peu plus rapproché de Châtillon, est un promontoire qui ne paraît accessible que par eau : c'est là qu'est situé le monastère d'Hautecombe.

Lorsqu'on est à peu de distance du bord, la rive méridionale de ce promontoire forme une petite baie couverte d'un bois de châtaigniers. Les branches de ces beaux arbres semblent se plonger dans le lac, et leur verdure contraste d'une manière agréable et piquante avec la teinte azurée des eaux.

Le monastère est un vaste édifice d'architecture moderne, dont la façade, ornée de deux pavillons, est tournée au midi; derrière, est l'église surmontée d'un clocher.

Ces bâtimens sont environnés d'une terrasse au pied de laquelle viennent battre les vagues. C'était le matin: l'ombre couvrait la montagne de la Chambotte; le monastère et les montagnes de l'Epine et du Chat étaient vivement éclairés par les rayons du soleil levant. Le lac était tranquille; sa surface unie et brillante réfléchissait ce charmant tableau, dont l'ensemble, vu à peu de distance du bord, produit un effet pittoresque. Ce grouppe, qui se compose de la petite baie couverte d'ombrages dont nous avons parlé, du monastère, de l'église, des terrasses qui l'environnent, du promontoire, forme un tableau comparable aux fabriques d'Italie.

Dans la saison des bains, cette partie du lac, animée par un grand nombre de barques, est fort gaie.

Plusieurs voyageurs, en parlant de ses rives, ont émis des opinions tout à fait différentes sur la nature du paysage, et sur l'aspect de ses bords. Les uns ont dit qu'ils présentaient un ensemble solitaire et sauvage, tandis que, suivant d'autres personnes, ces rives sont agréables et riantes.

Ces deux opinions ont chacune quelque chose de vrai, suivant la position du spectateur ou les différentes parties des bords du lac.

Toute la rive orientale de ce bassin, en partant de Saint-Innocent et en revenant au Bourget, présente des points de vue pittoresques et un riche paysage varié dans ses effets ; mais les autres parties du lac offrent un tableau tout différent, surtout si l'on se place sur les hauteurs de la montagne d'Hautecombe ou de Saint-Germain. On voit alors son bassin encaissé entre des montagnes inaccessibles par leurs escarpemens. En été, la teinte brillante du ciel anime les différentes parties de ce paysage et y répand une couleur de feu, au lever et au coucher du soleil.

Mais, dans les autres saisons, la scène change : les bords de ce lac, vus du milieu du bassin en face d'Hautecombe, offrent en général un aspect triste et solitaire propre à inspirer le sentiment de la mélancolie.

Sur la fin de l'automne, les vents du nord ou de l'ouest y soufflant avec impétuosité, leur choc dans ces gorges occasione des tourbillons qui soulèvent les flots de ce bassin. Et lorsqu'au milieu du bruit des vagues et des ouragans le son de la cloche annonce que de pieux solitaires veillent et prient autour des tombeaux de leurs souverains, le spectacle de la tempête, image des passions qui agitent les hommes, est bien propre à élever l'ame de ceux qui habitent cette paisible retraite aux plus sublimes méditations.

>(I sing not lot the vacant and young)
>There is a kindly mood of melancholy,
>That wings the soul, and points ther to the sky.
>While winds, and tempests sweepthe varions lyre,
>How sweet the diapason !

Voici, Amélie, une imitation de ces beaux vers du poète anglais.

>Ah ! fuyez de ces lieux, insensibles mortels !
>Non, vous n'entendez pas ces concerts solennels ;
>Et la mélancolie à vos ames glacées
>Jamais ne révéla ses rêveuses pensées,
>Lorsque les élémens, dans leur choc furieux,
>Au fort de la tempête, élèvent jusqu'aux cieux
>De leurs bruyantes voix la sauvage harmonie,
>Que décrirait en vain notre impuissant génie.

Nous fûmes reçus, à la porte extérieure du monastère, par des religieux, avec cet accueil dont l'expression simple et tranquille, différente du ton de politesse empressée des gens du monde, est, sans nul doute, un signe plus certain de bienveillance et de bonté.

Le son de la cloche annonçait l'heure des prières ; le père abbé nous dit que, ce jour étant l'anniversaire de la mort d'un des princes inhumés dans cette église, on allait célébrer une messe solennelle, à laquelle nous assistâmes.

Les religieux étaient des Italiens ; leur accent, dans la prononciation de la langue latine, qui a tant d'analogie avec le son harmonieux de la langue italienne, est surtout remarquable pour les Français. Il est difficile de rendre l'impression que produisent les chants de ces pieux solitaires, sous ces voûtes gothiques, autour des tombeaux de ces princes sur lesquels leurs statues couchées, les mains jointes, semblent entendre les vœux qu'on forme pour leur repos, et s'y associer dans leur immobile recueillement.

Le revérend père, chargé de nous accompagner dans la visite des monumens d'Hautecombe, était un homme instruit, qui, après avoir connu le monde et porté la cuirasse, était venu chercher dans ce lieu une retraite. Alliant la culture des lettres aux pratiques religieuses, il était un modèle de ce goût pour la solitude qui fait le bonheur et le charme des cœurs exempts de passions.

Ce religieux s'exprima à peu près en ces termes :

« Cette abbaye, dont l'origine remonte au commencement du douzième siècle, est l'un des plus anciens monastères de la règle de Cîteaux.

Les monumens que vous avez sous les yeux rappellent les souvenirs historiques d'une des plus anciennes et des plus illustres maisons de l'Europe.

Ici, reposent les cendres de célèbres guerriers, de prélats, d'hommes d'état, de grands princes sortis de cette maison, dont les hautes vertus, les talens, la gloire militaire et les exploits, se lient aux plus grands événemens de l'histoire moderne.

Sept siècles se sont écoulés depuis la fondation de cette abbaye. Ces lieux ont changé plusieurs fois de face ; les ravages du temps et les révolutions avaient fait disparaître tous les monumens qui la décoraient, et sur lesquels il ne nous reste plus que quelques lignes de l'histoire. C'est à elle qu'il faut recourir pour connaître tout l'intérêt que présentent les tombeaux, les inscriptions et les antiquités dont nous devons la restauration à l'un des augustes descendans de cette illustre famille.

ARTICLE II.

NOTICE HISTORIQUE SUR L'ORIGINE DU MONASTÈRE D'HAUTECOMBE.

L'ABBAYE d'Hautecombe fut fondée, en 1225, par Amédée III. A cette époque, saint Bernard fixait les regards de l'Occident; et dominant les esprits par l'ascendant de ses hautes vertus et son génie, s'attirait la vénération des peuples et des rois, dont il était le conseil.

Amédée III, guidé par ses avis, y appela les moines de l'ordre de saint Bazile, qui habitaient l'abbaye d'Aulps, au pied de la montagne de Cessens, près du village des Granges, sur la route de Rumilly. Ces religieux embrassèrent la règle de saint Bernard qui visita ce monastère; et alors il était, sans doute, bien plus considérable qu'aujourd'hui, puisqu'il porte le nombre des personnes qui l'habitaient à deux cent.

Tant de siècles se sont écoulés, tout est si changé dans les temps et les mœurs, qu'il est peut-être difficile de se former une idée bien exacte du tableau que présentaient ces retraites, et de l'influence qu'elles eurent sur le bonheur de l'humanité et les progrès de la civilisation.

A cette époque qui appartenait de si près aux siècles de la barbarie, où la force était presque toujours la règle du droit des grands; dans ces temps de désordre où les querelles particulières s'éteignaient dans les larmes et le sang, les monastères furent des écoles de sagesse et de savoir.

On y voyait souvent, avec de pieux cénobites, de célèbres guerriers venir déposer sur ces autels les trophées et l'épée brillante de la victoire, chercher dans cet asyle des conseils, et puiser des leçons de modération.

On en vit sortir des hommes d'état et des princes de l'église. A cette époque, les prélats, qui avaient tant d'empire sur l'esprit des peuples et des rois, en étaient les oracles par leurs vertus et leur savoir. Réunissant quelquefois l'autorité temporelle à celle du sacerdoce, on voyait le prince, portant le sceptre et l'épée de la justice, venir ensuite, avec les habits pontificaux, offrir l'encens sur les autels, et prier pour le peuple qu'il avait défendu les armes à la main. Ces gouvernemens étaient ordinairement un modèle de sagesse et de douceur.

Ces exemples ne furent pas rares dans cette famille qui est l'une des plus anciennes de l'Europe. Plusieurs princes, après avoir puisé dans cette retraite des leçons propres à former le cœur et l'esprit, et occupé de grandes dignités ecclésiastiques, sont allés sur le champ de bataille donner des preuves de la valeur héréditaire de cette maison.

D'autres, choisis pour arbitres entre les plus grand souverains, dans les affaires les plus importantes, ont su concilier et subjuguer tous les esprits par la sagesse de leurs avis et leurs hautes vertus.

Plus tard, après la renaissance des lettres et des arts, on vit, dans ces retraites, des hommes qui les honorèrent par leurs talens et leur érudition.

Cette abbaye a donné à l'Eglise chrétienne deux souverains pontifes, Geoffroi de Châtillon, élu pape en 1241, sous le nom de Célestin IV, et Jean Gaëtan, de la famille des Ursins, pape en 1277, sous le nom de Nicolas III.

C'est à l'histoire qu'il appartiendrait de rappeler cette longue suite d'abbés qui illustrèrent cette abbaye, et contribuèrent à la célébrité dont elle jouit dans tout le monde chrétien; mais je me bornerai à en nommer quelques uns.

Saint Amédée d'Hauterive, après avoir passé les premières années de sa vie à la cour de l'empereur Henri V, se retira à Clairvaux près de saint Bernard, qui le nomma abbé d'Hautecombe.

Elu évêque de Lausanne par le clergé et le peuple, il réunit le pouvoir temporel à l'autorité du sacerdoce. Tel fut l'ascendant de ses hautes vertus, de ses talens, de son esprit, de sa sagesse, que les plus grands souverains de son siècle l'appelèrent dans leurs conseils. Les empereurs Conrad II et Frédéric II se dirigèrent par ses avis; celui-ci le créa son chancelier.

Amédée II avait conçu pour lui une si haute estime, qu'étant sur le point de mourir en Chypre, à son retour de la Terre-Sainte, il lui confia la tutelle de son fils Humbert III et l'administration de ses états; on voit encore son tombeau sous le cloître.

Saint Viviant, disciple de saint Bernard et successeur de saint Amédée, laissa dans cette abbaye des souvenirs de sa haute piété et de ses vertus.

Le savant Godefroi, disciple d'Abeilard, secrétaire de saint Bernard et abbé d'Hautecombe.

Claude d'Estavayé, évêque de Belley, appelé au concile de Latran, sous Jules II et Léon X.

Claude de la Guiche, évêque d'Agde, puis transféré au siége de Mirepoux, fut appelé au concile de Trente, et chargé de plusieurs missions importantes vers le milieu du seizième siècle.

Alphonse Del Bene, d'une grande famille de Florence, fut abbé d'Hautecombe, ensuite archevêque d'Alby, historiographe de Charles-Emmanuel Ier, sénateur honoraire au sénat de Savoie, dignité que ses successeurs conservèrent.

Réunissant à une vaste érudition, dont il laissa des traces dans plusieurs ouvrages, beaucoup de goût pour la poésie et les lettres qu'il cultiva avec succès, il fut lié avec tous les hommes de lettres de son temps, dont il reçut des témoignages d'estime, et particulièrement avec le célèbre président Favre et saint François de Sales qui avait établi à Annecy l'Académie Florimontane, à laquelle *Del Bene* fut agrégé. Ronsard, l'un des plus beaux esprits de ce siècle, lui dédia son *Art poétique;* et Juste-Lipse, son savant ouvrage sur les anciennes inscriptions.

Silvestre de Saluces, ministre de Charles-Emmanuel Ier et de Victor-Amédée II, à la Cour de France et auprès de la république de Venise.

Antoine de Savoie, fils de Charles-Emmanuel, fut abbé d'Hautecombe, doyen de Savoie et gouverneur de Nice.

A ces souvenirs viennent se joindre tous ceux de la gloire des princes dont cette église fut le tombeau.

ARTICLE III.

NOTICE HISTORIQUE SUR LES PRINCES DE LA MAISON DE SAVOIE, INHUMÉS DANS L'ÉGLISE D'HAUTECOMBE.

Ici reposent les cendres d'Humbert III, fils d'Amédée II, qui mourut en 1148, près de Nicosie, capitale de l'île de Chypre, en revenant de la première croisade où il avait suivi Louis le jeune et l'empereur Conrad III.

Humbert III, que sa haute piété fit surnommer le saint, se distingua par une brillante valeur; cette union du courage, de la piété et du goût pour la retraite, qui distingua plusieurs guerriers de ce siècle, fut un des traits principaux du caractère des princes de cette maison.

Elevé par saint Amédée d'Hauterive, abbé d'Hautecombe, qui fut son tuteur, il conserva, avec les sentimens de piété qu'il lui avait inspirés, une prédilection particulière pour Hautecombe. Mais un de ses plus redoutables voisins, Guy V, dauphin de Vienne et comte d'Albon, ayant à venger la défaite et la mort de son père, à la suite des blessures qu'il avait reçues à la bataille de Montmeillan, l'an 1143, était entré dans ses états avec une armée formidable. Humbert III se mit à la tête de ses troupes, et tailla en pièces l'armée du Dauphin sur le même champ de bataille où, dix années auparavant, le comte Amédée II avait vaincu le père du Dauphin.

Attaché à l'empereur Frédéric I, il le suivit au siége de Milan, en 1158. Mais l'union qui régnait entre ces deux princes fut bientôt troublée par une suite des divisions de l'Italie, pendant lesquelles l'attachement d'Humbert III au Saint-Siége le porta à se déclarer ouvertement en faveur du pape Adrien IV.

Frédéric irrité suscita des troubles dans les états d'Humbert, en accordant aux évêques de

Turin, de Maurienne, de Tarentaise, de Genève et de Belley, la plus grande partie de leurs diocèses à titre de fief, au détriment de la maison de Savoie, et en les déclarant princes de l'Empire.

Humbert passa les Alpes à la tête d'une armée et fit rentrer dans le devoir l'évêque de Turin. Il marcha contre le marquis de Saluces qui refusait de lui faire hommage, se rendit maître des principales places de ses états, mit le siége devant Saluces, le força de lui céder plusieurs places et de le reconnaître pour son seigneur suzerain.

L'empereur, revenu en Italie, porta le fer et le feu dans les états d'Humbert III, au delà des Alpes. Le château de Suze, où étaient renfermés les titres importans de la maison de Savoie, fut consumé par les flammes ; celui d'Avigliano eut le même sort. Mais bientôt Humbert repassa les monts, reprit toutes les places usurpées, et tira une satisfaction éclatante de la révolte de ses vassaux. Il mourut en 1188, et fut inhumé à Hautecombe.

Guillaume de Savoie, l'un des fils de Thomas 1er, sucessivement doyen de l'église de Vienne en Dauphiné, évêque de Valence et ensuite de Liége, fut un savant prélat, un négociateur habile, jouissant de la plus haute considération auprès des plus grands souverains de l'Europe. Il conduisit en Angleterre, l'an 1236, Éléonore de Provence, sa nièce, qui devait épouser le roi Henry III. Ce monarque lui donna les marques les plus éclatantes de sa haute estime, le combla de présens et de témoignages de considération et de respect. Il commanda les troupes que les comtes de Toulouse et de Provence envoyèrent à Frédéric II, qui assiégeait Milan.

Aussi zélé pour les intérêts du Saint-Siége qu'habile négociateur, il fut choisi par le pape Honorius III pour son légat auprès du roi de France, et il fut pourvu de l'archevêché de Liége par le pape Grégoire IX. Jeté dans les fers à Assise par les ennemis de l'église romaine, il mourut du poison en 1239, et fut inhumé à Hautecombe.

Amédée IV, né en 1197, prince généreux, magnifique, digne héritier de la valeur de ses ancêtres, chéri de l'empereur, du pape, des rois de France et d'Angleterre, ses neveux, signala son règne par l'agrandissement de ses états. Il affermit l'autorité des princes de sa maison sur le Piémont; et ayant combattu avec avantage les Valaisans qui avaient envahi la vallée d'Aoste, il se rendit maître de tout le Valais qu'il soumit à la domination de ses successeurs. L'empereur Frédéric II, auquel il fit une réception solennelle à Turin, lui donna une preuve de son estime, en érigeant en duché les provinces de Chablais et d'Aoste. Il mourut en 1253, et fut inhumé à Hautecombe.

Thomas de Savoie, fils de Thomas Ier, né en 1199, se distingua tout à la fois comme guerrier et comme habile négociateur. Son esprit conciliant et la haute considération dont il jouit le firent choisir pour arbitre entre les plus grands souverains de l'Europe. Le nom de ce prince se rattache aux affaires les plus importantes de cette époque mémorable des guerres et des troubles qui agitèrent l'Europe à la suite des discussions entre le pape Innocent IV et l'empereur Frédéric II.

Destiné à l'état ecclésiastique, il fut d'abord prévôt de l'église de Valence en Dauphiné; mais ayant renoncé à cette dignité pour rentrer dans le monde, il reçut en apanage les comtés de Maurienne et du Piémont. Allié de saint Louis, roi de France, il fut attiré auprès de ce monarque par la reine sa nièce, Marguerite de Provence; ses hautes qualités et ses services lui méritèrent l'appui du Roi. Il épousa en 1236 Jeanne, fille de Baudouin IX, comtesse de Flandres et de Hainaut, et gouverna ces provinces jusqu'à la mort de son épouse, dont il n'eut point de postérité.

Il secourut Guillaume de Savoie, son frère, contre Valeran, comte de Limbourg; obtint du roi d'Angleterre, son neveu, l'importante concession de la liberté du commerce pour les marchands de Flandres.

Il eut occasion de signaler sa valeur dans une guerre contre Henry, duc de Brabant. Après plusieurs actions brillantes, il poursuivit si vivement son ennemi, qu'il le fit prisonnier à Bruxelles avec son frère Godefroi. Ces succès devaient amener des résultats d'une haute importance, lorsque l'empereur, redoutant les suites du courage et du bonheur de Thomas, intervint en faveur du comte de Brabant, auquel il ménagea un accommodement.

L'empereur Frédéric II, cherchant à affermir son autorité en Italie, lui conféra le titre de vicaire-général du Saint-Empire en Piémont et en Lombardie. De nouveaux succès contre les comtes de Flandres et de Namur ajoutaient à sa gloire militaire, lorsque la mort de Jeanne, comtesse de Flandres, son épouse, arrêtant le cours de ses exploits, il céda tous ses droits à son neveu Guillaume de Dampierre, en 1244. Rentré dans ses états, il reçut de Béatrix, de Genève, la seigneurie de Saint-Genis-d'Aoste.

Le pape Innocent IV, qui cherchait aussi un appui contre les persécutions de l'empereur Frédéric II, donna sa nièce en mariage au prince Thomas.

Ce prince, après avoir levé quelques troupes en Flandres, passa en Angleterre pour secourir le roi dans une guerre contre le roi d'Ecosse.

Thomas escorta Innocent IV à la tête de quelques troupes jusqu'à Lyon, où fut tenu ce célèbre concile dans lequel l'empereur fut excommunié et déclaré déchu de l'empire.

Il fut nommé grand gonfalonier et gouverneur du patrimoine de l'église.

En 1245, le roi d'Angleterre et Thibaut, roi de Navarre, sur le point d'en venir aux armes, choisirent le prince Thomas pour leur arbitre. Deux ans après, il conduisit en Angleterre Béatrix de Savoie, sa sœur. Henri III le reçut dans ses états avec toute la distinction et toute la déférence qu'il aurait témoignées aux plus puissans souverains.

Frédéric II, voulant mettre fin aux troubles qui étaient la suite de ses dissensions avec Innocent IV, jeta ses vues sur le prince Thomas pour entreprendre une réconciliation qui semblait présenter tant d'obstacles. Il ajouta à ses états la province du Canovésan, la ville de Turin, et quelques autres villes du Piémont, et le combla de faveurs. Après l'avoir chargé de propositions d'accommodement, il s'en rapporta à sa médiation, dont tout semblait présager le succès, lorsque la mort de l'empereur vint mettre fin à cette négociation.

Peu de temps après, le prince Thomas devint souverain de la principauté de Capoue, par la donation d'Edmond, fils d'Henri, roi d'Angleterre, élu roi de Naples, en remplacement de Mainfroi, excommunié par Innocent IV.

Un malheureux événement vint arrêter le cours de tant de prospérités : Thomas fut fait prisonnier par le marquis de Montferrat, à la bataille de Montebruno, où ses troupes furent taillées en pièces. Ce ne fut qu'au moyen de conditions onéreuses qu'il obtint sa liberté. Mais le traité qu'il avait conclu fut ensuite annulé par l'empereur. Il mourut en 1259, et fut inhumé à Hautecombe.

Pierre de Savoie, septième des enfans de Thomas Ier, hérita de la valeur de ses ancêtres. Ses qualités martiales, un esprit prompt, sa grande habileté dans les affaires, lui firent donner le surnom de *petit Charlemagne*.

Il fut, comme son frère, destiné à l'état ecclésiastique, et nommé chanoine de Valence et prévôt de la cathédrale d'Aoste; mais ses inclinations belliqueuses l'ayant porté à suivre la carrière des armes, il se distingua d'abord dans la guerre du comte Thomas, son frère, contre les Valaisans. Appelé en Angleterre par le roi Henri III, qui avait épousé Eléonore de Provence, sa nièce, Henri le nomma chef de son conseil, lui fit bâtir un hôtel à Westminster, que l'on appela l'hôtel de Savoie, nom que ce quartier conserve encore. Il lui donna le comté d'Exmouth, la seigneurie d'Essex et plusieurs autres domaines. Quelques années après, il le chargea de négocier auprès de saint Louis, roi de France, la prorogation d'une trève et un traité de paix.

Ebal, fils unique d'Humbert, comte de Genève, lui donna par son testament tous les droits qu'il avait sur ce comté. Nommé médiateur entre le prince Edouard et le roi Henri, son père, il rétablit l'union entre eux, et par son esprit conciliant il fit encore cesser les différends de ce souverain et de l'empereur Richard, son frère.

En 1263, appelé à la souveraineté de Savoie par la mort de Boniface, son neveu, auquel sa force prodigieuse avait fait donner le nom de *Roland*, il passa les Alpes avec une puissante armée ; il assiégea Turin pour tirer satisfaction de la révolte et de l'injure faite à la maison de Savoie par l'emprisonnement et la mort de Boniface ; il pressa si vivement cette place, qu'elle fut forcée de se rendre, malgré les secours du marquis de Montferrat et de la ville d'Asti. Les rebelles s'attendaient à un châtiment rigoureux ; mais, satisfait de les avoir contraints de rentrer dans le devoir, il leur pardonna, et s'acquit des droits à leur amour.

Revenu pour la troisième fois en Angleterre, il reçut de l'empereur Richard, son neveu, l'investiture de tous les biens relevant de l'empire, que Herman, comte de Kibourg, possédait à son décès. Il reçut encore de ce souverain l'investiture des duchés de Chablais et d'Aoste, et le titre de vicaire-général du Saint-Empire.

Averti que de nouveaux troubles avaient été excités dans ses états par Rodolphe, comte de Genève, et par le sire de Beaujeu, il revint aussitôt pour les combattre. Après avoir défait le comte de Genève, il le força de lui faire hommage de ses états. Le sire de Beaujeu, intimidé, se soumit et lui fit également hommage des siens, ainsi que le comte de Cerlière.

Obligé de prendre les armes contre le comte de Lauffenberg pour défendre ses droits au comté de Kibourg, il défit ce prince en deux batailles, et mit la ville de Berne à l'abri de ses invasions. Cette ville le reconnut pour son souverain par traité du 25 Novembre 1268; ce prince la fit agrandir, et mérita le titre de second fondateur de Berne. Il mourut en 1268, et son corps fut porté à Hautecombe.

Boniface de Savoie, onzième fils de Thomas, l'un des plus beaux hommes de son siècle, fut appelé l'Absalon de la Savoie. Il fut d'abord chartreux, ensuite nommé à l'évêché de Belley en 1234, archevêque de Cantorbéry et Primat d'Angleterre en 1241. Il y fonda plusieurs monastères et hôpitaux; la réputation de son zèle et de son esprit de charité était si grande, qu'on le trouve au nombre des saints dans un martyrologe de la Gaule ; il fut inhumé à Hautecombe en 1270.

Philippe de Savoie, huitième fils de Thomas I, fut d'abord chanoine de l'église de Metz, ensuite prévôt de Bruges et évêque de Valence.

Nommé archevêque de Lyon en 1246, par le pape Innocent IV, il assista au concile général et fut l'un des principaux conseillers du souverain Pontife qu'il accompagna jusqu'à Rome. Mais, comme il n'était pas lié aux ordres sacrés, il succéda à son frère Pierre, mort sans enfans. La ville de Berne cherchait alors un appui contre des voisins puissans et entreprenans ; et telle était la réputation de valeur et le sentiment général de confiance qu'inspirait la maison de Savoie, que cette ville se mit sous sa protection par un traité solennel.

Rodolphe, comte d'Habsbourg, étant venu mettre le siége devant Neufchâtel, dans le dessein de s'emparer de cette ville, Philippe accourt avec une armée, fait lever le siége et contraint Rodolphe d'abandonner son entreprise. Bientôt les villes de Nion et de Morat se soumettent à la domination du comte de Savoie.

La guerre qui s'était renouvelée entre Rodolphe, empereur et roi des Romains, et Philippe de Savoie, fut terminée par un traité de paix dans lequel Rodolphe déclarait que, les souverains de Savoie ayant toujours été fidèles alliés de l'Empire, il y aurait alliance réciproque entre eux. Il fut inhumé à Hautecombe, en 1285.

On doit remarquer que ce prince fut le premier qui abandonna la résidence de Chambéry pour celle de Turin, qui, depuis, est devenue le séjour de tous ses successeurs.

Louis de Savoie, Ier du nom, baron de Vaud, fils de Thomas de Savoie II, comte de Flandre, et de Béatrix de Fiesque, donna des preuves multipliées de sa valeur. Après avoir été fait prisonnier à l'âge de seize ans, dans la bataille entre ses oncles Pierre et Philippe de Savoie, contre les villes d'Asti et de Turin, il accompagna Charles II, roi de Naples, dans toutes les guerres de ce souverain. Il mourut à Naples en 1302, et fut inhumé à Hautecombe.

Amédée V, auquel les contemporains et la postérité donnèrent le nom de *Grand*, fut le plus brave capitaine, le plus illustre guerrier de son siècle. Il fit trente-deux siéges, assista à vingt-deux batailles rangées; aussi sage qu'heureux, il recula les frontières de ses états, et accrut le domaine de la maison de Savoie, en deça et au delà des Alpes, de la Bresse, du Revermont, du comté d'Asti et de la seigneurie d'Yvrée.

Devenu souverain de tous les états de sa maison, par la mort de Philippe, il se fit remarquer par des actes qui firent connaître au comte de Genève et au Dauphin ce que l'on devait attendre de sa prudence et de sa valeur; ces deux souverains, ligués contre lui, l'attaquèrent de tous côtés.

Le comte de Genève fut mis en fuite et perdit plusieurs places importantes; il ne fallut rien moins que l'intervention du duc de Bourgogne, du roi d'Angleterre et du Pape, pour sauver le Dauphin des suites fâcheuses d'une guerre avec un ennemi aussi dangereux. Mais de nouvelles circonstances réveillèrent leur mutuelle jalousie, et firent éclater une nouvelle guerre dans laquelle Amédée obtint de nouveaux succès et de grands avantages.

Choisi pour arbitre par plusieurs souverains, il conclut le mariage d'Edouard IV, roi d'Angleterre, avec Isabelle de Valois, et reçut de l'empereur Henri VII le titre de prince du Saint-Empire.

C'est à cette époque de l'histoire que commencent les longues et sanglantes luttes entre les princes chrétiens de l'Ordre de Saint-Jean de Jérusalem et les Ottomans, leurs plus terribles ennemis.

Les chevaliers de Saint-Jean, assiégés par terre et par mer dans l'île de Rhodes, étaient sur le point de succomber sous les forces ottomanes, lorsqu'Amédée V, ayant réuni tous les braves de ses états, auxquels se joignirent des Italiens et des Français, devança tous les princes chrétiens, s'embarqua à Venise, dispersa la flotte, coula à fond un grand nombre de vaisseaux, tua l'amiral ottoman, et fit lever le siége de Rhodes.

Revenu dans ses états, il passa à la cour de France où la sagesse de ses avis dans plusieurs affaires de haute importance furent très utiles à l'état. Peu après son alliance avec l'empereur d'Orient, Paléologue III, qui épousa sa fille, il mourut, en 1323, à Avignon où il s'était rendu pour engager le Pape Jean XXII à prêcher une nouvelle croisade en faveur de Paléologue.

On croit que c'est depuis cette époque glorieuse, et en mémoire des services rendus par ce prince à la chrétienté, que la croix blanche fait partie des armes de la maison de Savoie;

elle fut gravée sur le tombeau de cet illustre guerrier.

Edouard, fils d'Amédée V, eut le caractère martial de son père. Ayant suivi en Flandes le roi de France, Philippe le Bel, il donna des preuves de la plus brillante valeur à la bataille de Mons en Puelle, au succès de laquelle il contribua beaucoup.

Le baron de Faucigny, le comte de Genève, le Dauphin de Viennois, s'étaient ligués contre lui : il les défit en plusieurs rencontres ; mais enfin il succomba, à son tour, dans une bataille où l'élite des seigneurs de ses états fut tuée et le reste fait prisonnier. Les rançons s'élevèrent à des sommes considérables.

Des traits de courage et d'intrépidité dans la fameuse bataille de Mont-Cassel en Flandres, où il avait suivi Philippe de Valois, signalèrent les derniers temps de sa vie ; il mourut en 1329.

Le comte Aymon, chanoine et comte de Lyon, fut ensuite appelé à régner sur tous les états de sa maison. Il était le second fils d'Amédée le Grand. La législation, les finances et l'ordre public, furent l'objet constant de sa sollicitude ; la sagesse de ses institutions et de ses lois, dont quelques unes existent encore, le fit chérir de ses peuples, estimer et respecter par les princes ses voisins.

Une bulle du Pape Benoît XII décide que, dans le cérémonial du couronnement des Papes, les princes de Savoie obtiendront le second rang, lorsqu'il y aura des rois, et le premier, lorsqu'il n'y en aura pas.

Cette bulle est un monument de la haute considération dont jouissait l'auguste maison de Savoie ; car, dès cette époque, il y avait en effet peu de guerres et de mouvemens politiques entre les grandes puissances de l'Europe, auxquels ils ne fussent appelés à prendre part.

Edouard, roi d'Angleterre, et Philippe de Valois travaillèrent également à l'attirer dans leur parti, lorsque la guerre éclata entre eux. Mais Aymon ayant embrassé le parti du roi de France dans la campagne de Flandres, il seconda de tout son pouvoir ce monarque qui obtint d'abord quelques avantages sur son ennemi : Aymon fut le médiateur de la trève conclue entre ces deux souverains. Ce prince mourut en 1343.

Amédée VI, surnommé le *Comte Verd*, digne héritier de son aïeul Amédée le Grand, fut l'un des plus illustres guerriers et des plus grands princes de son siècle : par sa valeur héroïque, il le surpassa dans ses exploits militaires.

Dès sa plus tendre jeunesse (il avait à peine treize ans), le Comte Verd, réunissant l'habileté dans les affaires à la bravoure, se mit à la tête d'une armée, passa les Alpes, et joignant ses troupes à celles de Luchino Visconti, seigneur de Milan, contre Jeanne, reine de Naples, il s'empara de toutes les places que cette souveraine, célèbre par ses crimes et par ses malheurs, avait dans le Piémont ; et reculant les frontières de ses états, il y ajouta les villes importantes de Quiers, Querasque, Savigliano, Coni et Mondovi. C'est à la suite de cette conquête que, dans un tournois célébré à Chambéry, s'étant fait remarquer par son adresse et sa grâce, il reçut le nom de *Comte Verd*, de la couleur de ses armes.

Le Dauphiné, sur lequel les princes de Savoie avaient revendiqué sans succès plusieurs places, ayant passé dans la maison de France par la cession d'Humbert, dernier Dauphin de Viennois, le Comte Verd, sans se laisser intimider par un aussi puissant ennemi, entra en Dauphiné. Après une victoire complète aux Abrès sur les Français commandés par Hugues de Genève, il obtint la cession du Faucigny et du pays de Gex, et épousa Bonne de Bourbon, sœur de Jeanne, femme du dauphin Charles qui fut, depuis, roi de France, sous le nom de Charles V.

Forcé de combattre Jacques de Savoie, l'un des princes de sa maison, il s'empara de toutes ses places, le fit prisonnier, et lui pardonna ensuite généreusement.

L'empereur Jean Paléologue, menacé jusque dans sa capitale par les Turcs, appela à son secours les princes chrétiens. Amédée rassemble une armée composée de ses vassaux, des seigneurs de ses états et de ses plus braves sujets ; il s'embarque à Venise au mois de juin 1366, se dirige sur Gallipoli, ville importante par sa position, dont les Turcs tiraient de très grandes richesses ; il remporte sur eux une victoire signalée, et se rend maître de cette ville.

Amédée, reçu à Constantinople comme un libérateur, poursuivant avec activité ses conquêtes, tourna ses armes contre le roi de Bulgarie Strascimir Craïwitch, qui retenait l'empereur prisonnier. Il prit d'assaut Mésembri, ville maritime, enlevée aux Grecs ; et, marchant avec rapidité, il vint assiéger le prince bulgare jusque dans sa capitale, le força de mettre l'empereur en liberté, et de se soumettre aux conditions qu'il lui imposa.

Amédée, revenu dans ses états, accède à la ligue du pape Grégoire IX et de l'empereur Charles IV, pour mettre un terme aux projets de l'ambitieuse famille Visconti, seigneurs de Milan, sur laquelle il avait déjà obtenu des avantages dans une guerre précédente.

Il force le marquis de Saluces à abandonner le parti des Milanais, s'empare de plusieurs places fortes dans le Vercellois ; et, pénétrant dans le territoire de Brescia, il défait, en bataille rangée, le comte de Vertus, fils de Galéas II Visconti, et marche sur Bologne où il réunit ses troupes à celles du Pape.

Quelque temps après, il vole au secours de Pise, assiégée par Bernabo Visconti, remporte une victoire signalée sur la célèbre *Compagnie de Saint-Georges*, et délivre cette ville.

Tel était l'ascendant de sa valeur, son esprit de sagesse et son habileté dans les affaires, qu'il termina plusieurs différends entre les princes ses voisins qui l'avaient choisi pour arbitre. Il rétablit la paix dans le Valais, délivra l'évêque de

Verceil retenu en prison par les habitans de Bielle, réconcilia les Visconti avec le marquis de Montferrat, et donna en Italie une grande prépondérance au parti de Clément VII contre Urbain V, élu à Rome par quelques cardinaux. Ce fut encore un beau triomphe pour ce prince, de rétablir la paix entre les républiques de Gênes et de Venise, qui se disputaient avec acharnement l'empire des mers.

L'Abruzze, dans le royaume de Naples, où il réunit ses troupes à celles de Louis d'Anjou, frère du roi de France, qui disputait la couronne de Naples à Charles de Duras, fut le dernier théâtre de ses brillans exploits. Ce fut là qu'il termina un règne de 40 ans de prospérité et de gloire. Il mourut en 1383, et fut inhumé à Hautecombe.

Philippe II se signala, à l'exemple de ses ancêtres, dans la guerre du duc de Bourgogne contre les Liégeois, et dans la conquête du Roussillon pour le roi de France. Le duc de Bourgogne reconnut ses services, en le nommant lieutenant-général du comté de Genève, province sur laquelle Philippe élevait des prétentions. Il se distingua aussi dans la campagne brillante de Charles VIII en Italie, qui valut à ce prince le royaume de Naples. Appelé à la couronne de Savoie, il fit remarquer un règne très court par des lois sages et par la générosité de son caractère. Il mourut en 1497.

J'ai gardé le silence sur un grand nombre de princes dont les actions eurent moins d'éclat, et sur plusieurs princesses inhumées dans ce monastère, également célèbres par leurs vertus et leur beauté, qui s'allièrent à des princes étrangers.

L'histoire nous apprend qu'il est bien peu de maisons souveraines en Europe qui soient aussi illustres par leurs alliances que celle de Savoie, laquelle donna, à celle de France seulement, quatorze princesses, et en reçut dix-sept.

L'une de ces princesses, qui, par sa beauté et les rares qualités de l'esprit et du cœur, fut le sujet des éloges de tous les historiens de son temps, entre autres de Mathieu Paris, auteur anglais, Béatrix de Savoie présente un de ces exemples si rares dans les annales des maisons souveraines. Elle eut quatre filles dont trois furent reines, et la quatrième impératrice; deux de ses petites-filles furent mariées à des Rois, et une à un Empereur. Voici leurs noms : Marguerite de Provence, sa fille aînée, épousa saint Louis, roi de France ; Eléonore épousa Henri III, roi d'Angleterre ; la troisième fut mariée à Richard, frère du roi d'Angleterre, comte de Cornouaille et empereur d'Allemagne ; enfin Béatrix épousa Charles d'Anjou, roi de Sicile. Parmi ses petites-filles, Isabelle de France fut reine de Navarre ; Marguerite d'Angleterre, reine d'Ecosse ; et Béatrix de Sicile, impératrice de Constantinople.

Béatrix de Savoie fut inhumée au château des Echelles, où on lui avait élevé un magnifique mausolée en marbre blanc, orné de vingt-deux statues. Elle y était représentée en habits royaux, entourée de ses filles, de ses petites-filles, de ses gendres et de ses frères. Ce mausolée ayant été démoli à l'époque de la guerre de Henri IV contre Charles-Emmanuel II, le peuple de la petite ville des Echelles, où la mémoire de cette princesse était en vénération, lui éleva dans l'église un tombeau plus simple qui fut détruit pendant les troubles de la révolution en 1792. Mais les restes de cette princesse, recueillis par un respectacle ecclésiastique, ont été portés dans ce monastère, par ordre de Sa Majesté Charles-Félix.

Espérons que ce souverain, dont plusieurs beaux monumens attesteront à la postérité la piété et le goût pour les arts, relèvera le mausolée de la célèbre Béatrix de Savoie.

Je me suis borné à vous présenter une esquisse des principaux événemens de la vie de ces princes; mais c'est à l'histoire qu'il appartient, en retraçant leurs portraits, de retracer le tableau des destinées de cette illustre maison. C'est à elle qu'il appartient de développer les effets de cette savante et sage politique, par suite de laquelle on a vu ces princes environnés d'ennemis puissans, jaloux et inquiets, toujours dirigés par les mêmes principes, marchant sans cesse vers le même but, à travers les obstacles que présentait la position de leurs états.

On les vit, au milieu des guerres et des grandes commotions de l'Europe, auxquelles ils ne cessèrent de prendre part, conserver cet esprit de sagesse qui prévient ou éloigne les dangers, cette persévérance qui est la vertu des grandes ames, et fait presque toujours tourner les résultats des événemens à leur avantage.

Souvent environnés d'écueils, soit dans leurs propres états, soit dans toutes les guerres de l'Europe et de l'Asie, ils furent presque toujours à la tête de leurs armées, et tous les champs de bataille furent marqués par des traits de la valeur héréditaire dans cette auguste famille : grande dans les revers de la fortune qui l'accabla plusieurs fois de ses coups, modérée et prudente lorsqu'elle fut comblée de ses faveurs.

C'est par ces moyens que des princes, possesseurs de petits états, s'élevèrent à un degré de puissance, de considération et de gloire, qui fit rechercher leur alliance par les plus puissans monarques, et les rendit médiateurs et arbitres de leurs différends dans les affaires les plus importantes.

Par suite de cette réputation héréditaire de justice, plusieurs peuples voisins, sollicitant l'appui de l'autorité de ces souverains, comme la plus sûre garantie de la tranquillité et de l'ordre, se soumirent à leur domination.

Dans l'administration intérieure, quel intéressant tableau vient s'offrir à l'historien ! La modération, la douceur et une bonté paternelle, sont les caractères dominans de tous ces princes; et sous un gouvernement dont l'autorité souveraine ne connut jamais de limites, l'abus du pouvoir envers les sujets est encore, depuis tant de siècles, une chose inouïe dans l'histoire de cette maison.

Tous les emplois sont révocables à la volonté

du prince; et cependant tel est l'esprit de justice et l'ordre admirable suivi dans la récompense des services, qu'ils sont considérés dans les familles comme un patrimoine, dont elles ne peuvent être déshéritées que pour les causes les plus graves.

Il n'y a presque pas un règne qui n'ait été signalé par des lois sages et des réformes utiles dans lesquelles ces souverains se montrent toujours supérieurs à leur siècle, et donnent des leçons et des exemples de justice[*].

Que de sujets de profondes réflexions pour ceux qui, méditant sur les grands problèmes de l'exercice du pouvoir, en cherchent la solution dans de vaines théories, et veulent l'asseoir sur des bases aussi mobiles que les oscillations des opinions….. !

---

[*] Parmi une foule d'exemples, il suffira d'en citer deux : *l'abolition de la servitude personnelle*, *l'affranchissement des droits féodaux* et la *suppression de tous les priviléges de l'exemption de contributions foncières*, accordés aux classes privilégiées, furent les trois principaux objets de réforme proposés, en 1789, aux États-Généraux en France; et l'on sait quelles furent les suites de ces propositions de réforme; mais trente ans auparavant toutes les servitudes personnelles avaient été abolies en Savoie.

En 1815, l'un des premiers actes qui signala le retour des rois de Sardaigne dans leurs états fut un acte de justice envers les émigrés. La loi qui leur accorda une indemnité pour la spoliation de leurs biens précéda de dix ans celle qui fut rendue en France à ce sujet.

La plupart des princes inhumés dans cette église y avaient laissé des souvenirs de leur piété et de leur gloire, dans un grand nombre de monumens, dont la main des hommes, bien plus que les ravages du temps, ont effacé les traces. L'archéologue qui visitait ces lieux y trouvait les traces intéressantes de la succession des temps et de la marche des arts : mais tout a changé plusieurs fois de face. Dans les différentes vicissitudes que l'abbaye a subies, il faut distinguer deux époques : les temps antérieurs au dix-septième siècle, et son état en 1792.

ARTICLE IV.

ÉTAT DE L'ÉGLISE D'HAUTECOMBE DANS LES TEMPS ANTÉRIEURS AU DIX-SEPTIÈME SIÈCLE.

L'on ne saurait douter que l'édifice et l'église de ce monastère fussent autrefois bien plus considérables qu'aujourd'hui, puisque saint Bernard, parlant dans ses lettres de la visite qu'il y fit, porte à deux cent le nombre des personnes qui l'habitaient. S'il faut en croire quelques historiens, la chapelle isolée de saint Bernard, à l'extrémité du rocher d'Hautecombe, existait déja avant le monastère, et une très ancienne gravure qui le représentait prouve qu'il s'étendait jusques à cette chapelle, dont il existe encore des ruines. L'on ne trouve plus aucun vestige de la porte dite de l'aumône, où les religieux faisaient des distributions aux pauvres ; on ne savait plus à la fin du dix-huitième siècle où était la chapelle fondée par Bonne de Bourbon pendant la minorité d'Amédée VIII, son petit-fils.

Les pierres tumulaires des tombeaux d'Amédée IV et de Guillaume de Savoie, chargées de plusieurs inscriptions, avaient disparu ; et cette abbaye, dit Guichenon, en déplorant la perte d'un grand nombre de monumens précieux, était autrefois ornée de colonnes, d'ouvrages en marbre et en bronze, de peintures, d'armoiries, qui sont tombés en ruine ou qui ont péri par suite des révolutions : l'on peut juger, par les restes de son ancienne magnificence, de ce qu'elle était autrefois.

Voici la note des principaux monumens que l'on y voyait, d'après les historiens du seizième et du dix-septième siècle : 1° A l'entrée de l'église, le mausolée en marbre blanc d'Humbert III ;

2º derrière le grand autel, le magnifique mausolée en bronze de Boniface de Savoie, archevêque de Cantorbéry, et sa statue du même métal.

3º Dans la chapelle des princes, les statues d'Aymon et d'Yolande, son épouse ; 4º les statues en marbre blanc de Louis de Savoie, baron de Vaud, et de Jeanne de Monfort, son épouse, dans la chapelle de saint Michel ; 5º dans la chapelle de Romond, la statue d'Humbert de Savoie, comte de Romond, avec une inscription qui rappelait les hauts faits de ce prince et sa captivité à Nicopolis.

Parmi plusieurs reliques précieuses que possédait l'abbaye d'Hautecombe, étaient celles de sainte Hérine, petite-fille de Constantin ; et parmi ses richesses, deux décorations du collier de l'Annonciade données par le Comte Verd, d'après une chronique célèbre citée par Guichenon et Paradin.

C'est à la suite de l'occupation de la Savoie par les Espagnols en 1743, que les bâtimens de l'abbaye ont pris la forme moderne qu'ils ont aujourd'hui.

Les tombeaux existaient encore où on les voit aujourd'hui.

Tous les tombeaux et les monumens que vous voyez dans ces lieux, et beaucoup d'autres encore, furent renversés, mutilés, détruits en 1792. A cette époque, la France, gémissant sous la plus cruelle et la plus affreuse des tyrannies, vint apporter dans ces contrées toutes les calamités qui furent la suite de son gouvernement populaire.

Il serait difficile de peindre le sentiment général d'horreur que produisit cette scène de destruction parmi les peuples de ces contrées, lorsqu'on vit chasser les pieux cénobites de cet antique monastère, asyle du pauvre ; et tous ces monumens, objets de la vénération des peuples, tomber sous les coups de ces modernes Vandales. La plupart de ces religieux allèrent sous un autre ciel implorer la charité publique, dont ils avaient donné l'exemple et le précepte.

C'est au delà des Alpes et dans la langue de ce beau pays, que j'essayai autrefois de retracer par l'élégie suivante le souvenir de ce monument que j'avais vu dans ma jeunesse, et celui de sa destruction, d'après le récit de plusieurs de ces religieux.

ARTICLE V.

ELEGIA

SULLA DISTRUZIONE DI ALTA COMBA.

I.

Non qual la finse Atene,
Del folgore ministra a un falso nume,
Non qual recò sulle affricane arene,
Colle schiere di Roma, orrore e lutto;
Ma rivestita di celeste lume,
E sulle vie del vero
Popoli e re guidando Aquila eccelsa
Spiegava in Occidente il volo altero.
Qui si fermò, qui stette, e qui il suo zelo
Tai frutti ottenne di pietà verace,
Ch' una magior di pace,
Opra d'augusta man, sorse, ed al cielo
Sacra; ch'al ciel alme devote e fide,
In quest'ermo ritiro,
D'un' austera virtù l'orme seguiro.
Qui maestosa Religion sedea,
E l'ineffabil sua divina luce
Nell' Europa spandea;
Qui de' regnanti era maestra e duce,
Al ciel diletta, l'Umiltà; qui prono,
Ed a se ignoto ognor stavasi il Merto,
E adorno il crin del triplicato serto,
Talor di Pietro s'innalzava al trono;
Qui spesso deponea la spada ultrice

Sazio il guerriero di caduchi onori,
E nel silenzio di questi ermi orrori,
Memorie antiche e pie, calma felice
Gl'infondeano in cor; le fredde spoglie
De' Sabaudi Sovrani avean la tomba
Fra marmorei avelli in queste soglie......
Ma ohimè! qual fosco nembo,
Che tremenda procella asconde in grembo,
S'èrge tra i franchi!... ah! nel suo orror profondo
Sconvolger par tutta l'Europa, e il mondo.

  Popoli, che al sovrano
  Gran fedeltà serbate,
  Tremate, oh dio! tremate,
Che il dì d'avversità non è lontano.

II.

 Chi dall'opposta sponda
Sopra il Rodano appar? di sangue aspersa
Perchè rosseggia vorticosa l'onda?
Ohimè! chi squassa la tremenda face,
Cor mano ancor nel regio sangue immersa?
Ecco Discordia, di sanguigna luce
Sparger l'ombre notturne; e il fiume varca
Iniquo stuol, ch'il reo furor conduce!
Il terror lo precede
Nell'ermo asilo, e al suo feroce aspetto,
Volgendo, mesta e irresoluta, il piede,
La Pietade abbandona il sacro tetto.
Intimoriti e pallidi i romiti
Ne van seguendo i passi
Fra colli alpestri e dirupati sassi,
Insin che, giunti su straniera terra,
Le braccia a lor disserra
L'ospitale Bontà, che in dì più lieti,

Di consiglio, d'amor prodiga, e d'oro,
Sette secoli, e più stette fra loro.

    O popoli che siete
    Al Re fedeli ognora,
    Gemete, oh dio! gemete,
Che dell'avversità s'appressa l'ora.

III.

  Di terror, e di lutto
Infausto, orrendo ed esecrabil giorno,
Chi potrà rammentarti a ciglio asciutto!
Al mio atterrito spirto ancor davanti
Que' mostri son; parmi vederli intorno
Errar, simili a fiere,
Atro fuoco infernal gli occhi spiranti,
Guatar rabbiosi quelle moli altiere.
Di gloria e di pietà memorie avite,
Onde l'arti traean tanto splendore,
Patria, virtude, onore,
Tutto dunque cadrà!.... con fero scempio
Tutto veder vuol l'empio
Spento nel sangue, oppur nel pianto immerso!....
La croce trionfal, ch'in Oriente
Tremar gia fece il Palestino infido,
L'arme, i vessilli, che da estranio lido,
Di vittoria trofei, trassero i prodi,
Le regie insegne, gli ornamenti sacri,
Gli augusti simulacri,
Tutto, qual rame, è calpestato, infranto.
E qual Vandalo mai ne fece tanto!

    Popoli al Re si fidi,
    Con zelo ognor costante,
    S'alzin del pianto i gridi;
Che dell'avversità giunto è l'istante.

IV.

   Al cielo pria si cara,
Ed or dal cielo abbandonata terra,
Tutti i mali su te piombano a gara!
Gli abitatori tuoi gravoso opprime
Ferreo giogo, e il lor coraggio atterra.
Invan de' figli al lagrimar dolente,
Piange l'afflitta vedova, e si lagna;
Cerca il mendico invan chi lo sostente,
Asilo ei più non ha.... cadde distrutto!
Copre rovina e lutto
Que' luoghi, un dì si venerati et lieti;
E fra quelle pareti
Che facean risuonar di Dio le lodi,
Or altro più non odi
Che di progne solinga il flebil pianto
O degli augei notturni il mesto canto.
D'antiche iscrizion, fra i rotti marmi,
Sol miri avanzi sulle tombe sparse;
Fessi son gli archi alle vetuste volte,
Le sculte travi diroccate ed arse,
D'edera e musco involte
Giaccion le statue vilipese e frante,
E le reliquie sante
Dell' altare real contaminate.
Ahi! l'insano dell' uom, empio furore
Del tempo struggitor dunque è peggiore!

      Popoli che serbate
        Al Re la fedeltà,
      Al cielo i voti alzate,
Onde cessino i dì d'avversità.

V.

  Mesto così traea
Fra quegli avanzi augusti il passo errante,
E la mente agitata in se volgea
Sui vani onor del mondo alti pensieri.
Terso rideva il ciel; lieve spirante
  S'udia tra fronda e fronda,
Susurrar l'aura; e del cadente sole
Da' rai percossa, scintillava l'onda.
Taceano in calma gli elementi tutti,
  E quell' aer sereno
Calma più dolce m'infondea nel seno.
Del lago allor solco i pacati flutti
Su fragil legno.... ma da borea spinta
Ecco atra nube di repente appare.
S'agita l'onda, e quasi in piccol mare
La nave mia di quà, di là sospinta
Fra lampi, e tuoni, in su l'amica riva
Lungi da ogni periglio alfine arriva.

  Nel lugubre suo vel tutto avvolgea
Tenebrosa la notte; ansante, stanco,
Posa cercando al travagliato fianco.
  Fra que' marmi sedea,
  E dolce in me scendea
Un benigno sopor che si diffuse
Di vena in vena, e gli occhi alfin mi chiuse.
Veder mi parve, ahi vista!
Uscir da cupe cavità profonde
Orrende larve, ancor di sangue immonde,
Che minaccioso al ciel ergean lo sguardo.
Fuoco eran gli occhi, e alla lor tetra luce,
De' rei profanator' del sacro albergo
Si scorgeva in ognuna il viso truce.

D' orror, d'affano, e di terror ripieno
Io tremava, piangea, quando sconvolto
Con fragoroso tuono il suol s'aperse,
E degli abissi entro al profondo seno,
Tutto quell' empio stuol vidi sepolto.
Agli occhi miei benigna allor s'offerse
Alma lieta e felice;
Del cielo abitatrice,
Coronata la fronte. e in regio ammanto
Tutta splendea di celeste lume.
Cessi, servo fedel, disse, il tuo pianto;
A riparar la barbara rovina,
Che dalla man dell' empio
Quest' albergo sofferse, e questo tempio
Un de' miei figli illustri il ciel destina,
Lustro ed onore de sabaudi eroi,
A' regi cenni suoi,
Quelle tombe, quell' are
Sorgeran maestose
E l'opre sue gloriose
Saran memorie venerate e care,
Onde l'appelli il mondo
Di quest' asilo il fondator secondo.

Disse e del cielo ripigliò la via,
Mi destai; ma il terror, la meraviglia
Onde oppressa restò la mente mia
Così turbommi, che non seppi mai
Se fù ver quel che vidi, o s'io sognai.

  Popolo che al sovrano
  Fede serbasti e amore,
  Apri alla giojà il cuore,
Che il di d'avversità fatto è lontano.

TRADUCTION

DE L'ÉLÉGIE

SUR LA DESTRUCTION D'HAUTECOMBE, EN 1792.

I.

Un aigle apparut dans l'empire d'Occident (1); mais bien différent de celui de l'antique Grèce ou de la belliqueuse Rome, qui, portant la foudre, répandait la terreur chez les faibles mortels, ou qui dans les combats était le signal du carnage.

Cet aigle rayonnant portait le faisceau de lumière qui éclaira les peuples et les rois : il se reposa dans ces lieux solitaires.

D'immortels souvenirs de la piété et du génie dont il fut le symbôle, attirèrent la vénération des peuples.

Une sainte retraite avait été fondée dans ce lieu par d'augustes mains (2).

Le ciel d'où descendent toutes les vertus, toutes les grâces; le ciel qui peut seul procurer aux faibles humains les sentimens qui s'enracinent dans le cœur des mortels, et qui font le vrai bonheur; qui seul peut imprimer aux souvenirs le caractère qui les rend éternels : le ciel était intervenu dans cet acte solennel.

Cette retraite était devenue une école de sagesse pour les peuples et les rois (3).

Des prélats, des princes, des pontifes célèbres par leurs talens et leur gloire, s'y formèrent à la vertu.

D'illustres guerriers vinrent y déposer l'épée de la victoire, et rendre grâce au Dieu des armées.

Cette retraite, asyle du pauvre, était encore devenue le dernier asyle de la grandeur humaine.

Des monumens de piété et de gloire évoquaient d'attendrissans souvenirs (4).

Depuis sept siècles, de pieux cénobites veillaient et priaient autour des tombeaux de ces souverains.

Mais j'ai vu la malheureuse France couverte d'un voile funèbre; des bruits sourds ont annoncé l'orage; c'est le souffle des tempêtes.

Tremblez, peuples fidèles à vos rois, le temps des calamités va commencer.

II.

Une race impie, souillée du sang de ses rois, s'approche : déja elle borde le fleuve dont elle a ensanglanté les flots.

Cette horde d'hommes féroces armés des tisons de la discorde (5) s'est approchée du fleuve qui est la barrière de ces contrées. *

Déja les ondes impétueuses les ont portés sur cette rive : ils s'avancent vers ces lieux pendant les ténèbres

* Le Rhône.

de la nuit ; ils ont porté la terreur et l'effroi dans cet antique monastère.

De pieux solitaires, arrachés de leurs retraites (6), abandonnent en gémissant ces saints lieux.

Ils vont sous un ciel étranger demander l'hospitalité qu'ils donnèrent pendant tant de siècles (7).

Pleurez, peuples fidèles à vos rois, l'heure des calamités a sonné.

III.

O jour affreux ! ô jour de deuil et de terreur ! Ils sont encore présens à nos souvenirs, ces hommes impies et cruels ; sur leur physionomie se peignait la rage des animaux féroces et le caractère hideux du démon de la cupidité (8).

Ils ont porté leurs regards avides dans ce sanctuaire ; illustres souvenirs, chefs-d'œuvre des beaux arts, monumens de piété et de gloire, honneur, patrie, ils veulent tout renverser, tout détruire, tout éteindre dans les larmes et le sang (9).

Cette croix blanche qui brilla dans l'Orient (10), et qui fit si souvent trembler le fier infidèle, ces bannières, ces épées, ces armures des nobles chevaliers, ces trophées de la victoire, ces insignes de la royauté, ces ornemens sacrés du sacerdoce, ne sont à leurs yeux qu'un vil métal.

Déja j'entends retentir le marteau des Vandales, plus impitoyable que celui d'Attila.

Tout est détruit (11). O crime affreux ! Leurs sacriléges mains ont profané les cendres de vos princes !

Pleurez, peuples fidèles à vos rois, l'heure des calamités est arrivée.

IV.

Tous les fléaux sont venus fondre sur ces contrées abandonnées du ciel (12).

Les peuples ont gémi dans la plus cruelle oppression.

C'est en vain que la veuve vient confondre ses larmes et ses cris avec ceux de ses enfans.

L'asyle du pauvre est détruit. Quelques années se sont écoulées, et ces lieux solitaires et déserts n'offrent plus que l'aspect des ruines. Ces voûtes sacrées qui retentissaient tous les jours de pieux cantiques, d'hymnes à l'Eternel, ne répètent plus que le gazouillement de l'hirondelle, et le chant lugubre de l'oiseau des nuits.

Des voûtes entr'ouvertes, des tombeaux mutilés, des restes d'inscriptions, des vitraux fracassés, des autels renversés, les insignes de la royauté foulés aux pieds, la ronce prenant racine dans les tombeaux, enveloppant de ses tortueux replis des statues mutilées, et les restes des riches ornemens de la chapelle des princes (13) : partout des ravages de la fureur des hommes, plus cruels et plus destructeurs que le temps (14).

Pleurez et priez, peuples fidèles à vos rois, que le ciel fasse disparaître les traces de ces calamités !

V.

Me promenant un jour vers cet antique monastère, assis sur ses ruines augustes, je méditais sur les leçons qu'elles offrent aux peuples et aux rois.

Le lac était paisible; cette belle image du calme de la vie, de la tranquillité de l'ame, et la profonde solitude de ces lieux, m'avaient plongé dans la mélancolie.

Je contemplais les beaux effets du soleil couchant. Du côté de l'ouest, l'horizon tout en feu se réfléchissait dans les eaux.

Bientôt le vent du sud croissant peu à peu, le ciel se couvre de sombres nuages; des vents impétueux se croisent, s'entrechoquent; les flots sont soulevés par un ouragan terrible.

Une horrible tempête succède au calme qui régnait dans ces lieux; ma fragile nacelle emportée par les flots devint le jouet des vents.

Ainsi, dans le tumulte des passions, l'homme, jeté en sens divers, devient le triste jouet des fureurs qui l'agitent.

Les ombres de la nuit couvraient déjà ces ruines. Je cherche un abri sous ces voûtes, et bientôt le sommeil appesantit ma paupière. Des fantômes, des meurtriers souillés de sang, semblables aux profanateurs de ces monumens, des spectres affreux, me semblaient s'agiter dans les airs.

Mon cœur était oppressé; des pleurs inondaient mon visage; et la terreur portait le trouble dans mon esprit;

lorsque tous ces fantômes renversés, brisés par une invisible puissance, sont tout d'un coup précipités dans les abîmes du chaos.

Une vive lumière fait disparaître cette scène de ténèbres et d'horreur. Une figure céleste m'apparaît dans un rayon de gloire.

Elle portait dans ses mains le septre de la royauté ; une voix fait entendre ces mots : Console-toi, fidèle serviteur ; un des descendans de ma race viendra dans ces lieux ; l'esprit qui animait ses augustes aïeux descendra dans son magnanime cœur.

Il priera sur ces ruines : à sa voix elles disparaîtront. Ses royales mains relèveront ces tombeaux, ces autels renversés ; et la mémoire de ce prince pieux, s'associant à la gloire de ses augustes aïeux, lui méritera le nom de second fondateur de cet antique monastère.

Cette vision était-elle un songe, ou fut-elle une inspiration céleste ? C'est ce que mon esprit troublé, alors frappé d'admiration et de terreur, ignore encore aujourd'hui.

Réjouissez-vous, peuples fidèles à vos rois, l'heure des calamités est passée ; un prince de leur auguste race reparaîtra dans ces lieux ; et à sa voix, cet antique monastère sortira de ses ruines.

Ce songe prophétique devait se réaliser, la Providence en avait marqué le moment ; et c'est en 1824, à l'époque d'un voyage de Sa Majesté Charles-Félix à Hautecombe, que la pensée de la restauration de tous ces tombeaux est descendue dans le cœur pieux et magnanime de Sa Majesté. Ce mémorable événement, qui présente à l'imagination un des plus beaux sujets poétiques de l'histoire, m'a inspiré des pensées que j'ai essayé de rendre dans les vers suivans.

L'ABBAYE D'HAUTECOMBE.

ELÉGIE.

LES TOMBEAUX.

Sur les bords du lac solitaire,
Dans cet asyle où règne un éternel repos,
Dormez, dormez en paix, ombres que l'on révère,
Tandis qu'autour de vous une sanglante guerre
    Déchaîne les vents et les flots.

    Au fond des chapelles antiques,
Où tombe des vitraux un jour triste et pieux ;
    Couchés dans vos tombes gothiques,
    Dormez au bruit des saints cantiques
    Que pour vous on élève aux cieux.

    Là tous les jours, à la même heure,
De leurs ornemens noirs les prêtres revêtus
Invoquent le Seigneur ; et leur voix qui vous pleure,

Pour vous tous qui gissez dans l'étroite demeure,
Apaise le Dieu des vertus.

Et la nuit, lorsque les ténèbres
Redoublent de ces lieux la sombre profondeur,
Alors encor des chants funèbres
Pour vous tous, rois puissans, prélats, guerriers célèbres,
Demandent pardon au Seigneur.

Car, qu'est-ce auprès de lui que vos pompes mondaines !
Un instant dans la gloire on vous a vus briller;
Eblouis de ces grandeurs vaines,
Vous régnez : mais la mort arrive avec ses chaînes,
Et se plaît à vous réveiller.

Que le trépas, en vous, nous donne un grand exemple !
Tant que vous dominez sur ces sommets glissans,
Le vulgaire vous craint, et de loin vous contemple;
Mais bientôt votre trône est le caveau d'un temple :
Vous n'avez plus qu'un juge, et point de courtisans.

On commence pour vous l'éternelle prière.
Quoi ! monarques si redoutés,
Vous tenez comme nous l'espace d'une bière ;
Et vous voilà, dormant dans votre lit de pierre,
Immobiles, sans sceptre, un prêtre à vos côtés !

Tout ce que l'art inspire aux plus savantes veilles,
En vain sur vos tombeaux cherche à nous éblouir :

Ni vos yeux ne verront ces pompeuses merveilles,
Ni ces chants solennels n'iront à vos oreilles,
  Et vous seuls n'en pouvez jouir.

  Priez, vertueux cénobites,
  Priez pour ces ombres de rois ;
Prodiguez les parfums, les offrandes bénites,
Et faites que le ciel ajoute à leurs mérites
Les mystères pour eux célébrés tant de fois.

  Reposez-donc, ombres royales !
Oubliez les chagrins et les nuits sans sommeil
Qu'amènent les grandeurs au repos trop fatales ;
  Et dans vos couches sépulcrales
  Attendez le dernier réveil.

Car le Seigneur l'a dit : Un jour dans la vallée
Où doit nous rassembler sa voix, du haut des airs,
Une dernière fois, tout entière appelée,
L'humanité viendra tremblante, échevelée,
  Et les tombeaux seront déserts.

  Jusqu'alors, dans vos basiliques,
Où s'élèvent pour vous des cantiques sacrés,
Parmi les flots d'encens et les saintes reliques,
Vous resterez l'objet des prières publiques,
Par de pieux regrets justement honorés.

Nos neveux, à leur tour, viendront dans cet asile
  Voir les héros des anciens jours,
  Gardant sur la pierre immobile

Le pesant appareil d'une armure inutile,
Et du dernier chrétien implorant le secours.

  On viendra, car votre mémoire
   Est douce encore à vos sujets ;
Et l'on dira toujours : S'ils vivent dans l'histoire,
Les uns par la vertu, les autres par la gloire,
  Dans nos cœurs c'est par les bienfaits.

Mais plutôt levez-vous ! et, sous ces voûtes sombres,
   Apparaissez le glaive en main ;
On viendra profaner vos éternelles ombres ;
   Vos palais changés en décombres
   Peut-être tomberont demain....!

  Entendez ! . . . .

. . . .
. . . .
. . . .
. . . .
. . . .
. . . .
. . . .
. . . .
. . . .
. . . .
. . . .
. . . .
. . . .
. . . .
. . . .
. . . .
. . . .
. . . .
. . . .
. . . .
. . . .
. . . .
. . . .

Entendez ! elle vient l'heure, l'heure maudite !
   Malheur ! malheur à vous !
La foule à flots pressés roule et se précipite.....
   Insensés....! à genoux !

Ici, règne de Dieu l'éternelle présence ;
   Ici les chérubins,
De leurs ailes voilés, se courbent en silence
   Aux pieds du Saint des Saints.

Par le feu des éclairs, par les coups de tonnerre,
      Par les longs tremblemens
Qui font gronder les mers, et tressaillir la terre
      Sur ses vieux fondemens;

Par le glaive enflammé qui brille aux mains d'un ange
      Doutez-vous, insensés,
Que son courroux n'éclate et bientôt ne se venge
      Sur vos corps terrassés?

Hélas! ils ne sont plus les tems où ces miracles
      Vengeaient Dieu blasphémé;
Où l'impie, à l'aspect des divins tabernacles,
      Tombait inanimé.

Dieu n'est plus avec nous! lassé de notre audace,
      Il a dit aux pervers:
« De ces chrétiens honteux exterminez la race,
      « Régnez sur l'univers;

« Par le fer, par la flamme effacez la mémoire
      « De ce peuple odieux.... »
Ainsi dit le Seigneur, et, rentrant dans sa gloire,
      Il détourne les yeux.

    Et leur troupe déchaînée,
    Sur la terre consternée,
    Promène, ardente, effrénée,
    Sa large et tranchante faux:
    Les trônes que leurs pieds foulent,
    Les temples, les palais croulent,

Les fleuves effrayés roulent
Des trônes sanglans dans leurs eaux.

C'est peu, dans la tombe
Un jour affreux tombe;
Le marbre succombe
Sous les lourds marteaux :
Les nefs retentissent,
Les voûtes frémissent,
Des bruits sourds gémissent
Sous de longs arceaux.

Secouant du tombeau la funèbre poussière,
Tout un peuple de morts venait à la lumière,
Sortait en froids débris des cercueils entr'ouverts :
Sur le pavé tremblant les ossemens raisonnent;
Les méchans, pour jouets, aux enfans abandonnent
  Ce qu'avaient épargné les vers.

Car dans leur pensée
La grandeur passée
Fut un crime aussi ;
Sur des corps sans vie
Leur rage assouvie
Le proclame ainsi :

« Quiconque fut maître,
« Prince, noble ou prêtre,
« Doit se voir puni :
« Vivant, qu'il succombe;

« Et mort, de sa tombe,
« Qu'il erre banni. »

Et leurs sanglantes mains ont dispersé vos restes,
Ancêtres de nos rois ;
Et l'on pleura sur vous dans ces momens funestes
Une seconde fois !

On vous pleura surtout, vainqueur des infidèles,
Qui domptiez leur orgueil aux bords des Dardanelles,
Et teniez la victoire enchaînée à vos pas :
Sur la foule éperdue et de terreur frappée,
Oh ! pourquoi vos regards, oh ! pourquoi votre épée
Ne brillèrent-ils pas !

Et toi qu'un ciel plus doux ravit à nos hommages,
En vain deux nations adoraient tes images ;
Oh ! d'un séjour lointain le plus bel ornement !
En vain on t'admirait aux champs de la Provence,
Aimable Béatrix ; ils viennnent de la France
Ceux qui brisent ton monument.

Jadis, pour te plaire,
Les grands de la terre
Faisaient mille exploits
Dans les tournois ;
L'amour et les grâces
Marchaient sur tes traces,
Suivant les discours
Des troubadours.

Leur troupe savante,
Par mainte sirvente,
Chantait les attraits
Que tu montrais ;
Car même en Provence,
Tous, à ta science,
Sur les beaux esprits,
Donnaient le prix.

Là venaient les dames
De leurs chastes flammes
Attester la foi
Pardevant toi,
Quand un infidèle,
Oubliant sa belle,
Osait partager
Son cœur léger.

Là venait encore
L'amant qui du Maure
Ayant fui les fers,
Long-tems soufferts,
Trouvait, quelle injure !
Sa dame parjure,
Lui qui, hors ce bien,
Las ! n'aimait rien.....

Mais tout est consommé ; le bronze des batailles
Moins terrible eût tombé sur ces hautes murailles,
Triste enceinte où des vents s'exerce la fureur :

Voyez des murs rompus, des voûtes écroulées,
Le son grave et roulant des pierres ébranlées,
Le silence et l'horreur.....

III.

LA RESTAURATION.

Siècle brillant de la chevalerie,
Dont les récits charment nos jeunes ans,
Les soirs d'hiver, quand soufflent les autans,
Vous avez fui sur les ailes du tems,
Siècle brillant de la chevalerie !

Amour, honneur, les guidaient aux combats,
Ces nobles preux qui portaient avec grâce
Le lambrequin et la lourde cuirasse,
Quand d'un félon au loin suivant la trace,
Amour, honneur, les guidaient aux combats.

Tendre merci payait l'amant fidèle
(Car on l'était, dans ce tems moins moqueur);
De l'Orient s'il revenait vainqueur,
A sa beauté rapportant tout son cœur,
Tendre merci payait l'amant fidèle.

Moines, jongleurs, ménestrels, pélerins,
Allaient offrant lays, relique et prière ;
Et tour à tour la salle hospitalière
Oyait chanter, sous la noble bannière,
Moines, jongleurs, ménestrels, pélerins.

Comme un palais bâti par une fée
En un moment se dissout dans les airs,
Ainsi, pour nous, tournois, joûtes, concerts,
Ont disparu, laissant regrets amers,
Comme un palais bâti par une fée.

Nous avons vu tomber les antiques tourelles,
  Les châteaux renversés,
Les antiques manoirs et les saintes chapelles,
  Ombres des tems passés.

Mais qui peut des vieux jours effacer la mémoire ?
Comme on tranche une tête, est-ce donc que l'histoire
  Tombera sous de vains efforts... ?
Elle vit dans les cœurs, toujours pleine de charmes ;
Du passé qu'on proscrit sous nos pieuses larmes,
  Voyez, nous effaçons les torts.

Viens donc, prince adoré, viens de tes mains royales
  Relever ces débris :
Aux mânes dispersés par nos erreurs fatales
  Rends leurs premiers abris.

Que les arts à ta voix, par un noble artifice,
  Raniment à nos yeux
Les restes mutilés de l'antique édifice
  Où dormaient tes aïeux.

Qu'il renaisse étonné de sa splendeur nouvelle ;
  Et qu'on y cherche en vain
Les empreintes du fer dont une main cruelle
  A déchiré son sein.

Vous, prêtres du Seigneur, que l'eau lustrale expie
    Ce marbre profané;
Purifiez l'enceinte où blasphéma l'impie,
    Où ses pas ont traîné.

Que l'hymne solennel, sous les nefs renaissantes,
    Recommence à gémir;
Que les illustres morts, dans leurs tombes récentes,
    Viennent se rendormir.

Que la religion, de larmes maternelles
    Mouille leurs ossemens,
Jusqu'au jour qu'ils iront aux clartés éternelles
    Du fond des monumens.

Toi qui daignas jeter un regard tutélaire
    Sur ces restes épars,
Et saintement prodigue, as de ce sanctuaire
    Fait un temple aux beaux-arts;

Ton nom ira sans tache à la race lointaine,
    O prince, notre amour!
Et vous, hôtes muets de ce triste domaine,
    Silencieuse cour.

    Sur les bords du lac solitaire.......

NOTES.

(1) Cet aigle fait allusion à saint Bernard qui fut considéré par son génie comme l'aigle de l'Occident.

(2) Amédée III, prince de Savoie, fut le fondateur.

(3) 1792, année qui précéda la mort de Louis XVI et la plus affreuse terreur.

(4) En tête des révolutionnaires qui envahirent la Savoie en 1792, étaient quatre membres de la Convention ; tous quatre furent régicides, deux étaient des prêtres apostats.

(5) Les proclamations de la liberté et de l'égalité en furent le signal.

(6) Les religieux furent chassés avec toute la brutalité que l'on pouvait attendre des hommes de ce genre.

(7) Ces religieux allèrent au delà des Alpes.

(8) L'un des traits principaux de la physionomie de ces modernes Vandales était l'avidité jointe à la férocité.

(9) Ces hommes dans leur extravagante fureur ne rêvaient que la destruction de la génération actuelle et de tout ce qu'il y avait d'illustre et de grand dans ses souvenirs.

(10) Plusieurs princes de Savoie se rendirent illustres par les plus beaux faits d'armes dans les croisades contre les Turcs, entre autres par la délivrance de Rhodes ; c'est depuis lors que la croix blanche fut mise dans leurs armes.

(11) L'or, l'argent, tous les bronzes furent enlevés, tous les marbres furent mutilés et détruits.

(12) Tous les fléaux de la révolution s'étendirent sur la Savoie

(13) Douze à quinze ans après cet événement, on ne voyait déja plus que les ruines de la magnifique chapelle des princes.

(14) Tout ceci est le tableau exact de l'état des lieux.

ARTICLE VI.

MONUMENS DE L'ÉGLISE D'HAUTECOMBE.

Il serait difficile, Amélie, de vous donner une idée exacte de l'état où se trouvait l'église d'Hautecombe, lorsqu'on en a entrepris la restauration.

La chapelle des princes, presque entièrement détruite, ne présentait plus que quelques lambeaux épars de sa riche et élégante sculpture; les voûtes de l'église s'étaient écroulées, et quelques restes d'arceaux effrayaient le voyageur qui allait chercher des souvenirs au milieu de ces décombres.

L'église a trois entrées: l'une au midi, par le monastère; l'autre au nord, du côté de la chapelle des princes; la troisième, habituellement ouverte aux étrangers, est la principale : c'est celle par laquelle on entre dans la chapelle de Belley, qui forme une espèce de vestibule au fond de la nef.

Cette petite chapelle, fondée en 1318 par Claude d'Estavayé, a été dédiée à saint Bernard à l'époque de sa restauration. L'origine du nom de la chapelle de Belley se rattache à son fondateur, qui la destina à sa sépulture et à celle de ses successeurs à l'évêché de Belley.

Le portail appartient au style gothique. On y remarque cette profusion de sculpture et d'ornemens qui distinguent ce genre d'architecture. Ce portail, qui a peu de largeur et d'élévation, est décoré de huit statues, qui produiraient beaucoup d'effet, si elles étaient moins rapprochées.

Quatre de ces statues, de grandeur à peu près de nature, représentent saint Célestin, pape, saint Zénon, hermite, saint Augustin et saint Vital.

Quatre autres plus petites représentent sainte Rose, saint Malchus, hermite, saint Gauthier, et sainte Clorinde, martyre. Ces statues n'existaient pas avant la révolution, et on n'a trouvé aucun indice de leur existence dans des temps antérieurs.

A droite, en entrant, est une table de marbre noir sur laquelle est une inscription. Ce monument, encastré dans le mur, surmonté d'un fronton d'architecture gothique et de deux génies, est un hommage pieux de S. M. Charles-Félix à la mémoire d'une princesse de Savoie, sa sœur, qui a laissé dans tous les cœurs des habitans de ces contrées de touchans souvenirs de son affabilité, de sa bienfaisance et de ses vertus.

Cette princesse, S. A. R. Madame la duchesse de Chablais, avait accompagné Sa Majesté dans son voyage en Savoie, en 1824 : peu de temps après elle mourut, emportant tous les regrets.

Au dessus de la porte qui communique à l'église, est la statue de la religion, celle du Bon Pasteur et celle de Moïse.

Plus loin, près de l'autel, est le tombeau de Claude d'Estavayé, aussi encastré dans le mur.

Le tableau de l'autel, représentant l'apparition de la sainte Vierge à saint Bernard, par Serrangioli, est d'un dessin correct et d'un beau coloris.

De la chapelle de Belley, on passe dans l'église, qui a la forme d'une croix.

A l'est, est le sanctuaire; au nord, la magnifique chapelle des Princes; au sud, deux petites chapelles contiguës au monastère.

Cette entrée de l'église est ornée à l'intérieur de deux beaux monumens gothiques, destinés à servir d'accessoires aux deux statues en pied d'Amédée V et d'Amédée VI.

C'est une heureuse et belle idée, sans doute,

que celle d'avoir représenté à l'entrée du sanctuaire, où reposent les cendres de tant de grands guerriers et d'illustres souverains, ces deux princes que l'histoire met au nombre des héros des siècles de la chevalerie, et dont la valeur triompha de ces fiers Ottomans qui étaient alors la terreur du monde chrétien. Ces deux monumens, de forme octogone, placés l'un à droite, et l'autre à gauche, sont surmontés de deux grands baldaquins. Ils reposent sur une base ornée de bas-reliefs, au dessus de laquelle s'élèvent des pilastres et des colonnes qui soutiennent des frontons et des arcs. Sur chacun de ces monumens sont quatre pyramides richement ornées ; on y voit des niches où sont de petites figures allégoriques des vertus de ces princes : c'est dans le centre que sont placées leurs statues.

Dans celui d'Amédée VI, les colonnes sont ornées de feuilles de chêne et de laurier entrelacées.

Le bas-relief représente la prise de Gallipoli ; la composition en est belle et l'exécution parfaite.

Le bas-relief du monument d'Amédée V le représente au moment de la conclusion d'un traité de paix avec Amédée II, qu'il oblige de le signer. Ces deux monumens se lient avec l'architecture du portail, où l'on remarque la sculpture d'une frise, dont le dessin et l'exécution paraissent être du 14me siècle.

Au dessus de cette frise s'élève un arc orné de plusieurs rosaces, et surmonté d'un bas-relief représentant la Vierge et l'enfant Jésus : cet arc est couronné par trois pyramides dont les ornemens offrent des détails de sculpture pleins de goût.

Ce monument forme un très bel ensemble qui se lie à l'architecture de la porte ; et c'est dans la justesse des proportions et les effets de perspective, que l'auteur de ces compositions et les artistes qui les ont exécutées paraissent avoir déployé le plus de talent et de goût. En se plaçant à la distance convenable, l'effet pittoresque de l'ensemble et des détails est vraiment admirable.

En s'avançant dans la nef du côté droit, on remarque le sarcophage du comte Humbert III, sur lequel gît la statue de ce prince. Il paraît que l'on a voulu le représenter en costume religieux: les sabots qu'il porte aux pieds sont un signe de pénitence qui appartient à son siècle.

Les dessins de ce mausolée, dans lesquels on a suivi la forme de celui qui est dans l'ouvrage de Guichenon, présentent des contours du seizième siècle qui font présumer que ce sarcophage n'avait point été élevé dans le douzième siècle.

Vis à vis, dans l'autre nef, se trouve le tombeau de Germaine ou Anne de Zeringhen, une des femmes d'Humbert III. Ce monument, dont Guichenon ne fait aucune mention, est nouveau. C'est un rectangle sur lequel sont des figures en bas-relief, représentant des génies; la statue de cette princesse fait l'éloge des artistes qui l'ont exécutée.

A l'extrémité de la nef, dans laquelle se trouve le mausolée du comte Humbert, sont deux petites chapelles, dont l'une, contiguë à la sacristie, était autrefois dédiée à la Sainte Vierge, et aujourd'hui au bienheureux Liguori; l'autre touche au sanctuaire. Il faut s'arrêter quelque temps dans ces deux chapelles, remarquer plusieurs peintures à fresque, parmi lesquelles on distingue les quatre tableaux peints sur la voûte, qui méritent l'attention des artistes. Dans le tableau à droite, est l'adoration des rois mages: ces princes, entourés de leur cortége, offrent leurs présens au divin enfant avec des marques d'admiration et de respect. La Vierge présente l'enfant au plus âgé d'entre eux qui offre le vase contenant l'encens; les deux autres rois semblent attendre le moment de se présenter. Du côté droit, sont la suite et les soldats des princes; et dans l'autre partie du tableau, des anges et des bergers.

Sur l'autre voûte, le sujet des deux autres tableaux à droite est Jésus enfant, disputant dans le temple avec les docteurs de la loi : leur expression est celle de l'étonnement, la Vierge et saint Joseph sont émerveillés de ce spectacle.

A droite, du côté de la sacristie, est un tableau représentant la résurrection de Lazare : on le voit sortir de la tombe enveloppé de son suaire; au centre, est le Christ qui accorde ce miracle à la vive affection des deux sœurs plongées dans la douleur, et dont l'attitude exprime la reconnaissance.

Dans cette composition est un groupe de gens du peuple dont les figures et l'expression sont très variées. Au fond du tableau est une grotte sépulcrale. On voit dans le lointain la ville de Béthanie.

Le sujet du deuxième tableau est le crucifiement de Jésus-Christ ; à droite, sur une petite esplanade, des bourreaux sont occupés à dresser la croix sur laquelle le Christ est déjà crucifié. A côté, le bon larron exprime son repentir et recommande son ame au Sauveur ; plus loin, on voit d'autres bourreaux qui lient sur la croix le second malfaiteur. Les trois Maries assistent à ce douloureux spectacle ; la Mère du Sauveur tombe évanouie dans les bras de saint Jean. Un licteur, dont l'une des Maries implore la pitié, montre l'insensibilité d'un homme de sa profession ; des soldats jouent aux dés les vêtemens de Jésus.

Sur la muraille du fond, au dessus du monument du prince Pierre, est un tableau de forme oblongue qui représente l'ensevelissement de Jésus-Christ ; Joseph d'Arimathie et Nicodème le mettent dans la tombe. La mère du Sauveur, tenant une de ses mains, lui donne un dernier adieu. Marthe et Magdeleine expriment la douleur dans laquelle elles sont plongées. La scène est éclairée par un flambeau porté par saint Jean.

Dans les entrecolonnes sont quatre statues représentant saint Benoît, sainte Scolastique, saint Robert et saint Cloral. La porte de la sacristie est ornée d'un fronton gothique.

A côté de ces deux chapelles d'une grande simplicité, est celle des barons de Vaud, sous le vocable de saint Michel; les figures symboliques des quatre évangélistes, l'ange, le lion, le bœuf et l'aigle, y sont peints à fresque sur le mur.

On remarque, parmi les peintures de cette chapelle, l'ange de saint Mathieu qui est considéré comme l'un des chefs-d'œuvre de Jean Vacca.

Dans l'ouverture du mur qui est entre cette chapelle et le sanctuaire, on voit le tombeau de Louis I, baron de Vaud, sur lequel gît la statue de ce prince et celle de Jeanne de Montfort, sa femme. Aux pieds du prince, est un lion, emblème de la force; et à ceux de la princesse, un chien levrier, emblème de la fidélité: ces deux statues sont plus grandes que nature. Ce monument, qui avait été déplacé et mutilé, a été restauré, et ce n'est qu'avec de très grands soins qu'on est parvenu à exécuter cette restauration, en se guidant sur le dessin de Guichenon.

Deux petits anges à genoux à l'oreiller de ce prince sont un emblème de sa haute piété; mais il y a un défaut de proportion dans la dimension des petites figures qui accompagnent ce sarcophage. Derrière le maître-autel, du côté de l'épître, est le beau monument de l'archevêque de Cantorbéry.

Ce mausolée, qui est un de ceux dont on trouve le dessin dans Guichenon, était en bronze. Plusieurs personnes, qui ont conservé le souvenir du monument qui existait encore en 1792, assurent que le dessin et l'exécution étaient au dessous du médiocre; celui que l'on voit aujourd'hui est entièrement en pierre de Seyssel.

Ce prélat, représenté avec ses habits pontificaux, gît sur le mausolée qui est supporté par des génies; la tête est tournée du côté de l'évangile, et les pieds du côté de l'épître; à ses pieds, sont deux serpents, symbole de la prudence; à la tête de la statue, est une cassette surmontée d'un baldaquin, qui renfermait vraisemblablement son cœur avant la destruction de ce tombeau. L'inscription suivante qui existait anciennement y a été rétablie :

HIC. JACET. BONIFACIUS. DE. SABAUDIA.
CANTUARIENSIS. ARCHIEPISCOPUS.
OPERIBUS. BONIS. ET. VIRTUTIBUS. PLENUS.
OBIIT. AUTEM. APUD. SANCTAM. HELENAM.
ANNO. DOMINI. MCCLXX. 14ᵃ DIE. JULII.

On admire dans ce monument les beaux contours du dessin et le fini de l'exécution. La délicatesse des ornemens surpasse tous les ouvrages en pierre de Seyssel, que l'on a exécutés jusqu'à présent.

La voûte de cette partie de l'église est décorée de huit tableaux retraçant quelques uns des traits de la vie du grand saint qui présida à la fondation de ce monastère.

Le premier représente saint Bernard embrassant l'ordre religieux; on le voit, dans le second, au moment de la fondation de ce monastère; dans le troisième, il est peint recevant l'ordre de se rendre au concile pour y prêcher la croisade. Dans le cinquième, il sort de l'église avec la sainte Hostie, et le prince, auquel il faisait des reproches, tombe évanoui aux pieds du saint. Le sixième tableau le représente dans sa dernière maladie; le septième, au moment de sa mort ; et dans le huitième, on le voit monter au ciel. Ces peintures estimées font honneur au pinceau de *Gonino*, élève de **Louis Vacca**, jeune homme dont le beau talent donne les plus hautes espérances ; le dôme est peint en azur parsemé d'étoiles. Sur la voûte du chœur, sont représentés six chérubins en adoration, et les quatre évangélistes.

Entre le sanctuaire et la chapelle des princes, est placé le magnifique mausolée du comte Aymon et d'Yolande de Montferrat, vis à vis celui de Louis, baron de Vaud : le sarcophage est enrichi de colonnes et de quatorze petites figures placées dans des niches de cinq pouces de largeur chacune. Ce sarcophage est surmonté d'une table sur laquelle gisent les deux figures. Le prince Aymon est armé de toutes pièces. A ses pieds, est un lion, emblême de la force ; à ceux de la princesse, est un chien, emblême de la fidélité.

Sur l'un des côtés sont des bas-reliefs enchassés dans le mur, représentant le Sauveur avec trois petits chérubins et des anges en adoration. Ce sarcophage est surmonté d'une riche pyramide portée par des piliers latéraux.

La façade de ce mausolée, en regard du

maître-autel, est décorée de chaque côté des deux statues de saint Maurice et de saint Romain, placées dans les niches latérales ; deux autres statues moins grandes représentent un saint évêque et un saint martyr.

La façade, du côté de la chapelle des princes, a les mêmes proportions ; l'on y voit les statues de saint Second, de sainte Marcie, martyre ; de saint Magne, pape ; et de sainte Monique.

Tout près est la chapelle des princes, dont la restauration a exigé des soins et des travaux dont il est difficile de se former aujourd'hui une idée ; c'est là surtout que la peinture et la sculpture ont déployé toutes les ressources de l'art pour l'embellissement de cette partie de l'église. L'on est d'abord frappé du coup-d'œil magnifique de douze statues en saillie sur des consoles, et de douze tableaux disposés alternativement dans l'enfoncement des niches autour de l'autel.

Les douze statues sont celles des douze apôtres, placées contre les montans principaux des croisées, et supportées par des consoles variées dans leur forme, d'un très bon goût.

Les douze tableaux peints sur toile représentent saint Pierre, saint Paul, saint Augustin, saint Bazile, saint Grégoire de Nyce, saint Anastase, pape ; Isaïe, Jacob, Moïse, Elie, tenant le pain qui lui fut apporté au désert par un corbeau, et Abraham. Les poses de ces figures sont variées avec intelligence, malgré la difficulté que présentait l'espace étroit des niches où elles sont resserrées.

La voûte de la chapelle est ornée de plusieurs peintures dont les sujets sont la foi, l'espérance, la charité et la chasteté.

Au dessus de l'entrée, on voit un tableau peint à fresque sec, représentant l'Annonciation de la sainte Vierge ; et au dessus du monument d'Aimon, un médaillon peint aussi à fresque ; la piété en est le sujet. Toutes ces peintures sont admirables par la beauté du dessin et la chaleur du coloris. La chapelle est ornée de ces vitraux de différentes couleurs dont les effets sont si remarquables dans les édifices gothiques. Ils représentent divers sujets, parmi lesquels on distingue une Vierge avec l'enfant Jésus, la visite des trois Rois mages, une descente de croix, le Père éternel, et le saint suaire, etc. En sortant de la chapelle des Princes, on remarque six statues de grandeur moyenne ; et à l'extérieur, en sortant de l'église par le même endroit, deux statues placées au nord; ce sont celles de saint Nicolas et de sainte Faustine; et deux autres, au levant, qui ont été restaurées, représentant deux apôtres; les deux autres, placées contre le mur de la chapelle, représentent saint Etienne et saint Ernest.

En suivant la nef latérale du côté de l'évangile, on arrive à la chapelle de saint Félix; là s'offre un tableau tout différent : le spectateur passe de l'architecture gothique à celle du beau siècle des arts.

Ce monument, qui n'existait point avant la révolution, vient d'être érigé sous l'invocation de saint Félix, patron de l'auguste souverain auquel on doit la restauration d'Hautecombe; c'est une rotonde d'ordre ionique éclairée par le haut. On y voit trois belles statues placées dans des niches : l'une, au dessus de l'autel, représente saint Félix, martyr; les deux autres, la bienheureuse Marguerite de Savoie et le comte de Romont. Le prince porte un croissant sur sa tunique; on lit sur le collet et sur le bord de ce vêtement le mot turc *Alaac* : *Dieu est juste*. Un reste de ce monument, trouvé dans des fouilles, a servi à diriger l'artiste pour le dessin de cette figure.

L'exécution de ces trois statues fait l'éloge de l'artiste. Dans les entre-colonnemens sont placés quatre bas-reliefs représentant le martyre de sainte Félicité et de ses sept enfans. Dans le premier, sainte Félicité et ses enfans paraissent devant l'empereur; dans le second, qui est en face, les sept enfans, séparés de leur mère par ordre de l'empereur, sont amenés devant ce prince, qui essaie inutilement de les engager à renier la religion chrétienne.

Le troisième représente l'empereur ordonnant que sainte Félicité et ses enfans soient fustigés pour les forcer à l'apostasie.

Enfin, dans le quatrième, on voit leur ascension au ciel.

Les artistes font l'éloge de cette composition et de son exécution. Au dehors de la chapelle de saint Félix, est une inscription latine, destinée à consacrer le mémorable événement de la restauration du monastère d'Hautecombe par Sa Majesté Charles Félix : on doit cette inscription à M. Boucheron, professeur d'éloquence à l'université de Turin.

Après avoir présenté le tableau historique et religieux de ces monumens, nous terminerons cette notice par un aperçu de leur mérite, sous le rapport des beaux-arts. Les grands et illustres souvenirs auxquels ils se rattachent présentaient au génie de l'architecture, de la sculpture et de la peinture, la plus belle occasion de s'exercer.

S. M. pouvait sans doute faire exécuter à Hautecombe une église d'architecture grecque ou romaine sur le plan de celle qu'elle fait élever à Turin dans le faubourg de Pô, qui sera un monument digne d'admiration ; mais les grandes ames vouent aux nobles souvenirs une espèce de culte ; ce sentiment sublime du prince est la source du grandiose dans les arts, ainsi que des belles actions : c'est une idée si généreuse qui a guidé M. Mélano, chargé par S. M. de la difficile entreprise de cette restauration.

Dans une multitude d'églises d'Italie, on voit des restaurations d'un style grec ou romain, mêlées à des édifices gothiques : mais ces anacronismes, ces alliances bizarres de deux genres d'architecture différens, blessent le goût, et sont toujours d'un mauvais effet.

M. Mélano n'a point suivi cet exemple, il a pensé au contraire que chaque monument devait reproduire le caractère de son siècle, et que l'unité étant l'une des règles fondamentales des arts, il ne devait point sortir du genre gothique dans les monumens à restaurer. Tous les dessins de ses ouvrages anciens et nouveaux prouvent que cet artiste a réuni, à une profonde étude de l'histoire du moyen âge et de la vie des princes de Savoie, une connaissance parfaite de l'architecture et des variations qu'elle a subies.

Il y avait encore un autre genre de difficulté : c'était l'accord des nouveaux monumens avec les anciens ; il fallait présenter un ensemble d'un effet harmonieux.

Le succès de ces divers travaux, plus difficile que celui d'une composition entièrement neuve, ne pouvait être obtenu que par un artiste que la nature a doué de cette finesse de goût et de ce tact supérieur qui est le signe du véritable talent. M. Mélano en a donné des preuves dans la composition de ces dessins qui sont tous de cet artiste, à l'exception de celui du prince Pierre, où le mélange de divers genres d'architecture nous a paru tout à fait contraire aux règles de l'art.

La petite chapelle de saint Félix, que S. M. a voulu élever, n'ayant aucun rapport aux anciens souvenirs, M. Mélano a dû employer le style de l'architecture grecque : il l'a fait avec un plein succès. L'ensemble et les détails de cette composition annoncent tout ce que cet artiste pourrait faire, s'il était appelé à donner le plan d'un plus grand monument dans ce genre d'architecture.

L'exécution des sculptures a été confiée aux frères *Cacciatori*, artistes déja connus par plusieurs autres beaux ouvrages à Milan. Les peintures ont été faites par les frères *Vacca*, également célèbres dans leur art.

ARTICLE VII.

FONTAINE INTERMITTENTE D'HAUTECOMBE.

A un petit quart-d'heure du monastère, au bas de la montagne, est une crevasse dans le rocher, d'où jaillit la fontaine des merveilles.

Depuis Pline, à qui l'on doit la description de la belle source intermittente, sur les bords du lac de Côme, portant le nom de Fontaine Plinienne, jusqu'à nos jours, aucun savant n'a pu donner une explication satisfaisante de ce mystère de la nature.

Le père de Chale, dans sa description de la fontaine des merveilles, dit que dans les temps de sécheresse elle tarit entièrement, et qu'en temps de pluie elle coule jusqu'à douze fois par heure. Son observation est exacte en ce sens qu'au moment de la sécheresse le bassin reste à sec dans l'intervalle des intermittences; mais la source ne tarit point : ses intermittences, seulement plus rares, se reproduisent à des intervalles inégaux de demi-heure, de trois quarts d'heure, de trois, quatre, cinq et six heures, sans aucune règle.

Dans l'été, l'intermittence s'annonce ordinairement par un bruit sourd semblable à celui d'un assez gros volume d'eau qui coule dans les rochers; au moment où la fontaine a cessé de couler, on entend un autre bruit pareil à celui que produit l'air, lorsqu'un gros volume d'eau tombe dans un vase par une ouverture étroite.

Dans les temps de pluie, ou de la fonte des neiges, le bassin de la fontaine n'est jamais à sec; il y a un écoulement d'eau continuel plus ou moins considérable. Alors les intermittences, beaucoup plus fréquentes, se reproduisent jusqu'à douze et quinze fois par heure, mais toujours d'une manière irrégulière, et sans causer le bruit dont nous avons parlé.

Cette fontaine a été visitée par plusieurs naturalistes, entre autres par M. Saussure.

En temps ordinaire, le volume des eaux est assez considérable pour le service d'un moulin, au moyen d'un grand bassin destiné à les réunir.

Près de cette source est un ombrage formé par plusieurs maronniers ; c'est là que les étrangers vont ordinairement se reposer, après avoir visité le monastère d'Hautecombe.

Il existe un très grand nombre de fontaines intermittentes en France, dont plusieurs naturalistes font mention ; toutefois il en existe une fort belle et bien plus considérable que celle d'Hautecombe, dont ils n'ont point parlé : c'est celle de *Grouin*, qui se trouve dans la commune de *Vieux*, ancien pays de Valromay, département de l'Ain, sur la rive droite du Rhône. Cette source, qui est très abondante et dans un site extrêmement pittoresque, peut mériter l'attention des naturalistes et des curieux qui viennent aux eaux d'Aix. Le chemin qui conduit à Grouin est une promenade variée et fort agréable. Après avoir traversé le lac du Bourget, on entre dans le canal de Savières, qui dégorge les eaux du lac dans le Rhône. Le cours tortueux de ce canal, à travers une charmante prairie, est si lent qu'il peut rappeler aux habitans de Lyon ce que César disait du cours de la Saône : *Arar dubitans, nesciens quò fluctus agat.*

Le revers de la montagne d'Hautecombe, où se trouve le village de Chanaz, peut offrir des observations intéressantes aux naturalistes par le nombre et la variété des coquillages marins que l'on y rencontre. Après avoir traversé le Rhône, on débarque à Lavour, d'où l'on se rend à Culoz par un chemin d'une demi-heure de marche, dans une prairie marécageuse. Au village de Culoz s'ouvre une très belle route où l'on prend le chemin de Béon et de Lurieux, Talisieux et Amésieux ; l'on arrive à Machura, d'où le voyageur contemple avec ravissement la riche et magnifique vallée qui est à ses pieds. Ses regards se portent, à droite, sur le cours du Rhône, sur le château de Gramont et le village de Bellemont. Il aperçoit le Mont du Chat, et plus loin les montagnes de la Grande Chartreuse. Il poursuit sa route jusques au pont de Saint-Germain ; de là il remonte le torrent, par la rive gauche, pendant une demi-heure, jusqu'à un petit moulin : après avoir traversé un pont rustique, il arrive vers le grand entonnoir de Grouin. C'est un bassin circulaire d'environ quarante pieds de diamètre, que l'on peut comparer à une grande tonne ayant un large dégorgeoir; on voit bouillonner dans le fond les eaux pures et transparentes de cette source; mais tout à coup elles disparaissent entièrement, et le bassin, semblable à un entonnoir, offre l'aspect singulier d'une hure vidée; ce qui lui a sans doute fait donner le nom de Grouin.

Il paraît que les eaux ont une issue par des cavités latérales sous le roc. Les intermittences de cette fontaine, curieuses par leur irrégularité, sont quelquefois de huit, dix et même douze jours; d'autres fois cette source jaillit plusieurs jours de suite, et souvent à plusieurs reprises dans la même heure. Le retour des eaux s'annonce par un bruit dans le rocher; elles sortent avec impétuosité et en grand volume du fond du bassin; si celui qui le visite ne se hâtait de remonter au premier bruit, il serait enveloppé par les flots : alors on entend assez souvent les laboureurs et les bergers qui sont sur les bords du torrent, faire retentir dans le vallon les cris de *Grouin! Grouin!* Voici *Grouin!*

Ce signal avertit de traverser promptement le torrent avant la crue des eaux, pour n'être pas obligé de remonter jusqu'au pont de Saint-Germain.

CHAPITRE XVI.

Promenades, Points de vue pittoresques aux environs d'Aix.

> Ombres fraîches bravant les ardeurs du soleil,
> Prés qu'embellit l'aurore à son brillant réveil,
> Clairs ruisseaux où se plaît votre Naïade aimable,
> Cascades invitant au sommeil agréable,
> Montagne où se déploie un vaste et beau lointain ;
> Bois, vallons enchanteurs. . . . .
> . . . .
>
> (*Traduction d'un poète anglais.*)

La situation d'Aix et de ses environs est l'une des plus heureuses pour les agrémens de la promenade : les sinuosités des vallées, les contours des chaînes de collines, la configuration des montagnes, offrent une variété de sites et des contrastes qu'il est difficile de rencontrer ailleurs.

Tous les genres de promenade sont faciles et agréables. Celui qui arrive dans son équipage y roule avec rapidité sur de belles routes horizontales ; la plupart sont bordées de grands arbres dont l'ombrage les couvre comme si elles avaient été tracées au milieu d'une forêt. Lorsque les chaleurs de l'été donnent aux champs une teinte jaunâtre, les regards du voyageur se reposent aux environs d'Aix sur des prairies bien arrosées, dont la verdure est riche et brillante.

Celui qui n'a pas ses chevaux a le choix sur un grand nombre de voitures de différentes espèces : de petits chars suisses, des cariolles, des calèches, des cabriolets, lui procurent les moyens de courir la campagne.

Les personnes délicates, les dames, la mère de famille accompagnée de ses enfans, veulent-elles s'écarter de la grande route, suivre les sentiers ou les bords des ruisseaux du *Tillet*, de la *Daisse*, de l'*Abbée*, de la *Fourmi*, du *Rachet* ; monter sur la colline de Tresserve, se reposer dans les bois, jouir de points de vue étendus ? elles essayent cette monture douce et pacifique à laquelle appartient le privilége, ou, comme on dit à présent, le monopole du service équestre dans la délicieuse vallée de Montmorency : ce sont des ânes. Les dames, les enfans, assis et accoudés commodément sur de larges selles en forme de fauteuils, prennent de l'exercice sans se fatiguer. Les cavaliers mêmes se servent de ce genre de monture pour accompagner les dames.

Dans le temps de la plus grande affluence des étrangers, les routes de Genève, de Chambéry, et celle qui conduit au lac, offrent un tableau animé par le mouvement d'élégans équipages, de chars, de caravanes de dames et de cavaliers dans des voitures, ou sur des ânes. Les uns vont à Hautecombe, à la fontaine de Saint-Simon, à la cascade ou à la tour de Grésy ; les autres, à Saint-Innocent, sur la colline de Tresserve ; quelques uns jusqu'à Chambéry. Des promeneurs à pied vont, viennent, se croisent. Des diligences, des chaises de poste, amènent des voyageurs : on croirait être dans le voisinage d'une très grande ville.

Pour le jeune homme qui aime les courses, les exercices violens, les chiens, les chevaux, les choses nouvelles et curieuses, que de moyens et combien d'occasions d'amusement ! Tout est plaisir, tout est charme pour lui.

S'il a le goût du dessin, s'il aime à jouir du paysage, son imagination s'enflamme à l'aspect de ces charmans vallons; il monte sur le Pic du Mont du Chat, sur la montagne de Gruffy; sa vue, embrassant un immense horizon, se promène sur des sites variés; elle se perd dans un vague lointain, coloré de pourpre et d'azur. Ce magnifique tableau est pour lui l'image du vaste et brillant horizon de ses désirs et de ses espérances.

D'un riant avenir les séduisans mensonges
Enchantent son esprit et le bercent de songes.

S'il veut prendre le plaisir de la chasse ou de la pêche, le lac d'Hautecombe, les montagnes voisines, la prairie des environs d'Aix, les marais du Vivier, de Bissy, d'Albens, de la Chautagne, lui offrent tous les moyens de se livrer à ces deux genres d'exercice.

Pour cette foule de curieux qui ne voient dans la nature que les objets qui frappent tous les regards et plaisent à tous les goûts, combien de choses intéressantes dans le tableau du paysage au fond de la vallée!

A côté du gros noyer dont l'ombrage épais couvre le sol qui l'environne sous sa coupole arrondie, le grand peuplier d'Italie élance sa pyramide de verdure, et donne de la majesté à la charmante avenue qui conduit au lac. La vigne, mariant ses longs rameaux et son large feuillage à la feuille mince et pointue de l'if, produit, avec l'arbre qui la soutient, un double contraste de forme et de teinte. L'arbre enveloppé de pampre s'arrondit en forme de vase, et imite le dessin d'une coupe antique. Dans les vergers, le pommier, le poirier, le cerisier, le mûrier, le saule, le peuplier indigène, le frêne, forment aux environs d'Aix de petits bosquets dont la fraîcheur récrée la vue et invite à jouir de leur ombrage. Dans les terres en culture, le maïs, le chanvre, la pomme de terre, le seigle, le froment et la fleur blanche du sarrazin, présentent un coup-d'œil des plus variés.

Si la vue se porte sur la colline de Tresserve, les vignes, les hautins, des groupes de bois de châtaigniers, offrent un tableau d'un autre genre. Au levant, le vignoble des côtes est le dernier banc de l'amphithéâtre de collines qui s'élève jusqu'à la montagne de Mouxy. Une multitude de sources s'échappent du flanc de ces collines ; des ruisseaux, des torrens, des cascades animent encore ce paysage en serpentant dans la plaine.

Mais, tandis que le simple curieux court la campagne en examinant les scènes de la nature d'un coup-d'œil rapide qui ne lui laisse que des impressions fugitives, le paysagiste enrichit son imagination des sujets de composition les plus variés : pour vous, Amélie, qui aimez à les étudier comme l'auteur des Jardins de la nature, et comme Bernardin de Saint-Pierre, dans les tableaux poétiques qu'elle offre à tous ceux qui savent en jouir, quel charme ces contrées ne doivent-elles pas avoir !

Vous avez remarqué le paysage dont on jouit de la maison Chevalay ; il y a beaucoup d'autres points de vue aux environs d'Aix, qui sont encore plus beaux et plus étendus. Parmi les différens sites que l'on peut choisir pour dessiner, les plus remarquables près d'Aix sont ceux que l'on découvre du bois de Martinel. C'est là, s'il vous en souvient, qu'un jour du mois de juillet où les chaleurs nous invitaient à jouir de la fraîcheur des ombrages, nous avons fait une course pour esquisser quelques croquis de paysages. Nous sortîmes d'Aix par la porte de Mouxy, en suivant le chemin qui conduit à ce village.

La colline d'Aix forme dans cet endroit un amphithéâtre demi-circulaire. Aux deux extrémités du demi-cercle, est, au nord, la colline des *Côtes*, dont l'une des pentes, tournée au midi, est un vignoble couronné par de grands arbres; en face, au midi, est le bois de Martinel, dont la pente est tournée au nord.

Après avoir suivi la route de Mouxy, on prend le premier sentier qui tourne à droite; il conduit au bois, où l'on arrive après avoir traversé le petit ruisseau, ou plutôt le filet d'eau du *Rachet*. Lorsqu'on se trouve à peu près à la hauteur de la terrasse de la maison Chevalay, le spectateur, dirigeant ses regards vers le nord, voit au dessous de lui le petit groupe de maisons composant la très petite ville d'Aix. Plus loin, est la maison Chevalay, celle de M. Fleury, et celle de M. Louis Roissard.

Sur la même ligne s'étendent les vignobles de la colline des *Côtes*, dont la belle verdure contraste avec la teinte grise du sommet de la montagne de Saint-Innocent, qui s'élève sur un plan plus éloigné. Les regards dominent sur tout le bassin du lac, à l'extrémité duquel est le rocher de Châtillon qui ferme l'entrée de la vallée de Chautagne. On distingue au dessus de ce rocher un antique château flanqué d'une tour.

Sur la rive du lac exposée au levant, on aperçoit le port de Puer, qui forme un promontoire. Sur la rive opposée, et presque en face, est le monastère d'Hautecombe. Le même point de vue embrasse le pic, le passage du Mont du Chat, ainsi qu'une partie de la colline de Tresserve; dans le fond de la vallée, la vue se repose sur cette riche et charmante prairie que nous avons tant de fois parcourue.

La disposition des terrains, leurs mouvemens, la couleur azurée du lac, la teinte grise des montagnes placées dans l'ombre, le reflet brillant de celles qui sont fortement éclairées par le soleil, la verdure fraîche et riante du fond de la vallée, donnent à cette perspective une admirable variété.

Ce paysage serait bien plus pittoresque, si le groupe de maisons qui composent la ville d'Aix était dominé par les tours du château et par le clocher. Mais ces deux accessoires portent encore les traces du marteau révolutionnaire, quoique plus de vingt-cinq ans se soient écoulés depuis ses ravages. Tous les étrangers ont remarqué que les habitans de la noble et antique ville d'Aix, dans laquelle on apporte toutes les années des trésors, au lieu de donner l'exemple, en commençant les premiers à rétablir leur clocher, n'ont pas même encore suivi celui qu'ils ont reçu des plus petits villages voisins. Plusieurs clochers, qui s'élèvent au dessus des touffes d'arbres, produisent un très bel effet dans le paysage.

Ce point de vue, et une infinité d'autres, dont on peut jouir de ce bois, faisaient, il y a quelques années, l'admiration d'une famille anglaise, qui y avait établi un petit pavillon pour en jouir plus commodément, et pour y dessiner d'après nature.

NOTE.

Le bois Martinel offrait naguère un coup-d'œil bien plus riche et bien plus agréable; mais malheureusement les beaux chênes qui l'ombrageaient sont tombés sous la hache des spéculateurs; ils n'ont épargné que les châtaigniers. Il serait bien à désirer que M. le chevalier de Martinel, l'un des principaux et des plus anciens propriétaires d'Aix, où il a fait construire une belle maison pour les étrangers, fît replanter ces bois, en les variant, suivant l'exemple de M. Blanchard de Saint-Innocent, par des pins, des sapins, ou des arbres exotiques de différentes espèces.

CHAPITRE XVII.

La Colline de Tresserve. — Maison du colonel Vivian.

> Vertes forêts, prés fleuris, clairs ruisseaux,.....
> . . . .
> J'irai, je goûterai votre douceur secrète.
> Adieu, gloire, projets...
> DELILLE.

Dans les contrées montueuses, les collines sont ordinairement adossées aux montagnes. Dans les grandes vallées, ou dans les pays de plaines, elles forment le talus des plateaux, ou bien elles se déploient sur des lignes plus ou moins onduleuses et prolongées.

La configuration de la colline de Tresserve est

toute différente. Sa situation présente des singularités curieuses, qui lui donnent un aspect particulier.

Placée au milieu de la vallée d'Aix, dans la direction du nord au midi, elle forme dans sa largeur un triangle, dont l'une des faces, tournée au couchant, s'abaisse vers le lac qui en baigne le pied. La pente opposée, tournée au levant, s'incline vers le bassin d'Aix. La base de ce triangle varie pour la largeur et l'inclinaison des pentes.

Cette colline a trois quarts de lieue de longueur; sa hauteur n'est que d'environ soixante toises. La ligne du nord au midi, qui forme la crête, a son point culminant d'élévation à peu près au centre; et, en partant de ce point, cette ligne s'abaisse par une douce inclinaison vers le midi et vers le nord. Divers mouvemens de terrain donnent à la partie supérieure de la colline des formes variées. La pointe au nord, qui domine le village de Cornin, sur les bords du lac, se termine d'une manière abrupte. Toute la colline est un vaste banc de grès, formant une esplanade à peu de distance de la *Maison du Diable*.

En allant du nord au midi, la crête présente

plusieurs plateaux qui se rétrécissent à mesure que l'on avance vers le village. La colline est parsemée de châtaigniers, de vignes plantées en hautins, et d'arbres à fruits. Les deux expositions de cette colline, l'une au levant et l'autre au couchant, sont favorables à tous les genres de culture; l'on peut encore se procurer sur divers points celle du plein midi.

Les fruits y sont très bons, la châtaigne approche par sa saveur du marron de Saint-Innocent, le figuier y végète en plein champ, surtout à l'exposition du couchant, vers le bord du lac. On y voit le grenadier à fleurs dans les jardins. L'aspect de la colline, vers le bassin d'Aix, est favorable pour tous les genres de fruits; mais ceux d'été y manquent, et leur culture est absolument négligée.

La colline de Tresserve, vue d'Aix, offre un tableau pittoresque, et l'on dirait qu'elle a été placée là exprès pour former un rideau aux habitans de la ville.

A mesure que l'on monte sur la colline de Mouxy, on découvre la partie du lac qui baigne le pied de la colline de Tresserve; et lorsqu'on se transporte en imagination dans ces temps où le lac étendait ses eaux sur la plaine d'Aix et du

Vivier, on se représente cette colline formant une île charmante.

Tout change autour de nous par la marche du temps ; mais la nature, en se reproduisant sous d'autres formes, n'a pas cessé d'être belle et bienfaisante. Aujourd'hui, un vaste tapis de verdure remplace la surface brillante et azurée du lac ; et dans le bassin où l'on voyait voltiger les canards sauvages et les cygnes, où l'hirondelle effleurait la surface des eaux, on entend aujourd'hui le mugissement des troupeaux et le chant du moissonneur. Les élégans et flexibles rameaux de la vigne et les arbres fruitiers ont remplacé le vieux chêne et le noir sapin.

Lorsque le paysagiste rencontre encore quelques uns de ces antiques et majestueux contemporains des siècles passés, il s'arrête et semble leur demander des souvenirs. Mais c'est en vain qu'il les interroge sur le sort des générations qui se sont succédé dans ces lieux : elles ont disparu sans laisser de traces. Le vol rapide du temps les a entraînées et anéanties, comme les ouragans de l'automne dispersaient dans les airs leurs feuilles desséchées.

La petite rivière ou ruisseau du Tillet, qui traverse la vallée d'Aix, est un reste des eaux qui la couvraient. Son cours, en serpentant dans cette plaine, se rapproche ensuite de la colline de Tresserve, qu'il embrasse dans son contour en face de la ville. Mais, pour connaître tous les agrémens de ce lieu enchanteur, il faut aller s'y promener.

Il existe sur cette colline cinq ou six maisons de campagne. Les étrangers, frappés de la richesse et de la variété du paysage, demandent pourquoi l'on n'y voit pas des maisons de plaisance dans le genre de celles des bords du lac de Genève, où les ombrages, les belvédères, les jardins, sont disposés avec un goût et une convenance qui ajoutent beaucoup à la beauté naturelle des sites.

Les points de vue du bassin d'Aix ne sont pas, à la vérité, aussi vastes; mais combien d'avantages la nature n'a-t-elle pas donnés aux habitans de cette vallée, en accordant avec tant de profusion tout ce qui peut contribuer à animer et à varier le paysage : une plus grande richesse de végétation, une température plus douce, un terrain plus fertile, des sources abondantes, une multitude de ruisseaux, des cascades, des cavernes, de grands rochers !

Quel avantage ne peut-on pas tirer encore, pour la richesse des aspects, du mélange de ces grands arbres forestiers du nord et du midi, dont on fait contraster la verdure, en opposant le gros noyer, le châtaignier, le peuplier d'Italie, aux pins élancés, aux larges mélèzes!

Plusieurs personnes attribuent la différence qui existe entre les embellissemens des maisons de campagne des bords du lac Léman, et de celles du bassin d'Aix, à la différence des fortunes. Mais, il faut le dire, il y a dans les environs d'Aix très peu de propriétaires qui sachent apprécier les avantages de leurs positions, et les agrémens dont elles sont susceptibles. La nature, inépuisable dans ses tableaux comme dans les nuances de ses couleurs, les a diversifiés de mille manières, en donnant aux uns le caractère de la grandeur et de la magnificence; en accordant aux autres la grâce, l'élégance, la simplicité.

Les amateurs de beaux parcs, qui ont vu en Angleterre, en Italie, en Allemagne, ces jardins magnifiques qui font l'admiration des étrangers, peuvent se former une idée de ceux que créeraient sur cette colline quelques uns de ces

Anglais dont l'opulence égale celle de quelques souverains. Le général de Boigne aurait pu transporter auprès de Chambéry les sites de Windsor, et imiter ces élégantes *villas* qui donnent tant de célébrité aux bords du lac de Côme. Cependant on pourrait embellir ces lieux sans profusion, sans dépenses extraordinaires ; on pourrait y planter des bosquets, des groupes d'arbres, tracer des percés dans les bois pour y ménager des points de vue. Un petit nombre de belvédères dans le goût italien, ou de pavillons rustiques, suivant la nature du paysage, suffiraient pour donner beaucoup d'agrément à ces maisons de campagne, s'ils étaient disposés convenablement sur les contours des collines et de manière à ménager des contrastes et des transitions d'un genre de paysage à un autre. Les habitans du pays ne manquent ni d'imagination, ni de dispositions ; mais on dirait que ce germe a besoin de l'influence d'un ciel étranger, pour se développer.

Cette digression nous ramène naturellement à la charmante habitation de M. le colonel Vivian. En sortant d'Aix par la route de Chambéry, on y arrive par le chemin qui tourne à droite.

Ce chemin est ombragé de noyers et de peupliers d'Italie, jusques au ruisseau du Tillet, que l'on traverse sur un pont de bois ; il tourne au midi sur la pente de la colline qui est ombragée de châtaigniers, de peupliers, d'érables, avec des vignes plantées en hautins.

Lorsqu'on a monté à peu près dix minutes sur la pente de ce chemin, on voit serpenter le ruisseau du Tillet, dans la plaine variée par des ombrages, dont la verdure est de la plus grande fraîcheur.

La vue se porte sur la ville d'Aix, située dans un petit vallon qui forme un léger enfoncement entre la Roche du Roi et la colline des Côtes; au dessus, se déploie un magnifique amphithéâtre de collines.

En approchant du village de Tresserve, le lac que l'on commence à apercevoir offre un coup-d'œil piquant et d'un effet pittoresque. Après avoir traversé ce village, on arrive vers la maison du colonel Vivian, située sur un plateau qui a une légère inclinaison du côté du bassin d'Aix, et une pente rapide du côté du lac.

L'une des choses les plus remarquables de la situation de Tresserve, est le contraste dont on est frappé sur la crête de cette colline, en voyant d'un côté un riche vallon, et de l'autre, le vaste bassin du lac ; on se croit transporté en un instant dans une contrée différente, par le contraste frappant du paysage.

La maison du colonel Vivian est à peu près à une égale distance des deux extrémités de la colline, sur le point le plus élevé d'un petit plateau qui a sa pente du côté de ce charmant vallon. Cette maison est carrée et orientée à toutes les expositions ; elle est abritée contre les vents du nord par le village et un massif d'arbres. La température y est très douce en hiver, et fort agréable dans le printemps. Ayant visité plusieurs fois cette maison avec Amélie, nous y rencontrâmes un jour M. le Colonel qui nous reçut avec toute l'affabilité et la politesse d'un officier français. L'intérieur commodément distribué, élégant et agréable, annonce un homme de goût. On y voit une copie très remarquable d'un des tableaux de la Vierge par Raphaël, qui paraît avoir été faite dans son école et de son temps, par un de ses meilleurs élèves.

L'on a construit tout récemment au nord de cette habitation un pavillon dans le goût italien, sur le fronton duquel le propriétaire pourrait écrire ce vers d'Horace, qui peindrait bien sa position actuelle, en faisant allusion à ses souvenirs militaires.

. . . . *inertibus horis,*
Ducere sollicitæ jucunda oblivia vitæ.

Dans le joyeux oubli d'une vie orageuse,
Savourer les douceurs d'une existence heureuse.

Le principal agrément de cette maison de campagne est dans la variété des points de vue : par une singularité particulière à la situation de cette colline, deux des points cardinaux de l'horizon offrent quatre tableaux d'une nature tout à fait différente : deux au nord, et deux au midi.

On découvre parfaitement la ville d'Aix ; on distingue le château, ses jardins, toutes les maisons de campagne qui sont sur les versans de la colline entre le banc de la Roche du Roi et la colline des Côtes ; au dessus, plusieurs plateaux qui, s'élevant les uns sur les autres, forment un vaste amphithéâtre couronné par un grand rocher coupé à pic, appelé la montagne de Mouxy et de Trévignin.

Ce grand rocher décrivant un angle s'arrondit en demi-cercle, et semble présenter comme le bastion d'une immense forteresse formée par la nature. Ce même bastion, lié à la chaîne de montagnes qui se prolonge jusqu'à Annecy, forme un immense contour. Au levant, la vallée s'élargit. Au couchant, on voit la colline de Saint-Innocent couronnée par la montagne de ce nom, l'une des chaînes du Jura, qui se prolonge du midi au nord en prenant le nom de Cursuet, de Saint-Germain ; là les rochers abruptes et élevés ont leur pente escarpée vers le lac.

Dans ce vaste tableau, la vue se promène sur plusieurs ceintures de collines en amphithéâtre, et sur une multitude de vallons et de coteaux, parsemés de gros villages et de hameaux, de maisons de campagne, de groupes de bois au dessus desquels s'élèvent un grand nombre de clochers. Les collines de Grésy et de Labiolle ne permettent point d'apercevoir les vallées de Saint-Félix, Albens, Rumilly, Annecy. Mais on découvre bien au delà, dans un vague lointain, la pointe du mont Salève près de Genève.

En face de la terrasse de la maison, se déploie une perspective d'un autre genre : dans le haut, cette longue ligne de rochers crenelés et coupés à pic, qui s'étend depuis Nivolet jusqu'à la montagne de Trévignin, forme de petites esplanades en retraite les unes des autres.

Ces rocs calcaires couronnés de sapins sont curieux sous le rapport de la géologie. Leur crête aigüe fait supposer un escarpement égal du revers opposé; mais le haut du rocher est un grand plateau où sont de vastes et riches pâturages dépendans du pays des Bauges.

Sur le talus de cette montagne, tourné du côté du bassin d'Aix, sont les collines fertiles de Drumettaz, Clarafond, Méry, Montagny : ces riches communes sont parsemées de vergers, de champs, de vignobles. Parmi une multitude de maisons de campagne, on distingue celle de M. le colonel Chevillard; le château du Donjon, appartenant autrefois aux marquis de la Chambre; les maisons de campagne de MM. Rambert, Dumolard et Grobert; et le château de Montagny, appartenant à M. le marquis d'Oncieux.

Le fond du vallon, enrichi de prairies et de diverses cultures, est traversé par la grande route de Chambéry à Aix. Le soir, lorsque l'ombre couvre la colline de Tresserve, les rayons du soleil couchant, qui frappent contre ce rocher alpin d'un aspect sauvage, lui donnent une couleur pourprée. On croirait voir un de ces rochers sur lesquels le beau ciel du midi de la France, ou de la campagne de Naples, répand ses teintes de feu. Ce magnifique effet de lumière produit un contraste piquant avec le fond de la vallée, dont la verdure est fraîche et brillante comme celle de la Suisse ou de la Normandie.

Dans la saison des bains, ce tableau est animé, du côté du midi, par un si grand nombre de voitures, que l'on pourrait en comparer le mouvement à celui des environs des plus populeuses cités de la France.

Au midi, l'aspect de cette partie de l'horizon, pris de la terrasse de la maison, est masqué par un groupe de grands arbres. Mais en descendant quelques pas, au dessous de la terrasse, on découvre la pente des plateaux de Sonnaz, Saint-Ombre, et la Croix-Rouge qui sépare le bassin d'Aix de celui de Chambéry. Au dessus de cette éminence, dominent d'imposantes lignes de montagnes.

Dans le fond de ce grand tableau, s'élèvent les montagnes de Lépine, les trois grands pics en forme de dôme connus sous le nom de Grenier, Montagnole, Saint-Thibaud de Couz; et sur un plan plus reculé, cette chaîne de montagnes dont les sommités sont couvertes de neige toute l'année, forme un vaste rideau dont l'aspect est d'un effet très pittoresque. Dans les beaux jours d'été, les rayons du soleil couchant donnent à ces neiges une teinte brillante et pourprée; l'ensemble de ce point de vue est d'une rare magnificence.

La maison du colonel Vivian a dans sa situation le précieux avantage de faire passer tout à coup le spectateur d'un tableau à un autre tout différent; de telle façon qu'en passant de la pente tournée au levant, à celle du couchant, la scène change de la manière la plus magique. Pour jouir de cette dernière perspective, il faut descendre en suivant une avenue d'arbres qui fait face à celle qui conduit à la maison. Le peintre qui veut étudier les beaux effets de la nature doit observer les tableaux que nous venons de décrire au soleil couchant. Mais c'est au soleil levant que ceux dont nous allons parler ont tout leur éclat.

La vue plonge sur le bassin azuré du lac, qui contraste avec la montagne du Mont du Chat, fortement éclairée par les rayons du Soleil; elle se promène sur tous les mamelons de cette montagne, dont la sommité regarde le midi. La vue n'étant plus bornée dans le bas de la vallée par le plateau de Saint-Ombre, elle embrasse tout le bassin de Chambéry, dont la richesse et l'aspect riant font l'admiration de tous les voyageurs.

Une riche et magnifique colline, adossée au Mont du Chat et à la montagne de Lépine, s'étend depuis le Bourget jusques auprès de Chambéry; elle domine une vaste plaine traversée par la rivière de l'Aisse, et forme divers amphithéâtres parsemés de vignobles et de vergers.

On distingue sur les bords du lac les ruines du château du Bourget, où naquit le *Comte Verd*; le village du Bourget, la commune de Voglans, et le château de M. le baron du Bourget, dont la situation charmante est remarquée par les étrangers. Sur le penchant de la colline, est le château de M. le marquis de Laserraz. Plus loin se déploie Cervolex, où les curieux vont visiter une belle carrière de lignite, et le village de la Motte, où se trouve la maison de plaisance de M. le marquis de Costa.

En avançant au midi, on découvre la commune de Bissy et plusieurs ceintures de collines sur le penchant des montagnes de la Grotte, de Montagnole et des Monts Granier.

Au nord, est un tableau plus vaste et d'un

genre différent; la vue s'étend sur tout le bassin du lac et sur ses deux rives qui se prolongent dans le lointain jusques aux chaînes du Jura. Tous les détails de ce grand tableau ont leur caractère et leur intérêt spécial. On aperçoit les grands ombrages qui couvrent le village de Cornin et celui des Fins, le port de Puer, la colline de Saint-Innocent, dont la pente se détourne vers le midi, enfin le petit promontoire sur lequel s'avance l'antique et vénérable monastère d'Hautecombe.

A l'extrémité du lac, est le rocher de Châtillon formant un mamelon surmonté des ruines romantiques du vieux château; plus loin est le rocher du Molard-de-Vion, dont l'esplanade domine sur la rive gauche du Rhône, tandis que, sur la rive droite, s'élève la grande montagne du Colombier.

Il y a dans le bassin de Chambéry des maisons de campagne et des châteaux dont les positions sont admirables par leur heureux choix; mais il n'y en a point dont la perspective réunisse autant de tableaux d'un caractère différent. La nature a rassemblé dans cette vallée tous les genres de richesses qu'elle produit, pour varier les aspects, et leur donner du mouvement et de la vie : des prairies, des collines, de grands rochers, des sources, des ruisseaux, un beau lac, des bois, des vignobles.

Remarquez, Amélie, combien de caractères divers la nature toujours féconde et toujours inépuisable déploie dans les tableaux que nous avons eus sous les yeux. Dans le fond de la vallée, le paysage riant et gracieux se dessine sous des formes élégantes; les ombrages, les fruits, la verdure, le murmure des ruisseaux, sont l'image de l'abondance et du bonheur : telle est la scène qui s'offre au nord, aussi loin que l'œil peut en suivre les détails.

Au midi, la même scène se reproduit, sans se répéter, sous des formes différentes; et sur le dernier plan, les chaînes des Alpes la couronnent de leurs majestueux sommets. Au couchant, la vue du lac et la haute montagne de Lépine donnent au paysage cet aspect romantique qui prête à la rêverie, et fait aimer la solitude.

Si l'on porte la vue du côté de Chambéry, la plaine riante et la ceinture de collines qui l'environnent offrent une perspective de la plus grande richesse; ainsi, le spectateur promène tour à tour ses regards sur des scènes pittoresques ou majestueuses, riantes ou terribles.

La charmante position de la maison du colonel Vivian semble exiger, de son heureux propriétaire, des améliorations qui l'embelliraient encore : on désirerait des plantations d'arbres et de bosquets sur les deux penchans de la colline; en faisant des percées à travers les massifs d'arbres, on pourrait ménager des transitions brusques d'un point de vue à un autre, et ces contrastes inattendus seraient d'un effet magique.

Le curieux qui parcourt la colline de Tresserve, au couchant du soleil, peut aller de la maison Vivian à celle de M. Poulin, qui est à un petit quart de lieue de distance. Cette habitation, située sur un plateau qui borde le penchant de la colline, au levant, se trouve dans une charmante position; le propriétaire a su lui donner les divers genres d'agrémens dont le site était susceptible : des allées ouvertes dans un grand bois de châtaigniers qui est sur le versant de la colline, procurent un délicieux ombrage.

Parmi les points de vue qu'on peut avoir de

cette maison, un, surtout, doit attirer l'attention de l'amateur de paysage : c'est celui qui s'ouvre au midi. Tous les aspects du bassin d'Aix s'y montrent également ; les grandes montagnes qui sont dans le fond, se dessinant d'une manière différente, forment un tableau plus curieux encore que celui dont on jouit de la maison Vivian. L'on aperçoit beaucoup mieux les contours des trois grands dômes de Granier, Montagnole et Saint-Thibaud de Couz ; la grande chaîne des Alpes, chargée de neige et colorée par le soleil couchant, ajoute à la perspective la magnificence de ces effets de lumière, dont on jouit près du Mont-Blanc, et sur les bords du lac de Genève.

CHAPITRE XVIII.

LA MAISON DU DIABLE.

ADOLPHE ET TOINETTE.

> Jeunes fillettes,
> N'allez pas à la forêt noire. (*vieille chanson.*)

Au déclin du jour, les étrangers du même hôtel ou de la même société, qui n'ont point fait de projet de course pour la journée, se réunissent assez ordinairement pour la promenade.

De quel côté irons-nous aujourd'hui, se demandent-ils ? sur les bords du lac, à la cascade de Grésy, à Chantemerle, à la fontaine de Saint-Simon? Non : il faut aller à la Maison du Diable, jouir de la fraîcheur sous l'ombrage des grands arbres qui l'entourent.

Cette maison n'est qu'à une demi-heure de la ville, on y arrive par le premier chemin à gauche, en sortant d'Aix, sur la grande route de Genève. Après avoir passé le pont du Tillet, on peut suivre le sentier qui tourne au nord et se dirige sur la colline. Quelques personnes en prennent un autre plus rapide qui se trouve dans le bois en face du pont.

L'étranger que l'on conduit pour la première fois à la *Maison du Diable*, se figure qu'il va entrer dans quelque gorge sauvage, ou marcher sur les bords de quelques précipices semblables à ceux où le Guier roule ses ondes écumantes au dessous de la route de Chaille. Mais il est bien agréablement surpris, lorsqu'après un quart-d'heure de marche dans un joli chemin couvert d'ombrage, il atteint le sommet de la colline de Tresserve où un vaste horizon se déploie à ses yeux.

De tout côté, la nature se montre sous des aspects rians, et varie admirablement ses tableaux. On lui indique une maison de campagne de peu d'apparence : c'est là, lui dit-on, la Maison du Diable ! Mais où est donc le diable de cette maison ? On n'en sait rien. On est alors sur la pointe de la colline de Tresserve qui se termine de ce côté, d'une manière abrupte, par un banc de grès coupé à pic, d'une très grande élévation.

Cette esplanade est l'un des plus beaux points de vue des environs d'Aix, pour jouir des diverses positions de la vallée. Au bas de ce plateau, l'œil se repose sur la riche prairie de Cornin, ombragée par de grands arbres et traversée par le ruisseau du Tillet; les regards se promènent sur tout le bassin du lac, et embrassent tous les contours de ses rives.

Au nord, on découvre le monastère d'Hautecombe, la montagne de ce nom, l'entrée du canal de Savières qui joint le lac au Rhône ; on voit le rocher de Châtillon, la haute montagne du Colombier et les deux rives du Rhône qui s'étend dans la plaine de Chautagne, où ce fleuve, divisant ses eaux, forme un très grand nombre d'îles.

Sur la rive orientale du lac, presque en face d'Hautecombe, est la colline de Saint-Innocent; plus loin, l'immense rocher de Saint-Germain présente ses flancs nus et escarpés du côté du lac.

Cette chaîne du Jura se prolonge dans la Chautagne ; au levant, la vue se promène sur le riche bassin d'Aix, où sont plusieurs amphithéâtres de collines parsemés de villages et de maisons de campagne.

Les masses imposantes et majestueuses de la montagne du Colombier forment le fond du tableau. Du côté opposé, le lac et la magnifique vallée de Chambéry offrent encore une perspective d'un autre genre de beauté.

D'où vient donc la singulière dénomination de *Maison du Diable*, si peu d'accord avec la nature agréable du site ?

Ce nom a pourtant une origine, dont la tradition commence à se perdre. Le diable a-t-il habité ces lieux, les a-t-il désertés, y fait-il encore sa demeure ? pour beaucoup de raisons cela est intéressant à savoir. J'ai cherché à m'en instruire, en y mettant tout le scrupule d'un historien qui fouille dans les vieilles chroniques, et qui examine les traditions fabuleuses pour y découvrir la vérité.

J'ai adressé ma prière à cette fille céleste trop souvent enveloppée de ténèbres, et profanée, hélas! par ceux même qui s'en proclament les adorateurs. Voici ce qu'elle m'a appris au sujet de la Maison du Diable.

Il y a environ 25 à 30 ans, la partie de la colline de Tresserve qui en forme la pointe du côté du nord, était un lieu inhabité et beaucoup plus garni de bois qu'aujourd'hui. Le joli chemin qui y conduit en sortant d'Aix, par la route de Genève, n'existait point; il formait le lit du ruisseau dans lequel les curieux passaient quelquefois, lorsque l'on détournait les eaux pour arroser la prairie.

Un propriétaire de Chambéry, dont le nom est fort connu, possesseur de terrains considérables à la pointe de la colline, alors presque couverte de bois, avait fait élever les murs extérieurs et le toit de la maison que vous voyez aujourd'hui; mais il ne put en achever la construction, et abandonna son entreprise par suite de mauvaises affaires.

Cette maison, mise sous la main de la justice et devenue déserte, servait d'asyle aux bergers dans les momens de pluie, et de retraite aux oiseaux de nuit.

Le chevalier de......, jeune homme d'une grande famille, était venu à Aix avec Madame sa sœur pour jouir des agrémens de ce séjour; aimant la chasse, cultivant la botanique, il venait souvent sur cette partie de la colline.

Toinette, fille d'un bon fermier du village de Tresserve, situé à une demi-lieue de distance, y amenait paître ses vaches. Le jeune chevalier la vit cueillir des fraises dans le bois.

Toinette avait 16 à 17 ans, de grands yeux bleus, des traits réguliers et assez expressifs, une chevelure brune, une physionomie douce et intéressante; ses joues étaient colorées de ce charmant incarnat qui embellit le teint des jeunes vierges au printemps de la vie.

Suivant l'usage des gens de la campagne de ce pays, elle allait pieds nuds; et malgré cela, elle avait un grand air de propreté; Adolphe De...... l'avait remarquée; il la pria de lui cueillir un bouquet de fraises.

Le lendemain il revint au même lieu. Ayant encore rencontré Toinette, il lui dit qu'il viendrait déjeûner sous l'ombrage des grands châtaigniers, tout près de la maison; il l'engagea à lui apporter du lait et des fraises, qu'il paya sans doute généreusement.

Ces promenades et ces déjeûners dans le bois se renouvelèrent plusieurs fois. On ne sait pas ce qu'Adolphe dit à la jeune bergere ; mais Toinette, innocente et pieuse, alla voir M. le curé de Tresserve, à l'occasion d'une grande fête. Elle lui conta probablement la chose de point en point ; car l'on apprit que le respectable pasteur lui avait répondu : Mon enfant, n'allez point vers cette maison, ni dans ce bois : c'est la maison, c'est le bois du diable.

Toinette n'y reparut pas, et c'est inutilement qu'Adolphe vint l'y chercher. Ce jeune homme, né avec une imagination ardente, était dans cet âge heureux où l'esprit se repaît d'illusions, et où les passions naissantes embellissent tout des plus riantes couleurs. Il avait à peine atteint sa dix-huitième année, son cœur ne s'était point encore ouvert aux impressions de l'amour. A ses yeux rien ne pouvait égaler les grâces, la beauté de Toinette ; son air simple, sa naïveté, son regard céleste, étaient l'image des qualités de son cœur ; et la nymphe de Calypso ne parut pas plus séduisante à Télémaque, que Toinette au jeune Adolphe. Suivant lui, elle méritait les hommages d'un prince, elle seule pouvait faire son bonheur.

Vainement il l'avait cherchée, et sa disparition enflammant encore davantage son imagination, le portrait de Toinette le suivait partout : dans son égarement, il la demandait aux échos d'alentour ; c'est ce qu'il avoua à Madame sa sœur, en lui confiant sa folle passion.

Depuis quinze jours, il parcourait tous les environs dans l'espoir de découvrir sa demeure, lorsqu'il la rencontra conduisant une ânesse à Aix, pour donner du lait à une dame de Lyon, qui se servait quelquefois de cette monture.

Lorsque Toinette venait à la ville, elle était chaussée ; un petit chapeau de paille neuf, un corset rouge sans manches, une robe grise et une mise propre, lui donnaient une tournure encore plus ravissante ; elle était jolie, l'on pouvait même dire qu'elle était belle ; son air ingénu, image de son innocence, annonçait qu'elle ne s'en doutait point : elle ne s'aperçut pas du trouble du jeune chevalier, qui tressaillit à sa vue.

Il comprit à sa réponse qu'il s'était passé quelque chose d'extraordinaire relativement à ses entretiens avec elle sur la colline de Tresserve ; et ne pouvant plus en espérer dans le même lieu, il lui demanda son ânesse pour se promener.

Ceux qui louent ces montures accompagnent quelquefois les promeneurs. Adolphe se plaisait à s'entretenir avec la jeune fille ; il s'insinuait tout doucement dans son esprit par des propos familiers et des générosités à l'occasion des fruits ou des fleurs qu'il lui demandait.

Un jour, après avoir pris la route du village de Tresserve, et passé le pont du Tillet, il tourna à droite par le chemin qui est au pied de la colline. Toinette pensa qu'il voulait revenir à Aix par celui qui aboutit à la route de Genève ; mais Adolphe se dirigea du côté de la Maison du Diable, où il avait fait préparer le déjeûner.

A l'entrée de ce chemin, les sages avis de M. le curé et l'idée du démon revenant à la pensée de Toinette, il apparut sans doute à son esprit sous ses formes les plus hideuses, avec ses cornes et ses ailes de chauve-souris : elle se troubla et refusa d'aller plus loin. Adolphe la sollicita, comme on peut le penser, et je n'ai pas besoin de dire combien il était pressant. Toinette rougit, elle versa des larmes. Le diable est rusé, il prend toutes les formes et toutes les couleurs : il y a apparence que le malin esprit se métamorphosant insensiblement, il se montra à Toinette tout couleur de rose ; car elle se laissa entraîner, et revint plusieurs fois dans le même lieu.

Adolphe, forcé de se séparer d'elle, ne partit point sans lui répéter avec beaucoup d'ardeur les sermens les plus solennels : il y a lieu de croire qu'ils étaient sincères, et qu'il avait l'intention de tenir sa promesse d'unir son sort au sien.

Il lui laissa des témoignages de sa générosité ; mais ils étaient trop considérables pour rester secrets ; elle les présenta à ses parens comme un don de cette dame à qui elle fournissait du lait, et qui lui en avait fait un l'année précédente. Ainsi l'innocente Toinette savait déjà mentir : c'est, dit-on, la première leçon du diable aux jeunes filles.

Ceci s'était passé dans le courant de mai. La dame étrangère, qui avait pris Toinette en affection, avait prolongé son séjour à Aix jusque vers le milieu de septembre. Elle remarqua que Toinette, dont le caractère était enjoué, était devenue triste et silencieuse ; que souvent elle paraissait avoir pleuré. Enfin, pressée par ses questions, Toinette se jeta à ses pieds en fondant en larmes, et lui avoua la cause de son chagrin. Cette dame, touchée de la situation de la malheureuse Toinette, fit appeler ses parens ; et, après l'avoir prise à son service, elle l'emmena à Lyon. Toinette y gémit sur sa faute ; et le chagrin qu'elle en éprouva, joint à celui de ne plus voir reparaître Adolphe, l'affecta à tel point, que cette infortunée

> Languit comme une fleur de sa tige arrachée,
> Que les feux du soleil ont bientôt desséchée.
> L'éclat de sa beauté, la fraîcheur de son teint,
> Ses yeux tendres et doux, tout périt, tout s'éteint :
> Ainsi finit Toinette au printems de sa vie,....

Toinette ayant tout à coup disparu, ses jeunes compagnes et les jeunes gens du village en demandèrent des nouvelles. La mère répondit en pleurant, *que le diable avait pris sa fille.* L'aventure de Toinette ne put rester ignorée ; et cette maison conserva dès lors le nom de *Maison du Diable.*

La tradition de ces faits et l'origine de ce nom s'étant perdues, comme cela arrive souvent pour des événemens beaucoup plus importans, j'ai cru devoir vous donner ces renseignemens, qui m'ont été fournis, bien des années après, par M. Rey, curé de Tresserve.

Depuis lors, diverses anecdotes sur ce bois et cette maison ont été un sujet d'amusement pour les étrangers qui viennent aux eaux ; je me rappelle que quelques plaisans racontaient qu'un beau cavalier s'était mis à genoux aux pieds d'une dame dans le Bois du Diable. Cette dernière anecdote est sans doute du nombre de celles que Cabias appelle histoires fabuleuses, et qui, suivant l'ordonnance de ce docteur, doivent égayer les entretiens de ceux qui prennent les eaux : s'amuser de tout est un des charmes de la vie, dont on jouit dans les réunions de ce genre, à Aix surtout, bien plus qu'ailleurs.

CHAPITRE XIX.

Château de Bonport.

> Et voulez-vous encore embellir le voyage?
> Qu'une troupe d'amis avec vous le partage.
> La peine est plus légère, et le plaisir plus doux.
> Delille.

Le château de Bonport, situé au bas de la colline de Tresserve, sur la rive orientale du lac, est un des lieux de promenade les plus agréables des environs d'Aix. On peut y arriver dans trois quarts d'heure. Ceux qui désirent connaître les sites les plus variés et les plus riches des bords du lac, ou se procurer le plaisir de la pêche et de la chasse, vont passer la journée à Bonport.

Amélie en avait fait depuis long-temps le projet avec une famille anglaise. Chacun de nous se promettait des agrémens analogues à ses goûts. Lord S...., passionné pour la chasse et la pêche, avait tout disposé pour en jouir. Deux jeunes demoiselles ses filles, et leur maman, qui s'amusaient quelquefois à la chasse aux papillons avec Amélie et Léontine, en attendaient de grands succès.

Pour moi, qui aimais beaucoup à causer avec lord S...., homme fort instruit, profond observateur, je me proposais, suivant les circonstances, de prendre part à ces divers genres d'amusemens.

Nous nous embarquâmes de grand matin à Cornin, hameau situé sur les bords du lac*, dont nous cotoyâmes la rive orientale; la pente escarpée de la colline, ombragée par une forêt de châtaigniers, forme un magnifique rideau de verdure.

Après une demi-heure de navigation, nous arrivâmes à Bonport situé sur une petite es-

---

* On y trouve en tout temps des bateliers beaucoup plus accomodans que ceux du port de Puer; et la promenade à Hautecombe, en partant de Cornin, est plus agréable et plus variée.

planade baignée par les eaux. Là se trouve un château flanqué de deux tours autrefois beaucoup plus élevées. Ce petit castel, qui a sans doute été reconstruit, appartenait, dans des temps reculés, aux ducs de Nemours, qui possédaient de grandes propriétés sur les bords du lac.

Bonport, dans une position avantageuse, est garanti des vents du nord dont l'impétuosité vient se briser contre le coteau de Saint-Innocent; et de ceux du midi par une baie formant un léger contour à l'extrémité méridionale de la colline de Tresserve; il reçoit encore toute l'influence du soleil couchant et de la réverbération du lac. La neige s'y arrête rarement; une belle végétation est un signe infaillible de la douceur de la température.

On voit autour du château de beaux figuiers; nous en remarquâmes un dont le tronc avait trois pieds de circonférence; on y trouve aussi le figuier à figue-fleur, qui exige une température bien plus chaude que les autres espèces. Son premier fruit, d'une saveur délicieuse, commence à paraître au mois de juillet. Nous vîmes encore deux gros lauriers d'environ vingt pieds de hauteur, dont le tronc avait dans le bas plus d'un pied et demi de circonférence; ils étaient en pleine terre, sans aucun abri. Tous les fruits de ce coteau sont bons; mais leur culture y est négligée. Dans quelques expositions favorables on pourrait, avec un peu de soin, y récolter, comme à Saint-Innocent, de beaux fruits d'été et d'une aussi bonne qualité.

Cette maison de campagne ne paraît accessible que par le lac. Son isolement de toute autre habitation, les grands arbres qui l'environnent, la vue du lac resserré entre les escarpemens de la colline et de la montagne, le bel azur des eaux, donnent à ce lieu un aspect solitaire; le paysage a un caractère romantique; sa contemplation est bien propre à nourrir ce doux sentiment de la mélancolie qui a tant de charmes pour les cœurs aimans.

Les points de vue, dont on jouit de cette habitation, sont les mêmes que l'on découvre du haut de la colline; cependant, par une de ces illusions d'optique qui changent les teintes et varient les objets, lorsqu'on change de position, ces sites sont différens dans leur forme, et subissent même l'influence des divers points du jour.

Le Mont du Chat, vu du sommet de la colline

de Tresserve, présente une grande ligne de montagnes ; mais lorsque le spectateur se place sur le bord opposé du lac, cette montagne, dont il mesure toute la hauteur, prend un aspect bien plus majestueux. La vue se promène sur les sinuosités et les contours des rochers, les regards s'enfoncent dans les cavités, ils pénètrent dans l'échancrure du rocher formant le passage du Mont du Chat, si célèbre par l'expédition d'Annibal, et où l'on vit plus tard l'une des voies romaines les plus fréquentées ; les mamelons qui couronnent cette haute montagne présentent des masses imposantes.

Au lever du soleil, le versant de la colline de Tresserve, du côté du lac, reste dans l'ombre ; le Mont du Chat, qui est en face, se colore au contraire d'une teinte brillante et lumineuse, dont le contraste avec l'azur des eaux et la sombre nuance du côté opposé produit un effet qu'on ne saurait décrire.

Le soir, lorsque le soleil couchant darde ses rayons contre la colline de Tresserve, le Mont du Chat, qui reste dans l'ombre à son tour, prend une teinte bleuâtre tirant sur le brun. Au nord et au midi, se déroulent deux tableaux plus vastes et tout différens.

Au nord, sur les premiers plans, la vue se promène autour des grands ombrages qui couvrent le village de Cornin, à l'embouchure du Sierroz, et sur le port de Puer qui forme une pointe avancée dans le lac. Plus loin, on voit le coteau de Touvières et la colline de Saint-Innocent.

Sur la rive opposée, on aperçoit le monastère d'Hautecombe vis à vis le grand rocher de Saint-Germain coupé à pic; on découvre dans le fond le rocher de Châtillon.

Sur la rive gauche du Rhône, est le mamelon appelé le Molard de Vion, couvert de vignobles et de bois; sur la rive droite, la haute montagne du Colombier, l'une des grandes chaînes du Jura.

Du côté du midi, la perspective est encore plus variée et plus étendue.

En partant du hameau de Grataloup, au bas du Mont du Chat, on distingue le gros village du Bourget. On aperçoit sur les bords du lac quelques ruines du château du Bourget, qui avait aussi appartenu aux ducs de Nemours; on découvre le château de M. le baron du Bourget, à Voglans; et la vue s'étend sur un grand nombre de villages, de maisons de campagne, de châteaux, parmi lesquels on distingue celui de M. le marquis de Costa, à la Motte, et celui de M. le marquis de la Serraz, dans cette commune. Plus loin est Bissy, parsemé d'habitations, d'où la vue embrasse tout le bassin de Chambéry, à l'extrémité duquel est la ville.

Cette belle et riche vallée est couronnée par les lignes découpées des hautes montagnes d'Aiguebelette, de la Grotte, et des dômes de Granier et de Saint-Thibaud de Couz. Dans un vaste lointain, une des grandes chaînes des Alpes, dont les sommités sont couvertes de neiges éternelles, forme le fond de ce magnifique tableau. A la suite du château de Bonport, toute la rive du lac est ombragée par de grands arbres, sous lesquels nous nous reposâmes pour déjeûner : bientôt après tout fut disposé pour la pêche.

Lord S..., voyageant avec fruit, avait recueilli des notes sur les différentes espèces des poissons de ce lac; il avait fait venir de la Chautagne un de ses compagnons de chasse, qui était de plus un des bateliers intrépides que l'on voit manœuvrer avec autant de hardiesse que d'agilité au saut du Rhône, et dans la partie de ce fleuve la plus périlleuse pour la navigation.

Chasseur et pêcheur de profession, cet homme connaissait parfaitement toutes les espèces de poissons et de gibier. C'était un ancien militaire, qui avait fait les guerres d'Egypte, d'Italie et d'Allemagne, où il avait constamment suivi le général Curial ; il se plaisait à nous faire le récit de ses aventures.

Voici ce qu'il nous apprit sur les diverses espèces de poissons du lac d'Hautecombe.

« Dans ma jeunesse, disait-il, le poisson était beaucoup plus abondant qu'aujourd'hui. Il arrivait assez souvent qu'en se promenant sur le lac on prenait avec la main des poissons flottans sur la surface des eaux, par suite des morsures des brochets auxquels ils avaient échappé. C'était un amusement pour les pères d'Hautecombe, et pour les étrangers qui visitaient le monastère.

Ces bons religieux avaient pitié des pauvres qui venaient pêcher dans le cantonnement du couvent. Je me rappelle qu'à l'âge de douze à treize ans, ayant été saisi par les gardes avec d'autres jeunes garçons, nous fûmes traduits devant le supérieur. A la vue des grosses truites que nous avions prises, le révérend père entra dans une colère qui nous fit grand'peur. « Com-
« ment, petits vauriens, nous dit-il, prendre
« nos plus belles truites sans notre permission!

« c'est un cas de galères. » Nous nous excusâmes sur notre misère. Après avoir dit quelques mots à l'oreille d'un religieux, il reprit tout haut : *Confisquez ces poissons, emmenez ces jeunes gens.* Nous étions tous tremblans ; mais au lieu de nous mener en prison, comme on le ferait maintenant, on nous conduisit dans la cuisine, où notre grâce nous fut bientôt annoncée ; après avoir été bien traités, nous fûmes reconduits chez nos parens par un religieux. Ce bon père, touché de notre indigence, nous donna encore quelques pièces d'argent. Aujourd'hui que les religieux n'ont pas la pêche, il n'y a plus de merci pour personne.

A l'époque de la révolution, le gouvernement français s'étant emparé de la pêche qui appartenait aux propriétaires riverains, elle a été affermée, à un prix fort élevé, à des gens qui font des bénéfices très considérables sur les pêcheurs. Ceux-ci, étant affranchis de tous les anciens réglemens sur les filets, qui laissaient échapper les poissons même d'une demi-livre, en ont fait fabriquer qui ramassent jusqu'au plus petit fretin. Le poisson est devenu très rare ; son prix, qui était de douze à quinze sous la livre dans les temps ordinaires, a doublé, triplé ; il se vend quelquefois jusqu'à cinq francs dans la saison des bains.

Mais tout cet argent n'enrichit pas les malheureux pêcheurs, qui vivaient autrefois dans l'aisance : aujourd'hui il n'y a pas de gens plus pauvres.

Les parages de la pêche les plus abondans sont ceux de *Coujux*, *d'Hautecombe*, du *Bourget* et de la *Boffa*, près de Saint-Innocent. Ce dernier endroit est très favorable dans les temps d'orage, parce que les poissons y sont à l'abri.

J'ai passé mon enfance, reprit-il, à pêcher sur le Rhône et sur le lac ; après vingt-deux campagnes, je suis revenu sous le toit paternel, où un petit patrimoine et une pension de retraite m'ont permis de chasser et de pêcher tout à mon aise.

Je connais vingt-huit sortes de poissons ; il y a même des pêcheurs qui en comptent jusqu'à trente-deux.

La truite est ordinairement de quatre à douze livres ; on en prend assez souvent de vingt à vingt-cinq livres : j'en ai vu une de quarante livres.

Le brochet est à peu près aussi abondant que

la truite ; il s'en rencontre rarement d'aussi gros. Il y en a de deux espèces : le brochet long et le brochet court.

L'omble, ou omble chevalier, est du poids d'un quart de livre, jusqu'à une livre et demie.

Le lavaret, qu'on appelle ainsi, parce qu'il a une écaille luisante et argentée, est de deux sortes : le lavaret ordinaire, d'une demi-livre à une livre et demie ; le poids de la seconde espèce, assez rare, appelée bisolle, s'élève jusqu'à cinq livres.

Le lavaret est un poisson particulier au lac du Bourget, il se tient ordinairement au fond de l'eau ; on en pêche fort peu dans le courant de l'année, on n'en prend même que de petits ; mais il s'en fait une pêche abondante à l'époque du frai, qui a lieu au printemps et au mois de novembre.

La perche, d'un quart de livre à une livre et demie.

L'anguille, d'une demi-livre jusqu'à cinq à six livres.

La carpe, de deux livres à dix et douze livres ; la pêche en est fort abondante au Bourget, à Cornin et près des marais de Chautagne ; dans le temps du frai, elle ne se vend que cinq sous la livre.

Les carpeaux, dont la chair est rouge, sont de la même qualité que ceux que l'on pêche dans le Rhône, qui sont très renommés.

La tanche, d'un quart de livre jusqu'à deux livres.

La lamproie, de trois à quatre onces, ne dépasse guère ce poids.

Le chevalier, de demi-livre jusqu'à dix et douze livres.

Les chabots, l'omble, le chevêsne ou meûnier, le goujon, le barbeau, la brême, la loche ou drenille, le veiron, de deux qualités; le gardon ou charée, la charée à nageoires rouges, le hormille, l'ablette à ventre rouge, la sueffe, l'alôse qui suit les bateaux de sel remontant par le Rhône, d'un quart de livre jusqu'à une livre et demie.

La sardine, petit poisson.

La lotte, d'un quart de livre à une livre.

La chasse sur le lac est souvent très amusante par la multitude d'oiseaux de passage qu'on y rencontre en certaines saisons. On distingue un grand nombre de canards de diverses espèces ; entre autres, le canard sauvage, le canard pilet, le canard siffleur et le canard morillon; la sarcelle proprement dite, et la petite sarcelle.

Plusieurs espèces de chevaliers : le chevalier aux pieds verts, le chevalier guignette, le chevalier brun, le courlis commun.

On y voit deux espèces de grèbes : le cornu, le castagneux ; trois sortes de râles : le râle d'eau, le râle marouette, et le râle maronnelle.

Plusieurs espèces de pluviers : entre autres, le pluvier doré et le pluvier à collier. On y voit même des passages de cygnes; je me suis trouvé dans quelques chasses où l'on en a tué.

Les canards se laissent difficilement approcher en été, nous leur tirâmes inutilement plusieurs coups.

Notre chasseur aimait à parler des pays qu'il avait parcourus, de ses campagnes, des batailles dans lesquelles il s'était trouvé. « J'étais, disait-il, dans les Chasseurs de la garde commandés par le général Curial, aux batailles d'Eylau et de Friedland. Il fallait voir comme nous enfoncions les bataillons ennemis, en marchant toujours à travers les boulets et la mitraille.

J'étais dans son corps d'armée lorsqu'il se distingua à la bataille d'Essling. J'ai fait la campagne de Russie, d'où j'ai eu le bonheur de revenir, après avoir cruellement souffert. »

Notre pêche fut assez heureuse, mais l'infatigable lord S.... voulut aller à la chasse dans la plaine du Bourget, fort abondante en gibier. Ne l'ayant point suivi, je revins sur la colline de Tresserve ; j'y trouvai ces dames chassant aux papillons, dont elles avaient déja fait des captures assez remarquables.

Le système de Linnée, suivant lequel ces brillans insectes portent les noms de la Mythologie, est bien propre à répandre de l'agrément sur l'étude de cette partie de l'enthomologie, surtout pour les dames.

A ce sujet, je leur dis : J'ai une merveille à vous faire voir, ce sont des papillons parlans. — Eh ! comment cela, M. l'enchanteur ? — Oui, des papillons parlans : vous les verrez, vous les entendrez parler tout aussi bien que vous et moi ! C'est très possible ; si cela vous est agréable, cela se fera.

Figurez-vous que, par un beau jour, les dames et les cavaliers que vous voyez le soir au cercle se trouvent tout d'un coup métamorphosés, les unes en fleurs et les autres en papillons, ils parleront; et ce qu'il y aura de plaisant, c'est que les noms, la couleur des ailes et leur langage, serviront à les faire reconnaître, de manière à ne pas s'y tromper. On s'entretiendra, comme on le fait sous le masque, au temps du carnaval. Je pourrai encore, si j'en ai le temps, vous faire voyager dans le royaume des papillons, où il y a de fort jolies choses à voir.

Vous voudriez bien, mesdames, savoir le secret de toutes ces merveilles ; c'est ce que je vous apprendrai plus tard, en vous lisant un dialogue et une comédie intitulée : *Les Papillons d'Aix-les-Bains*.

En attendant, je vous engage à prendre chacune un nom de papillon : ce sera votre nom de guerre.

J'ai trouvé celui qui te convient, dit Amélie à Léontine, tu es un petit *Coridon*. La petite rusée, qui connaissait bien la fable et un peu la nomenclature de Linnée, repartit aussitôt : Moi aussi, tatan, j'ai trouvé le tien : si tu le veux, je t'appellerai *Circée* : on rit beaucoup. On donna à une de ces demoiselles le nom d'*Eudora* ; à l'autre, celui d'*Hermione*, et la maman fut appelée *Argus*. Je ne dirai point comment on me nomma, parce que, dans une petite guerre d'épigrammes avec plusieurs dames naturellement liguées contre moi, je dus recevoir quelques piqûres. A cet amusement succéda un excellent dîner sur les bords du lac, pendant lequel les noms de ces dames donnèrent lieu à une foule d'à-propos fort gais.

Nous remontâmes ensuite sur la colline de Tresserve, par un chemin qui prend sa direction au midi, à travers les bois de châtaigniers. Cette promenade, couverte de grands ombrages, où l'on jouit de la fraîcheur comme au milieu d'une épaisse forêt, est l'une des plus agréables de toute la vallée d'Aix. Parvenus sur la crête de la colline, nous prîmes un autre chemin qui tourne au nord, ombragé par des berceaux d'ifs entrelacés de vignes. Nous nous arrêtâmes dans une des plus belles positions de la colline de Tresserve, d'où la vue embrasse un vaste horizon, pour admirer l'effet du soleil couchant sur le bassin du lac.

Vu de la colline de Tresserve, c'est un spectacle d'une rare magnificence par ses beaux effets sur le lac, sur la vallée et les montagnes : nous le contemplâmes ce jour-là dans tout son éclat. Lady S..... et ses filles, habituées au climat nébuleux de l'Angleterre, étaient surtout transportées d'admiration ; elles me prièrent de leur en retracer quelques souvenirs dans une description.

Voici celle dont je leur fis lecture le lendemain : elle est encore présente à votre imagination, cette belle soirée.

L'ombre couvrait déjà le Mont du Chat, et donnait à toute la montagne un aspect sombre et vaporeux, tandis que le soleil, lançant ses rayons avec force sur la colline de Tresserve, pénétrait dans les ombrages épais qui la couvrent ; plus loin, le grand rocher de Nivolet se colorait d'une teinte dorée. L'air frais et pur n'était agité par aucun vent ; la surface des eaux du lac, dans un calme parfait, reflétait comme un brillant miroir le paysage de ses rives.

Mais le moment de la dernière scène du soir approche.

Qu'il est beau, qu'il est magnifique cet instant où l'astre du jour, étincelant de ses derniers rayons, semble faire ses adieux aux habitans d'une moitié du globe ! L'horizon paraît tout en feu : les nuages brillans qui couronnent les montagnes prennent d'abord une teinte rougeâtre, qui semble retracer quelques unes des grandes scènes du mont Vésuve et de l'Etna.

Dans le lointain, les neiges, qui couvrent la grande chaîne des Alpes, réflètent cette nuance pourprée; mais les vives couleurs qui enflammaient l'horizon s'affaiblissent insensiblement; il reste paré d'un bel incarnat, qui prend ensuite la teinte des premiers rayons de l'aurore. Des nuages resplendissans de lumière variée par des ombres revêtent tour à tour différentes formes fantastiques, de pics, de géans, de grands rochers, de hautes montagnes; on les voit changer de place. L'azur du lac a pris, dans quelques parties, une couleur de rose; ses eaux, ainsi embellies, produisent un effet enchanteur qui remplit l'ame d'une voluptueuse admiration, et enivre le cœur des sensations les plus délicieuses.

« Vers cette zone heureuse où le ciel plus vermeil
« Epanche en fleuves d'or les rayons du soleil,
. . . .
« Prodigue les couleurs, les parfums et la vie;
« L'onctueux aromate y verse ses ruisseaux;
« De plus vives couleurs y parent les oiseaux;
« Les fleurs ont plus d'éclat; la superbe nature
« Revêt pompeusement sa plus riche parure.

DELILLE.

Dans ces heureuses contrées de l'Asie, où la nature fait jouir ses habitans d'un printemps perpétuel, et, sans porter ses regards aussi loin, sous le beau ciel de Naples, le tableau du soleil couchant est plus vaste, plus magnifique, plus durable, mais il n'est pas plus beau : celui-ci a un charme plus romantique, qui se rapproche davantage de la description que Thompson en a donnée.

Thus all day long the full distinded clouds
Indulge their genial stores
Till in the western sky, the downward sun
Looks out effulgent from amid the flush
Of broken clouds, gay shifting to his beam.
The rapid radiance instantaneous strikes
The illumin'd mountain : trough the forest streams;
Glows on the lake ; and in a yellow mist,
Spreads o'er the bright, interminable plain.

Après avoir joui de ce spectacle, nous nous rendîmes au village de Tresserve, où nous étions attendus par l'équipage de Lady S....

Le soir, nous vîmes revenir nos deux chasseurs chargés de gibier et très satisfaits de leur course.

Le lendemain, le récit des exploits de ces dames et de Lord S.... furent l'objet de la conversation pendant le dîner.

Lord S...., qui avait l'habitude de recueillir des notes statistiques sur tous les pays qu'il parcourait, m'en demanda sur plusieurs articles : je joins ici celles que je lui donnai sur le gibier que l'on trouve dans les arrondissemens de Chambéry, de la Tarentaise et de la Maurienne.

Note du gibier que l'on rencontre dans les provinces de Savoie propre, haute Savoie, Tarentaise et Maurienne.

OISEAUX.

Alouette commune, *alauda arvensis.*
Alouette lulu, *alauda nemorosa.*
Aguassière à gorge blanche (merle d'eau), *hydrobata albicotis.*
Bécasse commune, *rusticola vulgaris.*
Bécassine proprement dite, *scolopax gallinago.*
Bécassine (la petite), *scolopax gallinula.*
Barge rousse à queue noire, *limicula melanura.*
Bruant-Proyer, *emberiza miliaria.*
Canard sauvage, *anas boschas.*
Canard siffleur, *anas penelope.*
Canard milouin, *anas ferina.*
Canard morillon (appelé Jafre en Savoie), *anas fuligula.*
Canard-Pilet, *anas acuta.*
Canard-Souchet, *anas clypeata.*
Chevalier aux pieds verts, *totanus glottis.*
Chevalier-Guignette, *totanus hypoleucos.*
Chevalier brun, *totanus fuscus.*
Courlis commun, *numenius arquatus.*
Foulque-Morelle, *fulica atra.*

Gallinule, ou Poule d'eau commune, *gallinula chloropus.*

Grèbe cornu, *podiceps cristatus.*

Grèbe-Castagneux, *podiceps minor.*

Grive de vigne, *turdus musicus.*

Grive-Draine, *turdus viscivorus.*

Grive-Litorne, (c'est la grive genevrière), *turdus pilaris.*

Grive-Mauvis, *turdus iliacus.*

Harle-Piette, *mergus minutus.*

Loriot d'Europe, *oriolus galbula.*

Merle noir, *turdus merula.*

Merle à plastron (grive collerine en Tarentaise). *turdus torquatus.*

Merle de roche, *turdus saxatilis.*

Mouette tridactyle, *larus tridactylus.*

Mouette rieuse, *larus ridibundus.*

Mouette à tête noire, *larus melanocephalus.*

Ædicnème d'Europe, *ædicnemus europæus.*

Perdrix-Bartavelle, *perdix saxatilis.*

Pégot proprement dit, ou Fauvette des Alpes (on l'appelle Montagnard en Tarentaise), *accentor alpinus.*

Pigeon-Ramier, *columba palumbus.*

Perdrix rouge d'Europe, *perdix rufa.*

Perdrix grise, *perdix cinerea.*

Perdrix-Caille, *perdix coturnix.*

Pie-Grièche-Ecorcheur, *Lanius collurio.*

Pluvier doré, *charadrius pluvialis et apricarius.*

Pluvier à collier (le grand), *charadrius hiaticula.*

Pluvier à collier (le petit), *charadrius minor.*

Pipi des arbres (c'est notre bec-figue de vigne), *anthus arboreus.*

Pipi des buissons, *anthus sepiarius.*

Pipi-Rousseline, *anthus rufus.*

Pipi-Spipolette (bec-figue d'eau). *anthus aquaticus.*

Râle d'eau. *rallus aquaticus.*

Râle marouette, (c'est la girardine), *rallus porzana.*
Râle, Rallo-Marouet, *rallus peysousei.* LATH.
Râle de genêt, ou roi des cailles, *rallus crex.* LINN.
Rouge-Queue, ou Rossignol de muraille, *sylvia phœnicurus.*
Sarcelle proprement dite, *anas querquedula.*
Sarcelle (la petite), *anas crecca.*
Sterne, hirondelle de mer, *sterna hirundo.*
Sterne, hirondelle de mer à tête noire, *sterna nigra.*
Tétras à queue fourchue, (c'est le coq de bruyère), *tetrao tetrix.*
Tétras-Gelinotte, *tetrao bonasia.*
Tétras-Lagopède (albine, perdrix blanche), *tetrao lagopus.*
Tourterelle, *columba turtur.*
Traquet proprement dit (pied-noir), *œnanthe rubicola.*
Vanneau huppé, *vanellus cristatus.*
Vanneau suisse, *vanellus helveticus.*

MAMMIFÈRES.

Cerf, *cervus elaphus.*
Chamois, *antilope rupicapra.*
Chevreuil d'Europe, *cervus capreolus.*
Ecureuil d'Europe, *sciurus vulgaris.*
Lièvre commun, *lepus timidus.*
Loutre d'Europe, *lutra vulgaris.*
Marmotte proprement dite, *mus montanus.*
Ours brun d'Europe, *ursus arctos.*

Nota. Je crois que le cerf ne se trouve qu'en Savoie propre, dans les forêts de Saint-Hugon.

Le réglement sur la pêche est un des objets qui méritent l'attention de M. l'Intendant général. Cet administrateur, qui sait appliquer avec tant de justice les maximes du gouvernement doux et paternel sous lequel vivent ses administrés, prendra sans doute des mesures pour prévenir les abus qui ont eu lieu jusqu'à présent; il ne permettra plus ce trafic scandaleux des traitans qui s'engraissent aux dépens des malheureux pêcheurs. Il serait facile d'y mettre un terme, en affermant la pêche d'après la division de ses cantonnemens, et non pas en totalité. La ferme de la pêche en entier est contraire à l'esprit de justice, parce qu'elle en exclut nécessairement les pêcheurs, et ne peut avoir d'autre résultat que d'enrichir un traitant.

Voici les moyens que nous soumettons à la sagesse de M. l'Intendant général, afin de rendre le poisson plus abondant :

1° Interdire la pêche de la carpe dans le temps du frai; car tous ceux qui connaissent les étangs de la Bresse et des contrées marécageuses savent que c'est le fretin de la carpe qui nourrit le brochet et les autres poissons, à tel point que, sans cette espèce qui multiplie d'une manière extraordinaire, il serait impossible d'entretenir l'empoissonnage des étangs, dont le produit deviendrait absolument nul.

Les propriétaires des étangs de la Bresse estiment qu'un brochet nourri jusqu'à satiété peut augmenter d'une demi-livre par mois; il n'est pas douteux que la pêche de la carpe, dans les temps du frai, n'enlève aux poissons une partie considérable de la nourriture qui leur est nécessaire. C'est un obstacle à sa multiplication, dont on verrait bientôt des effets prodigieux, si cette pêche était prohibée à cette époque. Cela pourrait se faire aisément; cette défense présenterait d'autant moins d'inconvénient, que le produit de cette pêche, qui dure fort peu de temps, est presque sans profit pour le pêcheur obligé de le vendre au plus vil prix, en raison de son extrême abondance.

2° Il faudrait remettre en vigueur tous les réglemens relatifs aux filets, en y ajoutant ceux que les nouvelles manières de pêcher ont rendus nécessaires.

3° Les règles de l'administration sage de M. l'Intendant général, s'opposent à ce que l'on écarte d'une ferme ou d'une entreprise les personnes qui y sont le plus intéressées; et ayant au contraire pour objet de favoriser la concurrence, il conviendrait, comme nous l'avons dit, d'affermer la pêche par cantonnemens et non en totalité, afin de procurer aux pêcheurs de profession tous les moyens de se faire admettre au nombre des enchérisseurs.

NOTE.

La cherté excessive du poisson du lac d'Hautecombe est une chose tout à fait remarquable ; elle tient essentiellement à la destruction de l'espèce par suite du défaut de réglement et de la mauvaise administration de la pêche ; cela est évident, puisque, dans les temps ordinaires, le poisson se vend à Chambéry beaucoup plus cher que dans les grandes villes, telles que Paris, Lyon, Genève, etc. Dans le temps des eaux, ce prix devient tellement exorbitant, que tous les étrangers en sont étonnés.

CHAPITRE XX.

Promenade a Saint-Innocent.

> Observez, connaissez, imitez la nature.....
> Saisissez, s'il se peut, ses traits les plus frappans,
> Et des champs apprenez l'art de parer les champs.
> Delille.

Le contraste des sites et la variété du paysage est ce qui étonne et charme le plus les étrangers qui viennent aux eaux d'Aix. Le premier aspect de ces immenses rochers nus qui forment l'enceinte des vallées, donne au voyageur l'idée d'un pays âpre et sauvage. Cependant il jouit d'un beau ciel ; sur les coteaux et dans le fond des basses vallées, une riche végétation lui rappelle les souvenirs du sol fertile de la Limagne d'Auvergne. La température est généralement douce, comme celle des contrées entre Mâcon et Lyon ; dans quelques expositions, il se croit transporté aux environs d'Avignon.

Vous vous rappelez, Amélie, combien de fois cette impression s'est représentée à votre esprit dans nos promenades. Vous l'avez éprouvée à Saint-Innocent : j'ai essayé de vous retracer quelques uns des souvenirs que vous a laissés cette charmante colline, en y confondant les miens.

Elle n'est séparée de celle de Tresserve que par une petite plaine d'une demi-lieue, qui ouvre une avenue au lac du côté d'Aix. Ces deux collines bordent ses rives ; cependant le paysage, les aspects et les productions offrent plusieurs différences notables.

La colline de Tresserve est isolée, peu élevée ; son terrain sablonneux repose sur un banc de grès ; celle de Saint-Innocent est adossée à une haute montagne dont la roche est calcaire ; son sol, qui participe de l'argile, est bien plus fertile, et ses aspects bien plus variés. La différence d'exposition influe sur la température et sur la qualité des vins.

Saint-Innocent, à trois quarts d'heure d'Aix.

est un des lieux de promenade les plus agréables pour les étrangers.

On y arrive par cette belle avenue de peupliers d'Italie qui conduit au lac. Après avoir passé le torrent du Sierroz sur un pont de pierre, on prend le second chemin à droite qui traverse des vignobles. Cette colline intéressante offre un tableau digne de l'attention du géologue, du naturaliste, de l'agronome et de l'amateur de paysages.

Située sur le penchant d'une des chaînes du Jura, elle borde le lac et présente un promontoire sur sa rive orientale, à une égale distance de ses deux extrémités opposées, l'une au nord, et l'autre au midi. Les divers plateaux dont elle se compose, variés dans leur pente vers le lac, sont parsemés de vignobles, de champs, de vergers, et de quelques groupes de bois de châtaigniers.

Les vins de ces vignobles sont bons, surtout lorsqu'ils ont vieilli : les plans de Bourgogne y réussissent parfaitement. Les progrès de cette culture, et une meilleure méthode de faire les vins, pourraient donner des produits d'une qualité bien supérieure.

Le vignoble le plus renommé est celui de

Coutafort, dont la pente, inclinée vers le lac, est un des points remarquables du paysage d'Aix. La végétation sur toute la colline est généralement vigoureuse et précoce ; les fruits ont une saveur plus exquise que dans les autres parties des environs d'Aix. On y recueille des marrons renommés, comparables à ceux de la Corse ou de Lyon, et plusieurs sortes de figues; on y récolte même, en juin ou juillet, la figue-fleur.

Le pêcher, l'abricotier et le figuier y croissent en plein vent; la grosseur de celui-ci annonce combien le sol et les aspects lui sont favorables; et l'on peut juger de la douceur de la température, lorsqu'on voit des grenadiers abrités, dont les fruits parviennent à maturité. On y trouve encore divers arbustes et quelques plantes du midi de la France. Les botanistes en découvrent plusieurs sur les flancs escarpés et au bas de la montagne de Brison, qui est plus loin : Saint-Innocent est considéré comme la Provence du bassin d'Aix.

La fertilité du sol tient à la fois à la nature du terrain argilo-calcaire, et à son heureuse exposition. Il serait possible d'y récolter des fruits aussi beaux qu'à Montreuil, près de Paris, dont la qualité égalerait ceux du Piémont.

Plusieurs abris formés par la nature présenteraient des moyens faciles et peu dispendieux d'établir des serres, pour y cultiver l'ananas. Mais les fruits d'été sont peu abondans sur cette colline, parce que leur culture y est négligée : les habitans paraissent en général ignorer les avantages de leur sol, qui seraient pour eux une source de richesses, en raison de la proximité d'une ville, séjour d'une foule d'étrangers pendant toute la belle saison.

Parmi les maisons de campagne de Saint-Innocent, on distingue le château, dont la position élevée domine un vaste horizon ; la maison Revillot, appartenant à M. le docteur Despine ; deux maisons Blanchard, dont l'une est connue sous le nom de *Blanchard l'Américain*. La position de celle-ci, bâtie sur la partie du promontoire la plus avancée dans le lac, est la plus agréable ; c'est principalement celle que les étrangers vont visiter.

Après avoir traversé le village de Saint-Innocent, on y arrive par une avenue de cerisiers alternés par des érables, sur lesquels s'élèvent des rameaux de vigne. Ce genre d'arbre est plus approprié au sol et à la convenance de l'habitation, que les platanes, les peupliers d'Italie, ou les autres arbres forestiers.

La nature, en déployant toutes les richesses de la végétation sur ce coteau, resserré entre des sites montueux, a indiqué aux habitans qu'ils devaient ajouter, aux agrémens de leurs campagnes, les avantages des grands arbres à fruits, tels que le noyer, le châtaignier, le cerisier. La hauteur et le volume de ces arbres sont comparables, à Saint-Innocent et presque dans tout le bassin d'Aix, à ce que les forêts produisent de plus beau et de plus majestueux.

La maison Blanchard a sa principale façade tournée au midi; elle n'est pas fort grande, et l'on désirerait qu'elle le fût davantage : son plan semble annoncer le dessin primitif d'un pavillon dégagé de tous les accessoires d'une ferme. Le propriétaire pourrait écrire sur l'entrée cette devise d'un ancien : *Parva, sed grata*. M. Blanchard a tout créé, la maison, la culture et l'embellissement des fonds. Le site de cette habitation est choisi avec discernement, elle a de l'élégance dans ses proportions.

Suivant le récit des gens du pays, il n'y avait dans ce lieu, il y a dix ou douze ans, qu'un bois de châtaigniers et un pâturage ; aujourd'hui les rameaux de la vigne, l'amandier, le figuier et les arbres à fruits de toute espèce, ombragent les mêmes terres où l'on voyait les troupeaux errer sur la bruyère. Cela prouve jusqu'à quel point la nature est libérale dans ces contrées envers ceux qui cherchent dans son sein les trésors qu'elle y a cachés.

M. Blanchard a donné aux habitans de cette colline, et à ceux des environs d'Aix, un beau modèle des divers genres d'agrémens dont leurs campagnes sont susceptibles. Son goût l'a conduit à étudier ce qu'on appelle dans les ornemens de la campagne, la convenance des sites. C'est dans ce genre d'étude que l'on apprend que la nature parle partout à l'imagination de celui qui sait la voir. Qu'une habitation soit grande ou petite, modeste ou magnifique, la nature indiquera toujours le genre d'ornemens le plus analogue : ici c'est un groupe de bois forestiers, là un verger, des vignobles ou des arbustes : et c'est en vain que le propriétaire voudra bouleverser les terrains, ou élever des terrasses semblables à des ouvrages avancés et à des forteresses : il ne fera rien d'agréable, si les embellissemens ne sont pas en harmonie avec le genre de perspective dont il occupe un des points.

C'est ce que M. Blanchard paraît avoir parfaitement compris ; il a disposé, avec le discernement d'un agronome et d'un homme de goût, les plantes potagères, les vignes en arbustes ou en hautins, les champs et les vergers.

Pour les grands ombrages qui environnent sa maison, il a fait des plantations extrêmement variées d'arbres forestiers ; on y remarque de beaux groupes d'arbres résineux, dont l'éternelle et sombre verdure a inspiré ce vers qui la caractérise :

Deuil des étés, parure des hivers !

On y trouve un grand nombre d'arbres indigènes et exotiques, parmi lesquels on distingue plusieurs variétés d'accacias, d'érables, de sorbiers, de tulipiers ; le plaqueminier, le micocoulier, le mûrier à papier, le platane d'orient, le catalpa, le ptéléa, le sophora du Japon, le bouleau à canot, et l'arbre de Judée ; le laurier-cerise, le tuya, le sapin, le pin sauvage, le pin maritime, ceux de Sibérie, du Canada et de Géléad ; le mélèse, le cèdre de Virginie, le cyprès horizontal et le cyprès pyramidal. Les groupes de ces arbres, disposés çà et là, sont agréablement variés par le châtaignier, le noyer et le peuplier d'Italie.

L'une des choses les plus remarquables de cette campagne est la variété des points de vue. La situation du promontoire de Saint-Innocent est, en effet, l'une des plus agréables des rives du lac, pour jouir de la variété des aspects que présentent ses deux extrémités. La vue s'étend sur le bassin, dont les eaux sont d'un azur foncé qui annonce leur profondeur ; en tournant ses regards au midi, on découvre, sur la rive orientale, le port de Puer et l'embouchure du Sierroz, qui forment dans le lac une pointe avancée, couverte de noyers et de peupliers d'Italie : plus loin, la vue se promène sur la pente rapide de la colline de Tresserve, ombragée par de grands bois de châtaigniers qui déploient un charmant rideau de verdure.

Sur le sommet de la colline, on découvre le clocher de Tresserve ; un peu plus loin, sur les bords du lac, le château de Bonport. Dans la même direction, mais sur un plan beaucoup plus reculé, le grand banc de rocher qui s'étend depuis Trévignin jusqu'au pic de Nivolet, contraste avec la teinte verte de la colline de Tresserve. Dans le lointain, la vue est bornée par la chaîne des Alpes du Grésivaudan. Au midi, les monts Granier, Montagnole et Saint-Thibaud de Couz, ferment la vallée.

C'est dans l'enceinte formée par ces lignes de montagnes, que se trouve le riche et magnifique bassin de Chambéry. Sur le penchant de la montagne de l'Epine, est cette fertile colline sur laquelle on découvre une multitude de villages et de belles maisons de campagne; on distingue surtout, en partant du nord, le village de Grataloup, la commune du Bourget, celles de Voglans, La Serraz, La Motte, Bissy.

Au couchant, en face de la maison de M. Blanchard, est la montagne d'Hautecombe; et au bas, le petit promontoire couvert de bois et de vignobles, sur lequel s'élève le monastère: ce monument forme un point de vue tout à fait remarquable.

On découvre au-dessus d'Hautecombe plusieurs petits villages sur les plateaux de la montagne. Celle-ci est couronnée par trois grands mamelons, dont le plus élevé est la Dent du Chat, qui domine tout le bassin d'Aix. Ce pic, vu de cette position, paraît beaucoup plus élevé; il se présente sous une forme pyramidale majestueuse:

lorsqu'il est frappé par les rayons du soleil levant, il prend une teinte de feu qui contraste avec la couleur brune du reste de la montagne. En portant ses regards plus loin, sur la même ligne, on découvre les villages d'Ontheix et la commune de Coujux, qui est sur le penchant de la montagne. A l'extrémité du lac, est le rocher de Châtillon, formant un mamelon qui resserre l'entrée de la vallée de Chautagne.

On découvre encore le commencement du canal de Savière, la rive gauche du Rhône, sur laquelle est le rocher du Molard de Vion : c'est un autre mamelon plus étendu. Sur la rive droite du Rhône, s'élève la haute montagne du Colombier, qui est l'une des chaînes du Jura. Au bas, est une colline parsemée de villages et de maisons de campagne. Sur la rive orientale du lac, on voit le village de Brison, couronné par cet immense rocher coupé à pic, dont l'inclinaison vers le lac semble menacer le voyageur. On peut lui appliquer ces quatre vers :

« J'admire ce colosse énorme
« Qui s'avance comme un géant ;
« Et pardessus sa masse informe,
« Lève un front chauve et menaçant.

Les étrangers, qui viennent visiter la maison de campagne de M. Blanchard, descendent ordinairement sur les bords du lac, où il forme des baies fort agréables.

En cotoyant le demi-cercle que décrit la colline de Saint-Innocent, on aperçoit d'abord la grande baie de Grésine, au bas du village de ce nom. On en trouve ensuite plusieurs autres plus petites, parmi lesquelles on remarque celle qui est au dessous des possessions de M. Blanchard, à la suite d'un pré arrosé par une multitude de sources abondantes. Cette baie est garnie de peupliers d'Italie et de platanes ; on y voit un de ces gros noyers si multipliés dans le bassin d'Aix : le tronc a douze à quinze pieds de tour, et son ombrage couvre le terrain environnant, sur un rayon de plus de soixante pieds de diamètre. Sur la pointe la plus avancée dans le lac, sont des bancs de gravier que les vagues poussent alternativement du nord au sud ; ces petits cailloux roulés se composent de marbres de diverses espèces, de quartz, de mica, de feld-spath, de jaspes, de porphyres : ils attirent l'attention des étrangers ; on pourrait en composer des mosaïques.

Tout porte à croire que dans les temps très

reculés, cette colline fut habitée par les peuples qui vinrent s'établir dans cette partie des Alpes.

Les révolutions, plus encore que les ravages du temps, ont fait disparaître les traces des générations qui leur ont succédé. Toutes les traditions historiques se sont perdues dans les ténèbres du moyen âge. Quelques inscriptions et des fragmens d'antiquités retracent des souvenirs de la puissance romaine, et ont donné lieu à des conjectures sur l'existence de quelques monumens élevés sur cette colline. L'archéologue Albanis de Baumont a vu dans l'église de Saint-Innocent un fragment d'inscription, dont les lettres, d'une excellente exécution, avaient trois pouces et demi de hauteur, sur un marbre d'un beau poli, dont le grain ressemblait beaucoup à celui de Paros; il croit que c'est un fragment d'attique qui faisait partie de quelque grand édifice. Cet antiquaire a encore remarqué dans le même lieu une autre inscription tracée sur un gros bloc de marbre de la même espèce, qui devait faire partie du fronton d'un temple construit peut-être dans l'endroit où est l'église; il parle aussi d'une urne cinéraire qu'il a trouvée dans le village des Fins, tout près de Saint-Innocent ; d'un bassin antique, d'une seule pièce, découvert dans le monastère d'Hautecombe, qui paraît avoir servi à l'ablution des prêtres et des sacrificateurs, et qu'il croit avoir été transporté de Saint-Innocent. Il y a quelques années, un Anglais a trouvé dans le même village une inscription antique qu'il a donnée à la ville d'Aix, et que l'on voit maintenant dans le jardin de l'établissement royal. Elle est encore inédite : voici ce qu'elle porte :

..G.. SACR..
.. .ICOS. EDICARM.
..ITIQUA. CONSVE..
..NE. L. ARRIVS....
.INVS. EX. VOT. A. D.

on peut en donner l'explication suivante :

Augusto. sacrum. ad. vicos. edicarum. antiqud. consuetudine. L. Arrius Antoninus. ex. voto. aram. dedit.

CHAPITRE XXI.

Promenade a Saint-Germain.

Caput inter nubila condens.
OVIDE.
Son front sauvage et fier s'élance jusqu'aux cieux.

J'AVAIS entretenu plusieurs fois Amélie de la gorge de Saint-Germain et de divers points de vue, dont on jouit sur les plateaux qui environnent le village de ce nom ; nous avions fixé le jour de cette promenade avec plusieurs étrangers. Tout était disposé pour notre départ, mais un vent du sud-ouest, couvrant l'horizon de nuages, annonça la pluie ; et bientôt elle tomba par torrent pendant toute la journée.

J'avais fait cette course, peu de temps auparavant, avec le naturaliste Perret*. Nos promeneurs désappointés m'exprimèrent leurs regrets d'être forcés d'y renoncer, et me prièrent de leur donner une idée de cette curiosité : je rédigeai rapidement la notice suivante, d'après mes souvenirs, et le même jour j'en fis lecture à toute la société.

La commune de Saint-Germain est une des plus remarquables des environs d'Aix par le mouvement du terrain, par la variété de ses aspects et de sa température. La configuration et la nature de ses roches coquillières, les insectes et les pétrifications que l'on y trouve, attirent l'attention du naturaliste ; on y voit aussi quelques restes d'antiquités, mais c'est surtout la gorge de Saint-Germain qui est l'objet de la curiosité des étrangers.

La distance d'Aix à cette gorge est d'environ deux heures ; on suit la route de Genève jusques à l'embranchement du premier chemin à gauche, qui mène au château de Longefant appartenant à M. le marquis d'Allinge.

---

* L'extrême obligeance de ce naturaliste pour les étrangers, et sa modestie, égalent son érudition et son zèle pour les sciences ; son recueil de plantes et d'insectes sera le sujet d'un des chapitres de cet ouvrage, si toutefois ses bornes me le permettent.

Un savant archéologue*, qui a fait des recherches sur les antiquités de ces contrées, a découvert dans les environs de cette route les restes d'une voie romaine qui passait près de Longefant, en suivant le bas de la montagne. Là, une branche de cette voie tournait du côté d'Albens, l'autre longeait le bas de la montagne, et conduisait à la Chautagne, en passant par le détroit de Saint-Germain.

Les fonds que traverse la route actuelle sont extrêmement variés par les ondulations du sol; ils reposent sur une roche calcaire compacte, d'un beau blanc, de la même nature que celle des environs d'Aix; l'on en voit de très beaux blocs tirés d'une carrière ouverte près du chemin, pour la construction d'un pont sur la nouvelle route d'Annecy.

Quelques uns de ces terrains sont très fertiles; mais l'approche du petit village de Saint-Germain présente l'aspect d'un pays âpre et sauvage. Ce village, situé dans le haut de la montagne, est traversé par un chemin qui n'est praticable que pour les petites voitures.

Là, s'ouvre un passage entre deux rochers,

---

* M. le lieutenant-général comte Deloche.

l'un d'environ cinquante pieds de hauteur, qui paraît avoir été taillé à pic ; l'autre qui s'abaisse par une pente rapide ; dans cette gorge est une route qui forme un talus penché comme un toit, et semble n'avoir d'autre issue que le lac qui est au dessous.

La vue plonge sur ce bassin azuré, dans lequel le voyageur croit qu'il doit tomber ; mais ce n'est que par une illusion d'optique, que le lac semble rapproché au point de tromper tous les curieux qui jouissent pour la première fois de ce coup-d'œil. L'on nous rapporta à ce sujet qu'un étranger y étant arrivé avec ses chevaux, quelques jours auparavant, on lui dit qu'il fallait les renvoyer dans le village voisin, parce qu'on ne trouvait point d'eau dans cet endroit. Eh ! comment donc, répondit-il, il faut les mener boire au lac ! Il n'y avait qu'une petite difficulté : c'est que le lac est éloigné de près d'une heure de marche.

A l'issue de ce défilé, en tournant au nord sur le flanc de la montagne appelée la *Chambotte*, l'on est frappé d'un singulier contraste. Vers le village de Saint-Germain, l'air est vif, et la température ne permet point la végétation de la vigne. Le botaniste y vient cueillir les plantes alpines; l'on y voit voltiger ce charmant papillon que Linnée a mis au nombre des héliconiens, en le nommant *Apollon*.

Mais, à l'issue de la gorge de Saint-Germain, la scène change brusquement; tout est différent dans le climat et dans les aspects : le voyageur éprouve en été, surtout au soleil couchant, une chaleur brûlante; il entend même le chant de la cigale. Sa vue se repose, au milieu des débris de rochers, sur quelques vignobles; il y voit végéter le figuier ainsi que des plantes et des arbustes qu'on ne trouve que dans les contrées méridionales. Les habitans du village de Brison, sur les bords du lac, assurent que la neige ne s'y arrête jamais.

Le spectateur n'est pas moins frappé du vaste tableau qui s'ouvre à ses yeux : il découvre tout le bassin du lac, le canal de Savière, le cours du Rhône, la montagne du Colombier dont le penchant, depuis Culoz jusques à Seyssel, est parsemé de villages et de maisons de campagne. La vue s'étend entre la montagne de Chanaz et le Colombier, jusque sur la partie du charmant bassin des environs de Belley; on distingue la plaine de Ceysurieux, Lavour, et une chaîne de collines.

La montagne de Saint-Germain est encore remarquable par l'élévation de ses escarpemens; quelques uns de ses rochers ont une telle inclinaison du côté du lac, qu'il semblerait que leurs masses énormes vont écraser le voyageur; de très gros blocs épars ça et là, détachés à des époques récentes, annoncent le danger de ce chemin, dont la longueur est d'environ une heure de marche.

Cette montagne a beaucoup de cavités, et lorsque le vent de l'ouest souffle sur le bassin du lac, entre les hautes montagnes où il est encaissé, et vient s'engouffrer dans la gorge de Saint-Germain, il y produit des mugissemens semblables à ceux des vents maritimes sur les côtes. Dans les momens de tempête, le tonnerre, dont les roulemens se répètent dans les cavités de la montagne, y retentit d'une manière effroyable.

Les rochers de Saint-Germain sont coquilliers, et très intéressans sous le rapport de l'histoire naturelle et de la géologie. Les environs du village offrent quelques restes d'antiquités : on voyait encore, il y a quelques années, dans le cimetière, un assez grand nombre de gros blocs de pierre taillés, qui paraissaient être des débris d'anciennes constructions ; mais ils ont disparu : il serait possible que ces blocs fussent les restes de ceux que l'on a employés, dans des temps reculés, à la construction de l'église.

M. Emery, curé de Saint-Germain, nous a montré une inscription romaine encastrée dans le mur du clocher, un peu au dessus du sol. Cette pierre, de la hauteur de deux pieds et deux pouces, a une largeur de deux pieds et demi. On y voit un cadre formant un carré long et ayant une petite moulure en relief; ce cadre, de quatorze pouces et deux lignes de hauteur sur dix-sept pouces de largeur, renferme une inscription inédite, qui m'a paru être des premiers temps du christianisme.

Sur l'une des hauteurs tout près du village, est un plateau appelé le *Château de Morian*, où l'on croit qu'il existait une forteresse sous les Romains; nous y trouvâmes plusieurs débris de tuiles romaines. Il y en avait beaucoup, nous dit-on, mais le plus grand nombre a déjà été enlevé par les habitans et par les curieux : on n'y voit plus que quelques faibles vestiges de murailles.

Ce plateau, situé sur la roche qui domine tous

les environs, est extrêmement remarquable par l'étendue de l'horizon qui se déploie aux yeux du spectateur. La vue plonge dans le bassin du lac, elle glisse sur les escarpemens de la montagne, que l'on ne voit pas sans effroi.

On découvre le Mont du Chat, la montagne d'Hautecombe, Coujux, le charmant canal de Savière, le cours du Rhône; sur la rive gauche, on distingue le monticule en forme de mamelon que l'on appelle la commune du Molard de Vion. Plus loin, dans la direction du levant au couchant, la vue se porte sur le bassin de Belley.

Au nord, sur le plan le plus rapproché, sont le rocher de Châtillon, les marais de Chautagne. Plus loin, s'ouvre une perspective bien plus vaste : la vue s'étend sur un vague et immense lointain, aux extrémités duquel on aperçoit des sommités d'une teinte brune ou bleuâtre, qui se dessinent comme des dômes au dessous des nuages.

Dans ce grand et magnifique bassin, qui s'étend depuis le mont de Sion au delà de Frangy, jusques à Bonneville, les sommités que l'on peut distinguer sont les montagnes de Mole, près de Bonneville; le mont Salève, près de Genève; la montagne de la Tournette, près d'Annecy ; celle de Thorrens, au bas de laquelle est la manufacture de verrerie.

Au midi, l'on découvre la Biolle, Saint-Félix, le bassin d'Aix. Les points les plus élevés de cette partie du tableau sont les hauteurs du plateau des Bauges, au dessus duquel on distingue assez bien la montagne de Gruffy, le col de Bange, la montagne du Charbon, et celle de Rossane, au dessus du Châtelard ; on voit toute la chaîne de ce grand rocher, qui se termine, près de Chambéry, par le pic de Nivolet, les montagnes de Granier et de Saint-Thibaud de Couz, la pointe de la montagne du Grand San, qui domine la Grande Chartreuse ; et plus loin, la chaîne des Alpes, du Grésivaudan, dont les sommités sont couvertes de neige toute l'année, forment le fond de ce magnifique tableau.

Dans les jours d'été, où le ciel de ce pays est pur et brillant, les détails de ce vaste horizon, vus avec une lunette, sont extrêmement variés ; on distingue les villages, les contours des collines ; la vue s'enfonce dans les vallons, et ce paysage est encore embelli par d'admirables effets de lumière.

A quelque distance du plateau de Morian, est un rocher encore plus élevé, où est la croix de saint Bernard. Suivant la tradition, cette croix fut plantée à l'époque mémorable du voyage de saint Bernard dans ces contrées, à l'occasion de la fondation du monastère d'Hautecombe qu'il visita.

La situation de ce plateau et celle de Saint-Germain, ainsi que les restes d'antiquités que l'on y trouve, ne permettent pas de douter qu'il y ait eu là une forteresse romaine : le plateau de Morian est une position admirable pour reconnaître tous les lieux de passage de cette partie des provinces romaines. Les soldats qui occupaient ce fort, maîtres du passage de Saint-Germain, pouvaient découvrir le Rhône et protéger la navigation des convois ; ils dominaient toutes les vallées environnantes, et pouvaient encore donner et recevoir des signaux des points les plus élevés à une immense distance.

D'un autre côté, lorsqu'on examine la singulière position du village de Saint-Germain, sur le haut d'un rocher, dans l'endroit le plus froid et le plus aride de la commune, où l'eau manque souvent en été, on se demande par quelle bizarrerie on a construit une église et des habitations dans ce lieu sauvage, tandis qu'il existe dans la même commune, et à très peu de distance, tant de positions agréables et fertiles, qui semblaient devoir obtenir la préférence pour le choix d'un chef-lieu. Mais tout s'explique par l'ancien état de ces localités : il est arrivé à Saint-Germain ce que l'on vit presque partout à l'époque de l'établissement de la religion chrétienne ; on construisit les églises sur les ruines des temples, et les chefs-lieux sont restés dans les endroits où les Romains les avaient établis.

CHAPITRE XXII.

Le Crétin somnambule.

Quand il est éveillé, son ame est endormie,
A l'instant du sommeil, elle reprend sa vie.

Cette partie de la journée où les affaires impriment un mouvement si actif à la population dans les grandes cités, est précisément, pour ceux qui prennent les eaux, un intervalle assez long d'heures oisives. Les dames consacrent ordinairement ces instans de repos à la lecture, à des visites, à des promenades dans quelques jardins.

J'allais quelquefois avec Amélie et Lady....

dans celui du marquis d'Aix, jouir de la fraîcheur sous de grands noyers ; nous y passions notre temps à causer, à faire des lectures de quelques articles du journal dont je m'occupais. Celui que j'ai à vous communiquer aujourd'hui, dis-je à ces dames, a encore pour objet une des merveilles du somnambulisme : dans cette anecdote vous verrez que

Souvent l'amour aux sots, dans un profond sommeil,
A donné de l'esprit, qu'ils n'ont plus au réveil.

Vous avez parcouru une partie des Alpes ; et, au milieu des belles races d'hommes qui habitent ces montagnes, vous avez sans doute remarqué quelques uns de ces êtres infortunés qui ne semblent appartenir à l'humanité ni par les traits, ni par l'intelligence : vos regards se sont détournés de cet affligeant spectacle.

Mes voyages fréquens à travers ces montagnes m'ont mis dans le cas de voir des crétins à Sion, à Saint-Jean de Maurienne, à la cité d'Aoste. La plupart d'entre eux sont muets ; les uns ne profèrent que des sons inintelligibles, d'autres poussent des cris plaintifs, des hurlemens inarticulés. J'en ai entendu dont les cris avaient plus de rapport avec le gloussement des coqs-d'Inde, qu'avec la voix humaine.

Les crétins ne forment point une race particulière ; car, par un de ces jeux, ou plutôt de ces mystères de la nature que nous ne pouvons comprendre, il arrive quelquefois que, de deux enfans qui naissent d'une mère et d'un père bien conformés, l'un sera frappé de crétinisme, tandis que l'autre est remarquable par son beau physique et son intelligence. C'est ce que j'ai assez souvent remarqué dans les divers endroits que je vous ai nommés.

La condition de ces êtres infortunés semblerait leur réserver le plus malheureux sort, surtout dans les familles indigentes. Mais, par un des bienfaits de la religion chrétienne, les crétins sont considérés dans ces contrées comme des hommes auxquels l'innocence de leur vie assure une place dans le ciel. On les traite avec beaucoup d'humanité et de douceur ; on a même pour eux une sorte de vénération ; et dans l'opinion des gens du pays, ce serait offenser Dieu que de les maltraiter.

J'ai souvent admiré cette religieuse compassion : il faut que ce sentiment soit bien profondément gravé dans le cœur des habitans de ces vallées, pour les porter à de semblables égards. Voyant un jour deux frères qui avaient beaucoup de soin d'un de ces malheureux, je comparai cette conduite si touchante aux résultats opposés qu'entraîneraient les théories de ceux qui croient faire le bonheur de l'humanité, en cherchant à déraciner les opinions religieuses, pour y substituer les vagues préceptes de la philantropie.

Je disais à un de mes amis, qui partageait cette opinion de très bonne foi, sans doute : « Je vous engage à parcourir ces contrées pour vous convaincre des conséquences de ce funeste système, et voir combien il est dangereux de n'étudier les hommes que dans les livres.

« Si les crétins naissaient dans nos grandes cités, un asyle caché à tous les regards serait le seul bienfait de la tendresse de leurs parens ; s'ils appartenaient aux familles indigentes du peuple, la bienfaisance publique épargnerait peut-être des crimes aux auteurs de leurs jours. Mais si, par l'effet de vos doctrines, les sentimens religieux venaient à s'éteindre dans le cœur de cette classe de gens grossiers, parmi lesquels naissent ordinairement les crétins, je vous demande si, dans ce siècle de lumières, on ne verrait pas se renouveler dans les campagnes les horreurs de l'abandon ou du massacre de ces malheureux, barbarie dont autrefois l'histoire du paganisme, et de nos jours celle des peuplades sauvages, offrent encore de si nombreux exemples. »

Tous les crétins ne se ressemblent pas : l'échelle de leur dégradation physique et morale est très variée ; cette infirmité tient tellement à des causes accidentelles de localité, que les gorges où ils viennent au monde offrent encore d'étranges phénomènes de la dégradation des races qui s'y établissent. L'on raconte que les dames de la vallée de Sion vont faire leurs couches dans les montagnes où elles laissent leurs enfans pendant quelques années, ce qui les préserve du crétinisme. Il est problable que les mêmes précautions auraient les mêmes résultats dans les autres vallées.

J'ai vu des crétins qui s'occupaient des soins du ménage ou des travaux de la campagne ; il était singulier de les voir agir, se mouvoir avec docilité, et obéir au moindre signe, comme des animaux que l'on aurait dressés à quelque service.

Plusieurs crétins prononcent des mots, ou s'expriment par des gestes, comme les muets : d'autres enfin articulent des sons et parviennent à se faire comprendre des gens habitués à vivre avec eux ; on en voit même qui savent intéresser à leur sort.

Dans un de mes voyages à Saint-Jean de Maurienne, j'eus occasion de faire la connaissance d'une famille de cultivateurs aisés, dont la ferme était quelquefois le but de mes promenades, lorsque, mon album et mon Jussieu dans mon sac de chasse, armé d'un fusil qui faisait beaucoup de frayeur aux faisans et jamais de mal que par hasard, j'allais à la recherche des plantes et des points de vue pittoresques.

Le propriétaire, homme sain et robuste, avait deux fils, dont l'un était atteint de crétinisme, tandis que l'autre se faisait remarquer par ses belles formes et par son intelligence. L'extérieur de ce crétin sans goître n'offrait rien de difforme, ni de désagréable; et l'expression de sa physionomie était plutôt une apathie mélancolique que de la stupidité. Il ne parlait point, mais il articulait des sons variés, accompagnés de signes qui l'aidaient à se faire comprendre.

Une singulière adresse dans ses mouvemens et une certaine vivacité d'instinct lui donnaient quelque ressemblance avec les sauvages ; comme eux, il grimpait sur les arbres avec toute la dextérité d'un singe, et montrait une grande agilité à la course : il se nommait Maurice, et son frère aîné, Constantin.

Maurice, quoique très docile, n'était pas toujours disposé à reprendre ses travaux habituels, dont il s'acquittait fort bien ; il se plaisait à errer dans la campagne, et à rester perché sur des arbres, d'où les personnes de la maison s'efforçaient quelquefois en vain de le faire descendre.

On avait remarqué qu'il obéissait avec une certaine docilité aux signes d'une jeune villageoise nommée Lucile, sa cousine, qui était élevée dans la maison, et destinée à devenir l'épouse de Constantin. Plusieurs fois Lucile avait réussi à le ramener à la maison, et à lui faire reprendre ses travaux ; elle lui nommait les différens objets, en les lui montrant, et ses signes indiquaient qu'il en retenait les noms ; il les répétait, en articulant des sons comme un enfant qui commence à parler.

Les habitudes de Maurice présentaient encore un autre genre de singularité ; car il était somnambule. Depuis plusieurs années, on le voyait assez fréquemment se promener la nuit dans la maison, ayant les yeux parfaitement fermés ; souvent même il en sortait ; quelquefois on l'avait vu monter sur les toits, et donner des craintes pour sa vie.

Ce genre d'affection, si extraordinaire pour les habitans de ces montagnes, avait jeté la consternation dans la famille de Maurice ; ces bonnes gens s'étaient figuré que c'était l'effet de la folie ou de quelque sortilége, et que Maurice était possédé du démon.

Cette opinion se répandit dans le pays ; mais dans ces contrées, lorsque quelque chose tourmente les esprits ou les consciences, on a recours à M. le Curé, dont les conseils sont ordinairement des oracles pour ces braves paysans. Ce bon pasteur, homme fort instruit, se hâta de rassurer les parens et de dissiper leurs alarmes : il voulut être témoin de quelques unes des scènes de somnambulisme. Après divers essais, il leur apprit qu'ils pouvaient faire cesser cet état, en réveillant Maurice.

Constantin périt d'une blessure dangereuse qu'il reçut dans une chasse aux ours. Ce fâcheux événement renversa les projets d'établissement qui devaient assurer le bonheur des futurs époux et de leur famille ; toute l'affection des parens se reporta avec plus de tendresse encore sur Maurice ; on redoubla d'efforts pour le développement de son intelligence ; lui-même parut comprendre que sa position était changée.

L'expression de sa physionomie prit plus de mobilité. Son humeur, qui jusqu'alors avait été assez égale, devint inconstante et capricieuse ; il passait brusquement des accès d'une gaîté folle à la rêverie, et restait plongé dans une espèce de stupeur. On le voyait même pleurer, quoique rien, ni dans ses gestes, ni dans les sons qu'il articulait, ne pût faire connaître la cause de ses larmes : seulement ses yeux immobiles s'arrêtaient quelquefois sur sa cousine ; alors son regard s'animait, et demeurait long-temps fixé sur elle.

Ce qu'il y avait de plus singulier, c'est que, bien qu'il ne prononçât pas le nom des choses dont on lui parlait, il ne se trompait point lorsqu'on les lui demandait ; et il retenait tous les noms, même ceux des fruits et des fleurs ; il bêchait et arrosait le jardin ; il faisait volontiers dans la maison tout ce qu'il voyait faire.

Il allait à l'église, et, l'œil fixe comme un aveugle, il se mettait à genoux, se levait, se prosternait ou s'asseyait, à l'imitation de ceux qui l'entouraient, ainsi qu'un écolier de gymnastique qui répète les mouvemens de son maître.

Lucile, naturellement douée d'un caractère doux et d'une humeur enjouée, se prêtait volontiers à l'instruction de Maurice, autant par complaisance pour ses parens, que par un sentiment d'intérêt et de compassion.

Deux ans s'étaient déja écoulés depuis la mort de Constantin, et Maurice en avait à peu près vingt-quatre. Je me trouvai, à cette époque, dans ces montagnes, avec un de mes amis, botaniste distingué, au retour d'un voyage que nous avions employé à parcourir le mont Cenis. Nous voulûmes nous arrêter à la ferme. Nous en étions à quelques pas, lorsque le père de Maurice vint à ma rencontre avec empressement; et d'aussi loin qu'il nous aperçut, il nous manifesta sa joie de ce que nous venions prendre un gîte chez lui, avant que nous lui en eussions témoigné l'intention. Il m'apprit qu'il avait eu le malheur de perdre son fils aîné; que Maurice, qui était l'unique objet de toutes ses affections, montrait depuis quelque temps plus d'intelligence; et ce qui vous surprendra beaucoup, me dit-il, c'est qu'il lui arrive fort souvent de parler la nuit tout aussi bien que je vous parle. Comme je paraissais en douter, il me raconta longuement tous les détails, et me cita les témoins. Voici les faits que me confirmèrent plusieurs personnes :

Un jour Maurice, après avoir disparu une partie de la journée, ne revint que fort tard. Sur les onze heures du soir, au moment où toutes les personnes de la maison et lui-même étaient plongés dans le sommeil, il entra dans la chambre de Lucile, portant d'une main une lampe qui n'était point allumée, et de l'autre, un bouquet de fraises et de fleurs; il se dirigea vers la fenêtre, près de laquelle elle s'asseyait ordinairement; il s'arrêta auprès d'une chaise où ses vêtemens étaient déposés. Lucile, Lucile, lui dit-il en l'appelant à très haute voix : Lucile, prends ces bouquets de fraises, je les ai ramassées pour toi sur la montagne.

Lucile, se réveillant en sursaut, pousse des cris qui donnent l'alarme à toutes les personnes de la maison. On accourt, on voit Maurice ayant les yeux fermés, et dans un état de somnambulisme complet.

Il était encore dans la chambre de Lucile; on ne chercha point à le réveiller. Il se retira tranquillement, en répétant avec un air de satisfaction : Lucile a pris mes fraises. Vous vous figurez, Amélie, la surprise et la joie des parens de Maurice, qui croyaient qu'il avait acquis l'usage de la parole.

Mais le lendemain, Maurice s'occupa de ses travaux habituels avec sa docilité et son indifférence accoutumées, sans montrer le moindre souvenir de ce qu'il avait fait la nuit précédente ; il passa plusieurs fois à côté de Lucile, sans témoigner la moindre envie de lui parler ; il dîna auprès d'elle, et conserva l'air sérieux et apathique qu'il avait ordinairement.

Les parens de Maurice, tristes et découragés, attendaient cependant la nuit pour savoir si la scène se renouvellerait ; ils se rendirent dans la chambre de Lucile, où Maurice reparut à la même heure, les yeux fermés, portant, comme pour s'éclairer, une lampe qui n'était point allumée et une assiette de fruits. Lucile, lui dit-il, prends ces fruits, je les ai ramassés pour toi ; mange-les, ma chère Lucile. Lucile prit l'assiette et mangea un fruit ; il en montra beaucoup de joie, il s'assit près de l'endroit où il la voyait souvent, et lui parla encore assez long-temps, en articulant très bien les mots.

Le lendemain, même indifférence, même

insensibilité que la veille, de la part de Maurice. Rien en lui n'indiquait ni sa passion, dont on ne pouvait plus douter, ni la faculté de parler, dont il jouissait réellement.

Quoique je dusse croire, d'après ces détails, que Maurice avait l'usage de la parole, au moins pendant ses accès de somnambulisme, je ne pouvais m'expliquer cette existence complexe de deux êtres réunis en un seul. Pourquoi ses facultés intellectuelles ne se montraient-elles que lorsqu'elles auraient dû sommeiller ?

Ce phénomène piquait vivement notre curiosité : le père de Maurice nous dit que son fils tombait souvent dans ces rêves ; c'est ainsi qu'il appelait le somnambulisme. Il désirait que nous en fussions témoins ; il m'avait demandé quelques conseils sur des arrangemens de famille ; il me renouvela ses instances pour nous décider à passer quelques jours chez lui, avec ce ton de simplicité qui caractérise les mœurs hospitalières des habitans des Alpes : nous acceptâmes.

Le lendemain était un dimanche ; le père de Maurice nous annonça que c'était un jour de fête patronale, et qu'à cette occasion ses compères et ses parens passeraient la journée dans sa maison.

A la chute du jour, la pluie tomba par torrent; l'on vit blanchir les pics de ces hautes montagnes, et quoique la journée eût été très chaude, l'air s'était rafraîchi au point que nous sentîmes le besoin du feu : ce qui arrive assez souvent dans ces contrées. Assis autour d'un large foyer, nous avions du plaisir à voir pétiller la flamme vive des bois résineux de ces montagnes. Le feu est bon en tout temps, a dit saint François de Sales : il avait raison sur ce point comme sur beaucoup d'autres.

A ce sujet, vous souvient-il, Amélie, après avoir gravi le Montanvert, l'un des plus beaux jours de l'été, avec quelles délices vous vîtes briller la flamme, en déjeûnant dans le refuge des voyageurs?

Le lendemain, nous prîmes part à une fête de famille des habitans de ces montagnes, dont le tableau nous intéressa vivement. Ils sont en général très sobres; mais, dans les jours de solennité, la bonne chère est une des choses remarquables de leurs repas : l'étranger est tout surpris de trouver dans ces contrées sauvages tant de productions du sol d'un goût exquis.

On nous servit, entre autres mets, un agneau de Valoire, des faisans, du chamois, des truites et du fromage délicieux du mont Cenis, supérieur au Sassenage du Dauphiné, auquel il ressemble par la couleur. Ce qui nous étonna bien plus encore, ce fut, sur la fin du repas, un vin agréable et léger des environs de Saint-Jean de Maurienne, comparable aux troisièmes qualités de Bourgogne.

Le dîner avait été préparé par Lucile, et, suivant l'usage du pays, lorsqu'on veut faire honneur aux convives, elle nous servait à table. Lucile, en habit de fête, avait une coiffure qui ressemble beaucoup à celle de plusieurs cantons suisses. Ses cheveux, divisés par derrière en deux tresses, étaient relevés vers le milieu de la tête par des rubans de couleur bien étirés sur le front, et recouverts d'une espèce de bandeau à trois pointes, dont l'une répondait au milieu du front, et chacune des deux autres à chaque oreille ; elle avait une robe bleue et un corset sans manches ; ses traits étaient grands et réguliers ; sa physionomie, pleine de douceur et de bonté, annonçait que ce cœur, exempt de toute passion, ignorait les charmes qu'elle avait reçus de la nature.

Je ne saurais vous exprimer l'impression qu'ils me causèrent, mais ils avaient tellement exalté mon imagination, que la nuit je crus voir en songe une figure angélique représentant la vierge des Alpes, dont la beauté, l'expression d'innocence et de candeur, me parurent surpasser tout ce qu'on a vu jusqu'à ce jour.

Je reviens à Maurice : il parut apathique et insensible.

Sur la fin du repas, Lucile vint s'asseoir près de nous ; le père de Maurice, qui la considérait comme son enfant, jetait tour à tour sur elle et sur son fils des regards paternels.

Quel dommage, disait-il, que ce pauvre Maurice soit dans cet état, et que je ne puisse pas le marier avec Lucile ! Ah ! si cela se pouvait ! s'il guérissait ! quel bonheur pour moi ! le pauvre garçon ! il parle quelquefois la nuit, quand il est dans ses rêves, mais le lendemain il redevient le même !

Lucile écoutait, elle baissait les yeux : Maurice ne paraissait ni écouter, ni comprendre. A un long repas succéda la danse au son d'une vielle ; Maurice y prit part, et sa physionomie plus expressive sembla se colorer davantage ; son père, à qui j'en fis la remarque, nous dit que c'était un des signes avant-coureurs du somnambulisme.

Sur les dix heures du soir, plusieurs des convives et Maurice se retirèrent ; mais quelques uns des parens restèrent avec nous. Une heure s'était à peine écoulée, lorsque Maurice reparut, les yeux fermés, et dans l'état de somnambulisme le plus complet ; il portait sa lampe qui n'était point allumée ; son teint était animé ; il remuait les lèvres, comme s'il cherchait ce qu'il devait dire, sans que nous pussions l'entendre ; puis il prononça plusieurs fois le nom de Lucile. Il se mit à danser, en frappant de temps en temps dans ses mains, comme pour marquer la mesure ; il tournait sur lui-même, et figurait très bien la danse du pays. L'expression de sa physionomie augmenta sensiblement ; et ses gestes, qui étaient très vifs, formaient une pantomime fort curieuse. Il s'assit, et, s'appuyant sur le dossier d'une seconde chaise, il disait à voix basse : « Lucile, as-tu entendu ce qu'ils ont dit ? Ils voudraient nous marier ; mais ils ajoutent que je suis malheureux, que je suis malade. Sais-tu pourquoi ? C'est parce que j'aime à grimper sur les arbres, à marcher au bord de l'eau, à cueillir quelques fleurs bleues sur le bord des rochers. »

Maurice articulait très bien; ce changement était une chose fort étrange; ses traits prenaient à chaque instant plus de vivacité. « Si tu savais combien je t'aime, Lucile! » et découvrant sa poitrine, il dit : « Mets ta main là; tu verras comme mon cœur bat! »

Lucile timide et réservée, se faisait un scrupule d'accorder à Maurice ce qu'elle aurait été disposée à faire par compassion; il renouvela sa prière avec beaucoup d'instance; les accens de sa voix étaient doux et pathétiques.

L'oncle de Lucile lui dit à voix basse de faire ce que Maurice demandait; et la jeune fille, avançant la main tout doucement, la posa sur sa poitrine. Il tressaillit en sautant, comme si on l'eût touché avec un morceau de glace ou un fer chaud. Il se livra aux transports de joie les plus extraordinaires; sa langue se délia entièrement, il parlait avec feu, et ses gestes étaient rapides et animés, comme ceux d'un Italien qui improvise. S'exprimant toujours dans le patois de son pays, mélange d'italien et de français, il disait : J'ai un feu là, qui me brûle : ah! Lucile! C'est toi..... C'est pour toi..... Tu es belle, ma Lucile..... Tes yeux brillent comme ces lumières que l'on voit là haut pendant la nuit, en montrant le ciel. Ton souffle est doux comme le souffle que l'on sent, lorsqu'on voit les premières fleurs. Quand tu parles, quand tu chantes, tu fais plus de plaisir que cet oiseau qui chante si bien le matin et le soir sur les arbres de notre verger. Parle-moi, Lucile, fais-moi signe avec ta jolie main, et tu me verras courir comme un chamois. Pour toi j'irai chercher des nids au sommet des arbres; je gravirai jusqu'à la crête des montagnes.

Tout à coup on le vit sortir, et grimper sur le toit avec une agilité si extraordinaire, qu'à peine on eut le temps de le voir monter. Il courait sur les toits, sans paraître s'apercevoir du danger qui nous causa beaucoup d'effroi; après avoir fait un saut de dix à douze pieds, il revint; mais alors il se réveilla.

Ce fut une chose assez curieuse que ce changement subit de scène : il regardait autour de lui, il parut étonné de se trouver là; nous nous hâtâmes de lui adresser la parole; mais reprenant un air sérieux et apathique, il resta presque immobile : il ressemblait à un automate mis en mouvement par un ressort qui s'était tout à coup détendu.

Quelques instants après, Maurice retomba

dans un profond sommeil ; l'on se disposait à l'emmener, lorsqu'il se leva en sursaut, et dit : Embrasse-moi, Lucile, embrasse-moi ! Mais Lucile ne répondant point à ses désirs, il s'agitait en courant, pour la chercher et la saisir. Il se mit à crier, et nous donna une telle scène d'emportement et de désespoir, qu'à la fin le père de Maurice engagea Lucile à l'embrasser ; il se calma sur le champ ; plusieurs personnes le prirent et l'emportèrent.

Le lendemain, nous essayâmes vainement de faire comprendre à Maurice ce qui s'était passé dans la nuit : il parut n'en avoir aucune idée. Plusieurs scènes de cette nature s'étant renouvelées, le cœur de Lucile, d'abord attendri par la pitié, ne fut point insensible aux sentimens de Maurice ; elle l'épousa, et combla ainsi tous les vœux de son père.

J'ai appris dans la suite que Lucile, ayant, le jour, un mari docile à ses volontés, obéissant comme un automate ; et la nuit, un homme toujours empressé auprès d'elle, se trouva fort heureuse.

Beaucoup de dames, peut-être, désireraient avoir des maris faits sur ce modèle.

CHAPITRE XXIII.

Passage d'Annibal par le Mont du Chat.

> Annibal surpassait autant les autres généraux par son habileté, que le peuple romain était, par son courage, supérieur à tous les autres peuples.
>
> Corn. Nepos. Vie d'Annibal.

Le pic appelé *la Dent du Chat*, point culminant le plus remarquable du bassin d'Aix, domine toutes les vallées environnantes : au dessous de ce pic, la gorge étroite creusée par la nature à travers le Mont du Chat est un lieu célèbre dans l'histoire par le passage d'Annibal. Plus tard, les Romains ouvrirent dans cette issue une des voies les plus fréquentées des Alpes Cottiennes, pour la communication entre l'Italie et les Gaules. On y a récemment construit une très belle route dans la même direction.

Ces lieux attirent la curiosité des étrangers : les uns y vont pour se promener et jouir de l'air vif et pur que l'on respire sur les sommités des Alpes ; d'autres se plaisent à faire des remarques archéologiques. Un Anglais y découvrit, il y a quelques années, une inscription romaine inédite qui paraissait être un vœu à Mercure, et publia à ce sujet une notice dans les journaux : je n'ai pu retrouver cette inscription ; mais plusieurs antiquaires, entre autres M. le docteur Despine fils, en ont conservé des copies.

En 1825, époque des travaux de la nouvelle route, on y trouva un tombeau, des ossemens et une vingtaine de médailles de bronze du règne de Constantin, dont les unes sont au Musée de Chambéry, et les autres dans les mains de M. le marquis de la Serraz.

Ceux qui veulent jouir, sur le haut du Mont du Chat, du spectacle du soleil levant, partent ordinairement le soir, et marchent une partie de la nuit ; quelques dames font cette course sur des ânes jusqu'à la gorge du Mont du Chat ; on en cite plusieurs qui ont eu le courage de monter par le sentier escarpé et périlleux qui conduit au sommet du pic : c'est assurément une grande aventure dans le voyage d'une dame.

On est frappé d'étonnement et d'admiration à la vue de cet immense horizon ; les regards planent de tous côtés et se perdent dans le vague : ce magnifique et imposant spectacle semble offrir l'image de l'infini. En se rapprochant du centre de ce rayon, on découvre une multitude de lignes de montagnes, de vallées, de pics, et l'on y compte plus de trente chaînes des Alpes : la montagne de la Tournette près d'Annecy, le mont Salève, la montagne de Môle, le mont Blanc, les montagnes de la Suisse, du Dauphiné ; on découvre même Lyon ; et lorsque l'atmosphère est bien purgée de vapeurs, si la vue est aidée par des instrumens, elle s'étend jusque sur les côtes de la Méditerranée. Le Mont du Chat était un des points télégraphiques de la ligne de communication entre la France et l'Italie : c'est une des hauteurs les mieux situées pour des signaux. En 1815, S. Ex. le marquis d'Yenne, gouverneur de Gênes, voulant donner à tous les habitans de ces contrées la nouvelle de la paix de Paris qui les rendait à leur ancien souverain, fit allumer un grand feu sur la Dent du Chat.

Le jour de ce voyage si long-temps projeté est décidément fixé, Amélie; mais avant de visiter les lieux où le plus célèbre des capitaines de l'antiquité imprima ses pas, je vous entretiendrai du passage d'Annibal, en vous rappelant les diverses opinions des auteurs qui ont écrit sur ce mémorable événement; j'y ajouterai quelques détails sur la découverte récente des restes de la voie romaine qui traversait cette montagne.

L'intérêt qui s'attache aux moindres circonstances de l'expédition de ce grand homme, des bords de l'Ebre à ceux du Tibre, à travers des nations inconnues et barbares, a de tout temps provoqué les recherches des historiens et des géographes : on aime à voir le guerrier carthaginois s'aventurer, à la tête d'une armée composée de tant de peuples divers, dans des régions dont le nom même était inconnu avant lui; déjouer, par sa prudence ou son courage, la perfidie et la haine des tribus gauloises et allobroges; entrer, sans hésitation et sans trouble, dans les défilés des Alpes, et affronter les glaces éternelles de ces montagnes, avec une armée d'Espagnols et d'Africains accoutumés à la température brûlante des contrées méridionales; ranimer avec un mot ses troupes découragées, en leur disant qu'*un soldat passe partout**; enfin soumettre l'Italie entière, et arriver sous les murs de Rome avec le tiers seulement des troupes qui avaient traversé le Rhône un mois auparavant. Il n'est personne qui ne soit frappé d'étonnement, et qui ne veuille suivre le grand homme à travers tant de périls et de gloire; mais depuis long-temps la trace d'Annibal s'est effacée; le passage qu'il avait ouvert dans les Alpes semble s'être refermé sur lui. Peu d'années après son aventureuse expédition, on discutait déjà sur le chemin qu'il avait dû suivre; et l'incertitude des dénominations topographiques, à une époque si reculée, n'a pas permis aux anciens eux-mêmes de résoudre ce problème, dont le monde savant cherche encore la solution.

Deux récits très circonstanciés l'un et l'autre nous ont été transmis par les deux historiens les plus célèbres de l'antiquité, et en même temps les plus exacts, Polybe et Tite-Live : rien n'y paraît omis, ni le calcul des distances, ni la

* Tite-Live, XXI, 30.

description des localités, ni la direction des fleuves et des rivières; et cependant les antiquaires et les géographes n'ont pu jusqu'à ce jour appliquer ces descriptions, d'une manière positive et certaine, à la nature actuelle des lieux. Polybe et Tite-Live à la main*, ils promènent Annibal sur une étendue de plus de cinquante lieues, et déterminent son passage sur quatre points de cette immense largeur des Alpes, avec des probabilités égales, du moins en apparence. Des savans illustres, des académiciens célèbres, ont traité ce sujet, il y a peu d'années, avec toutes les ressources de l'érudition et du raisonnement; ils n'ont pu s'accorder, comme on devait s'y attendre : essayons de nous former une idée de leurs différens systèmes.

Ne vous effrayez pas de l'apparence d'une discussion scientifique; nous ne prendrons ni compas ni graphomètre pour mesurer la hauteur des montagnes, et convertir *les stades* en lieues de poste ou en toises ; nous chercherons seulement, parmi les solutions proposées, laquelle se rapproche le plus des deux récits qui doivent éclairer le travail des archéologues sur cette matière.

* Tite-Live, XXXI, 38.

Mais, croiriez-vous que l'amour-propre national s'est fourré dans une thèse de ce genre ? Rien pourtant n'est plus vrai : chacun veut faire passer Annibal chez soi, depuis le père Ménestrier de la compagnie de Jésus, qui lui fait traverser le Rhône à Lyon, jusqu'à M. de Rivaz qui l'amène au beau milieu de Genève. Ainsi, des quatre passages qu'offre la chaîne des Alpes, chacun soutient ses droits avec une égale tenacité.

MM. Whitaker et de Rivaz conduisent Annibal, par Lyon et Genève, jusqu'au sommet du grand Saint-Bernard, d'où le Carthaginois serait descendu dans le val d'Aoste, après avoir traversé les crêtes les plus abruptes et les passages les plus difficiles des Alpes.

Selon un autre système, celui de M. Letronne qui se rencontre quelquefois avec d'autres érudits (le chevalier de Folard, le marquis de Saint-Simon, M. le comte de Fortia-d'Urban, etc.), Annibal, après avoir remonté l'Isère jusqu'à Grenoble, serait redescendu vers le sud, pour se diriger sur l'Italie, par Corps-Champs, Saint-Bonnet, Briançon, le mont Genèvre, Fenestrelle et le pas de Suze.

Un autre savant français, M. Larauza, a défendu les droits du mont Cenis : il nous montre

Annibal suivant la vallée du Grésivaudan, pénétrant dans les Alpes par la Chavane, gravissant le mont Cenis et arrivant à Turin par le pas de Suze, le *saltus Taurinorum* des anciens.

Enfin M. Deluc, dans une dissertation célèbre, a renouvelé une opinion qui fut partagée par quelques anciens, et contre laquelle Tite-Live croyait devoir protester. Ce système tend à prouver qu'Annibal traversa le petit Saint-Bernard, qui était autrefois dans le territoire des Centrons, *Centronis Jugum*. M. Deluc établit qu'Annibal suivit le Rhône jusqu'à Vienne; que là il s'en détourna, pour s'avancer vers les Alpes par Yenne et le Mont du Chat : ce serait même auprès de cette montagne, que l'armée carthaginoise aurait couru les plus grands dangers de la part des Allobroges qui avaient formé le projet de la détruire. M. Deluc ne s'est point dissimulé que, pour soutenir la probabilité de son système, il fallait mettre entièrement de côté la narration de Tite-Live : et il n'hésite pas à la rejeter.

Ce qu'il y a de certain, c'est que, même en embrassant l'opinion des adversaires de M. Deluc, le récit de Tite-Live reste également inexplicable ; ce qui légitime le parti qu'a pris ce

savant de s'en rapporter à Polybe, dont je vais vous lire la description : « Annibal, après une
« marche de quatre jours consécutifs (depuis le
« passage du Rhône), arriva à ce qu'on appelle
« *l'Ile*, pays peuplé et fertile en blé : il doit son
« nom (*d'Ile*) à ce que le Rhône d'une part,
« le Scoras (ou l'Isaras) de l'autre, coulant le
« long de chacun de ses côtés, lui donnent par
« leur réunion une forme (triangulaire), dont le
« sommet est à leur confluent. Il a en effet de
« la ressemblance, par sa forme et sa grandeur,
« avec le *Delta* d'Egypte ; excepté que, dans
« ce dernier, c'est la mer qui forme le côté
« compris entre les (deux) branches (du Nil);
« tandis que ce sont des montagnes très difficiles
« à traverser, et pour ainsi dire inaccessibles,
« qui déterminent un des côtés de *l'Ile*.

« S'étant avancé vers ce pays, il y trouva
« deux frères qui se disputaient la souveraineté,
« et qui étaient à la tête de leurs troupes, cam-
« pés en face l'un de l'autre. L'aîné vint le trou-
« ver, espérant le mettre dans ses intérêts : il
« le pria de faire cause commune avec lui, et
« de l'aider à se maintenir dans son autorité.
« Annibal écouta ses propositions, sentant bien
« quels avantages il pourrait en retirer dans la

« circonstance. Il réunit donc ses forces à celles
« de ce prince, et se joignit à lui pour chas-
« ser son compétiteur.

« Rétabli dans ses droits, le prince gaulois
« le récompensa largement de son assistance.
« Non seulement il le fournit abondamment de
« vivres et de provisions, mais de plus, il renou-
« vela les armes de ses soldats ; et remplaça
« toutes celles qui avaient souffert, soit du
« temps, soit de la guerre. La plupart furent
« en outre vêtus, chaussés, et mis ainsi en état
« de passer les monts qu'ils avaient à franchir.
« Enfin il leur rendit un dernier service plus
« important encore : comme ils avaient à tra-
« verser le territoire des Gaulois nommés *Allo-*
« *broges*, et qu'ils ne s'avançaient qu'avec crain-
« te vers ce pays, le prince gaulois se mit à l'ar-
« rière-garde avec ses troupes, pour protéger
« et assurer leur marche jusqu'à leur entrée
« dans les Alpes.

« Annibal, ayant marché pendant dix jours *le*
« *long du fleuve*, l'espace d'environ 800 stades,
« commençait à entrer dans les Alpes, lorsque
« tout à coup il se vit exposé aux plus grands
« dangers. Tant que l'armée s'était trouvée dans
« le plat pays, aucun des chefs des diverses peu-

« plades allobroges n'avait osé l'attaquer, par
« crainte de la cavalerie et des Barbares, qui es-
« cortaient le général carthaginois; mais, lors-
« que ceux-ci se furent retirés chez eux, et que
« l'avant-garde d'Annibal commença à s'avancer
« vers les passages difficiles, on vit tous ces
« chefs allobroges réunis, accourir, à la tête
« d'une multitude de guerriers, et s'emparer de
« tous les postes dominant les lieux par lesquels
« l'armée carthaginoise devait nécessairement pas-
« ser.... » C'est ainsi que M. Deluc reconnaît le
défilé du Mont du Chat.

En résumant le reste de la narration des deux auteurs appuyés du sentiment de Strabon, nous voyons que, le neuvième jour de son entrée dans les Alpes, Annibal arriva aux points culminans, d'où il commença à descendre, après avoir montré, du sommet, l'Italie à ses soldats; et que, le quinzième jour, il entra en Italie par le *Saltus Taurinus* (Pas de Suze).

L'opinion de M. Deluc s'accorde plus qu'aucune autre avec cet itinéraire, surtout par rapport au calcul des distances. Nous remarquons en effet que le système défendu par M. Letronne, qui n'a été conçu que pour concilier Polybe et Tive-Live, n'a d'autre base que l'explication arbitraire du mot *scoras*, et le fait avancé par ce dernier, du passage d'un torrent appelé *Druentia*. On a cru que ce torrent était nécessairement la Durance, et de là on a imaginé de faire décrire à Annibal un circuit inutile qui le ramène de Grenoble à Embrun ; encore faut-il observer que la Durance ne présente pas, dans ces montagnes où elle est presque toujours encaissée, les circonstances sur lesquelles Tite-Live a si fort appuyé. Annibal a pu la traverser sans obstacle, tandis que Tite-Live nous assure que le passage de ce torrent compromit le sort de l'armée entière.

M. Larauza ne paraît pas avoir été plus heureux, en conjecturant que la *Druentia* de Tite-Live pourrait bien n'être autre chose que le *Drac*, torrent impétueux qui se jette dans l'Isère auprès de Grenoble : cette explication est tout à fait arbitraire, et ne s'appuie sur aucun document, sur aucune analogie ; car le nom même de *Drac* est très moderne. Il serait plus aisé, dans un autre système, de trouver la *Druentia* de Tite-Live, si l'on voulait absolument en avoir raison : il y a plus d'un torrent dans les Alpes qui porte encore aujourd'hui le nom de *Drance*; et l'on en connaît deux aux environs des glaciers de Sallanche, au sud-est de cette ville.

On ne peut pas mieux adopter l'opinion de MM. Whitaker et de Rivaz, qui n'ont pas assez tenu compte des distances, et qui s'éloignent à la fois du récit de Polybe et du récit de Tite-Live. Un ancien préjugé, sur lequel repose ce système, voulait que le nom de *Jugum Peninum*, donné au grand Saint-Bernard, fût une trace du passage des Carthaginois, appelés par les Latins *Pœni*; mais cette étymologie a été reconnue fausse depuis long-temps; et nous avons déja vu que le mot de *Penis* et d'*Alpenis*, qui se retrouve dans plusieurs langues vivantes, désigne toujours une hauteur; ainsi l'expression latine n'est, à proprement parler, qu'un pléonasme, puisqu'elle dit deux fois la même chose, en celtique et en latin. Il est naturel d'en conclure que les Latins, entendant les Allobroges donner le nom de *Penis* au Saint-Bernard, prirent ce mot pour un nom particulier, et y joignirent l'expression qui dans leur langue signifiait une montagne : de là *Jugum Peninum*, c'est à dire *la montagne montagne*. Annibal ni les Carthaginois (*Pœni*) ne sont pour rien dans cette dénomination.

Sur la question de savoir quel est le fleuve désigné par Polybe, lorsqu'il dit qu'Annibal marcha le *long du fleuve*, nous adopterons le sens donné par M. Deluc à ce passage. Il y a ici dans le texte une amphibologie évidente; on peut donc se décider pour l'une ou l'autre traduction, selon qu'on trouve qu'elle s'accorde, même avec le reste; mais j'ajouterai que, quand il serait hors de doute que ces mots *le long du fleuve* ne dussent pas s'entendre du Rhône, il ne s'ensuivrait pas qu'on dût les appliquer nécessairement à l'Isère, puisque le nom du fleuve désigné par Polybe est orthographié dans les manuscrits de telle façon, qu'il a donné lieu à de fréquentes controverses : les manuscrits portent en effet *Scoras*, et le père Ménestrier ne doute pas que le Scoras ne soit la Saône; comme MM. Letronne, Larauza et Schweighæuser, n'ont pas douté que ce fût l'Isère.

Un savant antiquaire de Lyon, M. Cochard, croit y reconnaître la Drôme; et son opinion paraît tout aussi probable que les deux autres : M. le comte de Fortia-d'Urban, à son tour, croit retrouver *l'Ile* dans l'angle formé auprès d'Orange par la rivière d'Eygnes, et soutient ce système avec toute l'érudition qu'on lui connaît.

Quant à la circonstance étrange des rochers dissous par le vinaigre, rappelée également dans le récit de Tite-Live, et qui, avec le passage de la *Druentia*, complique singulièrement le problème, les chimistes vous diront que la dissolution des pierres calcaires par le vinaigre n'offre aucune difficulté. Mais le bon sens répond que, pour calciner une roche, il faudrait placer le feu dessous ou dessus, ou bien à côté, ou plutôt de toutes ces manières à la fois. Or ici aucune de ces conditions ne pouvait être remplie, puisqu'il s'agissait d'une roche en pente et très escarpée ; d'aucune façon les flammes n'auraient pu l'atteindre ; ensuite, comment Annibal se serait-il procuré le vinaigre nécessaire pour arroser un espace de plus de mille pieds? Comment l'eût-il transporté à travers des précipices et des rocs qui permettaient à peine à ses soldats de se frayer un passage? Supposera-t-on qu'il en eût fait provision d'avance, dans la persuasion qu'il en aurait besoin pour calciner les montagnes ?

Mais le dernier des manœuvres de son armée aurait pu lui faire observer que, lorsque la pierre calcaire est calcinée, l'eau suffit pour la rendre friable, et que, si l'on pouvait se charger de quelques fardeaux, c'était au vin qu'il fallait songer, et non au vinaigre. Je m'étonne que cette raison ait échappé à nos archéologues : il est vrai que c'est mon maçon qui me l'a fournie ; et il ne se pique pas d'être archéologue.

Cependant rien n'empêche de croire qu'Annibal ait calciné et dissous un fragment de roche qui eût gêné son chemin ; c'est même très probable ; mais étendre ce procédé à une face de montagne, c'est ce qu'Annibal n'aurait jamais eu l'idée de faire : il était trop sage pour cela. Je crois Pline, lorsqu'il me dit que l'augure *Nævius* coupa un caillou avec un rasoir ; tous les jours, nos fabricans de pierres à fusil en font autant, sans être pour cela sorciers comme Nævius ; mais la fusion des roches par le vinaigre d'Annibal, c'est autre chose.

Vous pouvez maintenant, Amélie, vous faire une idée exacte de la marche d'Annibal : d'après M. Deluc, quand il eut suivi le Rhône jusqu'à Vienne, il tourna vers la droite ; et passant par Bourgoin, la Tour du Pin, Yenne, le Mont du Chat, Montmeillan, il cotoya les bords de l'Isère, depuis Conflans jusqu'à Aiguebelle et Moutiers ; parvenu au petit Saint-Bernard, il descendit vers Aoste ; et, longeant le cours de la Doire-Baltée, il pénétra dans le Piémont par Ivrée, Chivas et Turin.

Il y avait cinq mois qu'Annibal était parti de

Carthage-la-Neuve, en Espagne, lorsqu'il arriva en Italie, après avoir essuyé plus de fatigues, surmonté plus d'obstacles et bravé plus de périls qu'aucun des généraux les plus célèbres de l'antiquité. Sa marche à travers les Pyrénées et les Alpes ne peut être comparée qu'à la retraite des dix mille : ces deux pages de l'histoire ancienne sont également admirables.

Sur le versant opposé du Mont du Chat, la voie romaine aboutissait à un pont sur le Rhône; il était à la Balme, au dessous d'Yenne, tout près du lieu où est maintenant le bac. A deux cents mètres environ de ce point, sur la rive gauche du fleuve, M. Mélano a remarqué, dans les basses eaux, les deux culées d'un pont qui, suivant la tradition, était une construction romaine; et sur la rive droite, il a vu plusieurs assises du même ouvrage, encore bien conservées.

Voici le plan de la voie romaine et de cette route, que je dois à la complaisance de M. Mélano*, chargé d'en diriger la confection.

---

* Le plan que cet habile ingénieur a bien voulu me communiquer fera partie d'une carte plus étendue sur toutes les voies romaines qui traversaient la vallée d'Aix, dont j'ai parlé dans le premier volume, page 56; et qui sera publiée plus tard.

A l'aspect des gorges du Mont du Chat, lorsqu'on se représente ce conquérant célèbre s'avançant, à la tête de son armée, sous les yeux des Allobroges étonnés de sa marche hardie et de la nouveauté de ce spectacle, on regrette de ne pas trouver, sur les rochers de ce passage, une inscription qui rappelle ce grand événement.

Quelques siècles plus tard, les Romains ouvrirent dans cet endroit une route qui se dirigeait sur Chambéry, où elle s'embranchait avec d'autres voies ; la plupart des archéologues en ont reconnu l'existence. Je ne vous rappellerai point ce que je vous en ai dit ; mais leurs savantes dissertations ont aujourd'hui acquis le plus grand degré de certitude par la découverte toute récente des restes de cette voie, et d'un pont sur le Rhône, auquel elle aboutissait.

M. le chevalier Mélano, ingénieur chargé de la construction de la route que vous voyez aujourd'hui, a reconnu la voie romaine qui traversait le Mont du Chat sur toute la pente du versant du côté du lac ; après avoir vérifié tous les points de sa direction, il a remarqué dans deux endroits des coupures de masses énormes de rochers faites d'aplomb, sur une hauteur de plus de huit mètres, où l'on reconnaissait des traces bien marquées d'un travail soigné, fait avec de simples outils de maçonnerie. Ces travaux examinés par M. Mélano avaient été découverts par M. Negretti, son prédécesseur, qui avait fait le tracé de la route; l'un et l'autre ont parfaitement reconnu toute la ligne de cette voie sur le versant du Mont du Chat, du côté du lac. L'uniformité constante de sa pente annonce une habileté et une expérience à laquelle on reconnaît les travaux des Romains dans la construction des routes. Cette pente a encore été reconnue dans toute sa longueur par une ligne de buissons qui en indiquait les bords, et par un rapprochement sans doute bien remarquable, entre les travaux des Romains et ceux de nos jours, où la science du génie s'est élevée à un si haut degré : la pente de cette voie romaine est celle qui a servi de règle pour la construction de la nouvelle route.

CHAPITRE XXIV.

Fontaine de Saint-Simon.

Tu quoque littoribus nostris jamam.
VIRGILE.

Toi aussi, source bienfaisante, tu es l'ornement de nos contrées.

Le bassin d'Aix recèle plusieurs sources minérales: la plus connue est celle de Saint-Simon, au nord de cette ville, à vingt minutes de distance; on y arrive par la belle route de Genève, bordée de grands arbres, et animée, dans la saison des bains, par le mouvement des promeneurs à pied, et d'une multitude de voitures de tout genre.

La vue se repose, à droite, sur la colline des

Côtes, dont la pente s'abaisse insensiblement, en avançant vers le nord; à gauche, sur de fertiles prairies et des champs parsemés d'arbres.

Cette fontaine est située au bord du torrent de la Baïe, derrière un moulin. A quelques pas de là, on voit sourdre du sein de la terre une autre belle source d'eau vive et limpide formant un petit ruisseau; on peut y arriver en voiture. Cette source est ombragée par de grands arbres, le site est pittoresque; c'est un lieu de repos agréable pour les promeneurs.

Les eaux de Saint-Simon sont ferrugineuses, martiales et acidules; on peut les comparer à celles de Charbonnières, aux environs de Lyon; elles teignent d'une couleur rougeâtre le sable et le gravier sur lequel elles roulent. En peu d'instans, la noix de galle que l'on y fait infuser leur donne une teinte tirant sur le brun. Suivant l'analyse de M. Joseph-Antoine Martin, que l'on trouve dans l'ouvrage de M. Soquet, sur les eaux d'Aix, 15 livres de cette eau contiennent:

Acide carbon. libre, 2 pouces 3|4, soit 4 gr.
Carbonate de chaux 7
Muriate de chaux. . . . . 1 1|2
Sulfate de chaux . . . . 1 1|2
Carbonate de fer 2

Gimbernat a cru y reconnaître un peu de silice.

Les recherches sur le gisement de cette source en ont fait découvrir beaucoup d'autres dans des terrains environnans : au dessus et à peu de distance, dans la propriété de M. Eustache, on en trouve plusieurs filets qui vont se perdre dans le torrent de la Baïe; ils proviennent sans doute d'un courant considérable, dont la fontaine de Saint-Simon n'est qu'un des filets. Ce courant souterrain coule en nappe, dans une partie supérieure du sol, sur un lit de gros gravier siliceux et calcaire, recouvert par une couche de terre végétale, qui est un alluvion formé par le temps, ou déposé dans cet endroit par les révolutions du globe.

Les propriétés médicales de ces eaux ont été constatées par leur usage dans une multitude de maladies : elles sont rafraîchissantes, toniques et excellentes, dit-on, pour les obstructions qui surviennent dans les fièvres intermittentes, et dans tous les cas de faiblesse générale ou locale.

La fontaine de Saint-Simon, long-temps abandonnée à des mains mercenaires, qui l'exploitaient à leur profit, était dans un état de dégradation qui en éloignait les buveurs d'eau : l'intérêt général aurait exigé que l'administration des bains en fît l'acquisition; mais les conseils de

M. le docteur Despine fils à ce sujet n'ayant pas eu le résultat qu'il devait en attendre, cet administrateur plein de zèle a donné une preuve de l'esprit qui l'anime, en achetant lui-même cette source, qu'il a ouverte au public, après avoir fait des travaux pour la rendre plus abondante, et l'environner d'ombrage.

Les recherches et les observations de ce médecin, dans son rapport médical au gouvernement en 1828, venant à l'appui de celles que je viens de présenter, j'en donne ici un extrait :

« J'ai fait, dit-il, quelques recherches sur le
« gisement de la fontaine ferrugineuse de Saint-
« Simon. Cette source paraît suivre une couche
« de gros sable ou gravier rougeâtre, placée au
« dessous de la tranche de terre végétale qui re-
« couvre le sol du vallon ; elle se présente de
« même, à quelques cents pas au dessus, dans
« la propriété Eustache, où elle fournit quantité
« de filets d'eau martiale.

« Au printemps prochain, une inscription,
« gravée sur une pierre consacrée à *Hygie*,
« *déesse de la santé*, indiquera au voyageur cet-
« te fontaine merveilleuse qui a rendu à tant de
« mélancoliques la gaîté, la santé et les forces ;
« où une foule de jeunes vierges pâles, décolo-

« rées, ont retrouvé la fraîcheur et l'éclat de
« leur teint; qui a guéri enfin tant de malades
« atteints d'engorgemens du système abdominal,
« qui entretenaient chez eux l'habitude des fiè-
« vres intermittentes. »

A peu de distance de la source de Saint-Simon, est la campagne de M. Eustache, où le propriétaire a fait construire près de sa maison, sur un point plus élevé, un belvédère d'où la vue s'étend, au midi, sur le vallon d'Aix et le lac d'Hautecombe; au nord, sur les campagnes et les amphithéâtres de collines que l'on découvre de Tresserve. Ce dernier coup-d'œil est plus agréable, plus pittoresque et plus varié que le point de vue pris de Tresserve, parce que les objets sont plus rapprochés.

Plusieurs autres routes conduisent d'Aix à la fontaine de Saint-Simon : le chemin des Côtes, celui de Chantemerle, de Goncelin, etc. Les promeneurs peuvent aller de ce point à la cascade de Grésy, à la tour du même nom, à Saint-Innocent, par Beauregard, ou bien au port de Puer, en cotoyant le Sierroz.

CHAPITRE XXV.

Statistique des Bauges.

> J'avais erré long-tems, j'avais gravi les monts,
> Visité les coteaux, parcouru les vallons;
> Prolongé dans les bois ma libre promenade;
> Traversé le torrent, écouté la cascade,
> Suivi des frais ruisseaux le cours capricieux,
> Etudié la terre, interrogé les cieux.
> DELILLE.

Vous avez souvent, Amélie, porté vos regards sur l'immense rocher coupé à pic qui forme l'enceinte du bassin d'Aix, au levant. Derrière cette grande montagne, et à la hauteur de sa crête, sont de fertiles prairies et une contrée fort étendue qui se nomme les *Bauges*. A vol d'oiseau, elle est peu éloignée d'Aix; cependant la température, le paysage et les productions du sol, tout y est si différent, que, s'il y avait un chemin à travers la montagne de Mouxi, l'on pourrait, en moins d'une heure et demie, passer d'un pays de vignobles dans une contrée alpine.

Considérez, Amélie, tout l'agrément de ce voyage! Après avoir cueilli, le matin, un bouquet de grenade, de jasmin, d'œillets et de fleurs d'orangers, dans le jardin de M. Chevalay, nous irions nous promener dans des prairies émaillées de fleurs semblables à celles du mont Cenis, et déjeûner dans un chalet comme ceux de la Suisse ; mais avec un peu plus de temps, nous y arriverons en tournant la montagne. Cet intéressant pays est donc un de ceux que nous avons à parcourir, à l'exemple de plusieurs étrangers : je vais essayer de vous en donner une idée générale ; j'entrerai ensuite dans quelques détails sur les divers objets qui méritent votre attention.

L'accès des Bauges n'est pas très facile : à cet égard j'entendis, il y a quelques jours, dans une réunion, plusieurs personnes faire des vœux pour que le gouvernement ouvrît une route plus commode pour ceux qui voudraient visiter cette contrée. Si cette route, leur dis-je, n'a pas d'autre but, je crois qu'elle ne serait convenable ni à l'intérêt du pays, ni à l'agrément des voyageurs. La conversation ayant brusquement changé de sujet, je ne pus expliquer ma pensée ; et, au jeu des physionomies, je m'aperçus que l'on me prenait pour un homme aimant la controverse et les paradoxes. J'avais cependant sur cette matière une assez bonne autorité : c'était celle de Bonaparte. Lorsque ce général dirigeait sur l'Italie cette expédition à la suite de laquelle il gagna la célèbre bataille de Marengo, il passa plusieurs jours à Genève alors réuni à la France.

De toute part arrivèrent des députations. Les habitans de Chamouni firent une harangue dont la conclusion fut la demande d'une route plus courte et plus facile, pour arriver aux glaciers. La réponse bienveillante du premier Consul aux députés d'un pays qui fournissait un grand nombre de bons soldats, leur fit augurer le succès de leur démarche. Mais Bonaparte, se tournant vers le préfet, lui dit tout bas en lui remettant la pétition : *Il faut bien s'en garder ; ces gens là entendent mal leurs intérêts. Qu'est-ce que les dames auraient à raconter, si l'on pouvait aller sur le Montanvert et sur la Mer de Glace, en carrosse !*

Vous le voyez, Amélie, l'homme qui fit ouvrir

la belle route du mont Cenis, pour y faire passer des canons, des chaises de poste et de grosses charrettes, pensait que le voyage d'un curieux doit être envisagé sous un rapport tout à fait différent.

Il y a quelques années, j'entendis une jolie dame raconter, dans un salon de Paris, son voyage dans les montagnes du Faucigny et au mont Blanc, ses courses sur les rochers, au bord des précipices. « J'ai traversé la Mer de Glace, « disait-elle ; je suis allée jusqu'au *Jardin*. Oh ! « c'est vraiment une chose effroyable que de « voir ces immenses crevasses semblables à des « gouffres toujours prêts à vous engloutir, si « l'on ne se tenait pas bien sur ses gardes ! « Quoique je fusse soutenue par des guides ayant « de longs bâtons ferrés, il y avait encore bien « du danger...... » On faisait cercle autour de la belle voyageuse. La visite d'une grotte est aussi un charmant épisode dans le voyage d'une dame. Vous savez combien il y a de genres de grottes et de cavernes, et que d'aventures mystérieuses, amusantes ou terribles, l'on raconte à ce sujet. Il en existe plusieurs dans les Bauges ; une entre autres très fameuse, dont je vous entretiendrai : on la nomme le *Trou* de *Bange* ; suivant le récit des gens du pays, elle recèle d'immenses trésors. Mais je me hâte d'arriver à mon sujet.

Les Bauges sont formées par un plateau élevé, limité de tous côtés par de hautes montagnes, au milieu des provinces de la haute et de la basse Savoie, du Genevois et d'Annecy. Pour vous former une idée de la configuration du pays, représentez-vous une immense redoute de cinq lieues de long sur trois de large, entourée de toutes parts de basses vallées seulement accessibles par quelques gorges étroites, où une poignée d'hommes déterminés pourraient, comme aux Thermopyles, arrêter une armée; et cette vaste enceinte renfermant des vallons, des montagnes et des pics semblables à celui de Nivolet qui en fait partie. Ce plateau, qui domine, au nord, les vallées et le lac d'Annecy; au levant, la vallée de Faverge; au midi, la vallée de l'Isère, et au couchant, celle de Chambéry, est une position militaire très importante pour la défense du pays.

Les montagnes, les vallées, les cols et les grottes, quelques fontaines, les rochers et les productions du sol, offrent un vaste champ aux observations du naturaliste. L'amateur de beaux sites et des curiosités de la nature, l'observateur qui étudie l'histoire des peuples, leurs mœurs et leur industrie, y trouvent les plus attrayans sujets d'étude et de distraction.

COLS. — PASSAGES.

On pénètre dans les Bauges par la vallée de *Bange*, du côté d'Aix et de Rumilly ; par le col de *Lechaux*, du côté d'Annecy ; le mont de *Bellecombe*, du côté d'Eutrevernes et Faverge ; le col de *Tamiez*, du côté de l'Hôpital ; le col du *Fresne*, sur Saint-Pierre et les vallées de Savoie et de la Maurienne ; le col de la *Sciaz*, sur Saint-Jean de la Porte ; celui de la *Tuile*, sur Montmeillan ; et le col du *Pré* et des *Déserts*, sur Chambéry. De tous ces passages, deux seulement sont très praticables pour les voitures : ce sont ceux de *Bange* et de *Lechaux* ; deux autres ne le sont que pour des voitures fort légères, ou des mulets : ceux du *Fresne* et de la *Sciaz*. Par les autres passages, les Bauges ne sont accessibles qu'avec des mulets, et seulement pendant sept à huit mois de l'année.

La vallée de Bange, par où le Chéran s'échappe des Bauges, offre un aspect sauvage, pittoresque et grandiose ; la rivière s'y est profondément encaissée ; et dans toute sa longueur on reconnaît des traces bien manifestes du déchirement qui l'a ouverte. Les angles saillans et rentrans, les bancs de roche calcaire qui se correspondent sur les deux rives, l'inclinaison opposée de ces immenses assises, résultat nécessaire de leur écartement en rayons, tout, aux yeux du naturaliste, annonce la grande révolution qui a bouleversé ces lieux. Les forêts qui règnent sur les plateaux élevés de la montagne de Cusy et ses bords angulaires dominent comme une vaste corniche, dans un espace de près de deux lieues. Plus haut, sont les *Aiguilles des Fées*, suspendues au centre de la vallée comme une forteresse couronnée de meurtrières et de ses donjons aigus, antiques débris du point culminant de la montagne d'Alève, ébranlée jusque dans ses fondemens par la grande catastrophe qui a changé sa forme primitive ; plus loin, une cascade magnifique qui se fait quelquefois entendre d'une lieue par la chute de toute la rivière du Chéran, dont les flots se brisent, s'engloutissent et rejaillissent en bondissant sur des masses de rochers calcaires, fracassés et renversés ; cet immense barrage que les siècles n'ont pu détruire ; un pont hardi jeté sur l'abîme, des grottes profondes : tout est grand, tout est majestueux et imposant dans ce magnifique tableau qui imprime à la fois l'étonnement, l'admiration et la terreur : à son aspect, l'ame s'agrandit et s'élève aux plus sublimes méditations......!

Le col de Léchaux est moins pittoresque ; mais de son point culminant, on peut voir les rives délicieuses du lac d'Annecy. Les Bauges se développent dans leur entier par leur vallée centrale ; et l'on découvre dans un vaste lointain celle qu'arrosent l'Arc et l'Isère, et les hautes montagnes qui séparent la Maurienne de la Tarentaise. Le col du mont de Bellecombe offre de tous côtés une nature sauvage, des rochers dont la nudité effraye ; en arrivant à la mine d'Entrevernes, le beau bassin de Doussard et celui du lac d'Annecy jusqu'à Duing, produisent le plus grand contraste : ici tout est riant ; là tout est âpre et solitaire. Le col de Tamiez, qui présente à peu près les mêmes observations géodésiques que ceux du *Fresne*, de la Sciaz, est moins sauvage ; le passage y est ouvert toute l'année. Au point culminant de ces deux gorges, se déploie un vaste et magnifique horizon ; les regards se promènent sur un riche paysage embelli par le cours de l'Arc et de l'Isère, dont on peut suivre les contours sinueux, jusques aux portes de Grenoble où se joignent ces deux rivières.

Le col du *Pré* débouche dans le bassin de Chambéry par la longue vallée d'Aillon; et celui des Déserts, par la vallée du Noyer et des Charmillons : là se trouve la Dent de Nivolet. Ces deux parages sont les plus fréquentés par les habitans des Basses-Bauges, qui approvisionnent les marchés de Chambéry. Entre les deux passages, est située la montagne de Margériat, où le fidèle Claude Anet, domestique de Mme de Warens, dont parle J. J. Rousseau, allait herboriser, et sur laquelle il trouva une inscription romaine qui l'intrigua beaucoup. Ce bon serviteur, qui n'entendait ni le grec, ni le latin, rapporte cependant, dans ses Mémoires, qu'il avait découvert sur cette montagne une antiquité qui serait bien propre à exercer l'érudition de nos archéologues : c'est le tombeau de *Laërte*, père d'Ulysse. Il fonde cette singulière conjecture sur ce qu'il a lu ou cru lire, sur une pierre tumulaire, ces lettres romaines LAERTE. Personne n'a cependant pu voir cette inscription, ni le tombeau dont il parle; mais ce qui est plus intéressant que les niaiseries de ce bonhomme, ce sont les cavernes de cette montagne, qui recèlent d'immenses blocs de glace, formant des glacières naturelles qui approvisionnent les villes de Chambéry et d'Aix. La pureté et la transparence de cette glace, admirées de tous les étrangers, ne sauraient être imitées par aucun ouvrage de l'art : dans certaines années, on en transporte même jusques à Lyon, sur des bateaux qui y descendent, en un jour, par le Rhône.

Treize communes composent cette contrée : *le Châtelard* en est le chef-lieu ; pour y arriver, en partant d'Aix, on longe la rivière, ou plutôt le torrent du Chéran, qui roule des paillettes d'or, dont nous parlerons plus tard : après avoir traversé toute la vallée de Bange, on entre dans les Bauges. A gauche, on rencontre successivement les communes de *Bellecombe* et de *la Motte*; à droite, *Arite*, *Saint-François*, *le Noyer*, *l'Echeraine* et les deux *Aillons*: c'est ce qu'on appelle les Basses Bauges. Au dessus du Châtelard, sont *la Compôte*, *Doucy*, *Jarsi*, *Ecole* et *Sainte-Reine* : ce canton est désigné sous le nom de *Hautes Bauges*, parce qu'elles sont plus rapprochées de la source du Chéran, rivière assez poissonneuse qui reçoit toutes les eaux de ces vallées alpines, et les verse dans le Fier, au dessous de la petite ville de Rumilly.

Le Châtelard est à peu près au centre de cette région; c'est une bourgade couverte en chaume, ou en *ancelles;* il s'y trouve cependant une petite et bonne auberge, et quelques maisons bourgeoises assez apparentes, couvertes en ardoises. Le voyageur peut choisir ce point de départ pour ses diverses excursions dans les montagnes : les principaux objets qui en forment la statistique se divisent naturellement en plusieurs articles.

TOPOGRAPHIE. — HISTOIRE.

Les treize communes qui composent les Bauges forment quatorze paroisses, depuis que l'accroissement de la commune d'Aillon l'a fait diviser en deux, sous le nom d'Aillon le vieux, et d'Aillon le jeune.

M. de Verneilh, préfet du Mont-Blanc, dont la sage administration a laissé des traces et d'intéressans souvenirs, a donné, dans son excellente statistique de ce département, une description des Bauges, où il s'est glissé quelques erreurs de topographie : le cadre étroit de son travail laisse d'ailleurs à désirer une foule de détails pleins d'intérêt.

La population des Bauges, qui s'élevait, en 1800, à environ dix mille ames, s'est accrue, depuis cette époque, d'un tiers à peu près, comme celle de toute la Savoie. Ce pays forme, ainsi que nous l'avons dit, un plateau de cinq lieues de long sur trois de large; son élévation moyenne au dessus des plus profondes vallées qui l'entourent, est évaluée de quatre à cinq cents toises; mais les points culminans des montagnes, auxquels les gens du pays donnent le nom de *dents*, excèdent de huit cents toises le niveau de la mer : tels sont les pics de *Rossane*, de *Pulvia*, de *Charbon* et de *Nivolet*. Ces hauteurs ont servi, en 1818, aux ingénieurs français et italiens, à mesurer les chaînes des Alpes entre la France et le Piémont, ainsi qu'aux travaux trigonométriques des savans chargés de rectifier la mesure de l'arc du méridien, qui est la base du système métrique.

La nature de cette contrée alpine annonce assez qu'elle ne fut d'abord habitée que par des peuples pasteurs : c'est à cette origine que paraît se rattacher le nom de *Bauges*, tiré du mot latin *Bovillis*, que l'on retrouve dans les anciennes chartes de ce pays ; et c'est vraisemblablement ce qui fait donner le nom de *Bouverie*, *Bougerie*, à quelques localités de la Savoie. Un acte de 1090, par lequel Humbert de Savoie confirme l'érection du prieuré de Bellevaux en Bauges, et lui fait de nouvelles concessions, désigne cette contrée sous le nom de *Villa Bogarum*.

Le Châtelard, nommé *Castellum in Bovillis*, dans les anciens titres, a toujours été le point le plus remarquable des Bauges : peut-être portait-il le même nom au temps des Romains. Quoi qu'il en soit, il est hors de doute qu'il était déja habité à cette époque. Les fouilles opérées dans les ruines de son vieux château ont fait découvrir des médailles romaines : j'en ai vu plusieurs dans la collection du docteur Despine, qui ont été recueillies dans ce lieu; entre autres, un très beau *Licinius*, un *Maxime*, des *Dioclétien*, des *Constantin*, etc., etc. Le musée de Chambéry possède un Mercure en bronze d'un beau travail, qui y fut également trouvé.

Il est bien prouvé que la domination romaine s'étendait sur cette contrée : depuis le point de la jonction de l'Arc et de l'Isère, cette vallée, quoique montueuse, présentait la route la plus courte, pour se rendre à Genève, en passant par Annecy (*Bautas* ou *Civitas Bovis* des anciens itinéraires), point où venaient s'embrancher les voies militaires de la Tarentaise et du Bugey : la première, par le col de Tamiez et Talloire ; la seconde, par la Chambotte, Montfalcon et Albi.

Il n'y avait anciennement dans les Bauges que trois stations : la Motte, Ecole et Sainte-Radegonde (soit Sainte-Reine) ; le Châtelard ne consistait alors que dans son château fortifié, auprès duquel s'étaient groupées les chaumières des habitans qui cultivaient ou défrichaient les alentours. C'est effectivement dans les trois stations *Motta*, *Schola* et *Sancta Radagonda*, que l'on a rencontré les vestiges les plus intéressans d'anciennes constructions, des médailles, d'antiques meules de moulin en basalte, et des briques de forme romaine. C'est sur la ligne de l'ancienne voie traversant ces lieux, que l'on retrouvait, avant la révolution, la chapelle dédiée à Magdeleine, reste remarquable des antiques *lazarets* ou *maladreries* établis sur les voies les plus fréquentées par les pélerins du moyen âge. Les anciennes chroniques nous apprennent peu de chose sur l'état des Bauges à cette même époque; et Paradin est le seul auteur qui en fasse mention, à l'occasion de quelques faits d'armes entre les premiers souverains de Savoie et les dauphins de Vienne.

PRODUCTIONS DU SOL. — HISTOIRE NATURELLE.

Le plateau inférieur des Bauges est cultivé en céréales d'automne et de printemps, en plantes légumineuses, chanvre, pommes de terre, etc.; le maïs n'y vient que dans quelques aspects privilégiés : tous les terrains élevés forment d'immenses prairies qui s'étendent souvent jusqu'à la crête des montagnes. Pendant les trois mois d'été, on y parque, comme en Suisse, une très grande quantité de bétail, et surtout de vaches. Le fromage de *Gruyère* que l'on y fait rivalise avec celui de la Suisse ; le beurre y est excellent et renommé dans les marchés de Chambéry, où il obtient la préférence sur tout autre : sa qualité tient à la nature des plantes aromatiques et succulentes de ces prairies assises sur un sol calcaire et léger.

Les recherches géonostiques et minéralogiques dans les Bauges présentent beaucoup d'intérêt : les rochers de ce massif montagneux sont calcaires ; mais les grandes couches appartiennent au calcaire alpin ; et les secondaires, au calcaire du Jura. Les unes et les autres renferment des coquillages fossiles : ici vous rencontrez une immense quantité de coquilles brisées, comme pétries ensemble, et beaucoup d'oursins ; là, des ammonites qui sont toutes calcaires, ainsi que les roches où elles se trouvent : il est extrêmement rare d'en découvrir de nature siliceuse, tandis qu'aux environs d'Aix la colline de Saint-Innocent en offre généralement dans toute son étendue ; mais elles n'appartiennent pas aux mêmes familles : les oursins et les ammonites de Saint-Innocent sont calcaires comme ceux des Bauges, sans aucune trace de fossilation siliceuse.

L'on aperçoit quelques blocs de granit dans les terres et à la surface du sol, toutefois ils sont clair-semés et arrondis par le frottement : il est évident qu'ils ont été transportés de fort loin ; et ils ont vraisemblablement franchi l'espace qui les sépare aujourd'hui de la vallée profonde de Conflans et de l'Isère, avant leur creusement. Quelques uns de ces blocs portent même avec eux le type de leur origine dans leur texture : telle est la roche de Cessan, que l'on trouve, en masse plus ou moins volumineuse, dans les plateaux inférieurs. Bien que ces montagnes soient fort élevées, il n'y a cependant aucune masse, ni pic granitique saillant à travers l'immense calcaire qui les compose.

Le massif de ces montagnes est entièrement calcaire, ainsi que je vous l'ai déjà dit, Amélie ; mais, d'après les observations de divers savans, au nombre desquels je puis vous nommer deux personnes que vous avez connues à Aix, MM. Kengger d'Arau et Magnard, dans les Bauges se termine le calcaire jurassique ; ses limites finissent au penchant septentrional de *Rossane* et du *Montjulioz*. On y voit un énorme dépôt d'oursins pétrifiés et de calcaire compact extrêmement tendre, qui se durcit à l'air et fournit de la chaux grasse excellente ; il est rempli de coquilles fossiles de toute espèce.

Ce calcaire *jurassique* est celui qui recèle la mine de fer répandue dans plusieurs parties des Bauges ; cette mine est en petites masses, et non point sous la forme de dépôt, couches ou filons ; elle est très abondante au revers oriental de la montagne d'Arite : il existe tout près de là un dépôt assez considérable de sable fin, d'un beau blanc, siliceux, que l'on emploie pour la verrerie de Thorrens et d'Alex.

Les Bauges ne possèdent aucune carrière de plâtre; cet engrais manque à l'agriculture, à laquelle il est nécessaire, à tel point que l'on est forcé d'en tirer de la Maurienne, de la Tarentaise, du Faucigny ou du Genevois, pour la culture des plantes légumineuses qui entrent, depuis quelques années, comme assolement, dans toutes les parties basses de la vallée.

Dans le lit que le Chéran s'est frayé, et dans celui des autres torrens qui viennent en grossir les eaux, on rencontre des bancs considérables de grès silico-calcaire, dont on fait d'excellentes meules à aiguiser. Ces bancs de grès, dont la formation remonte aux premières révolutions du globe, sont bordés d'une grande quantité de pyrites qui se décomposent insensiblement, par l'effet du froid et de l'humidité. Ces pyrites sont aurifères; et c'est vraisemblablement à leur décomposition que sont dues les paillettes d'or roulées par les eaux de cette rivière : au sortir des Bauges, on en trouve, aux environs d'Albi, en assez grande quantité, pour que l'orpailleur puisse retirer le salaire d'une journée de travail, d'un franc cinquante centimes.

Ces paillettes ont donné lieu à beaucoup de contes populaires sur les mines de ce métal, sur les cavernes et les lieux secrets qui les recèlent; mais, aux yeux des naturalistes, les paillettes d'or n'ont pas d'autres causes que la décomposition des pyrites : ils ajoutent que la nature du sol des Bauges n'admet pas la probabilité du filon aurifère ; que cependant elle ne l'exclut pas absolument dans toute l'étendue de cette vallée.

La commune de Bellecombe possède une mine d'antracite, de la même nature que celle d'Entrevernes, et qui mériterait d'être exploitée ; car, sans parler de son emploi pour les arts, elle pourrait alimenter des usines, des verreries, et même s'utiliser comme combustible. Les ressources que l'on peut tirer de cette mine doivent fixer toute l'attention du gouvernement. A la vue d'un pays autrefois couvert d'immenses forêts, où l'exploitation des usines a rendu le bois tellement rare, qu'il y est aussi cher que dans les grandes villes, on sent toute l'importance d'une semblable richesse.

Cette houillière est, comme la mine d'Entrevernes, composée de deux couches dont une seule est de première qualité ; elles se trouvent toutes deux dans le même vallon, et semblent être dues au même cataclisme qui a bouleversé le globe. Le filon doit suivre la même direction jusqu'au Châtelard, où cette vallée se resserre, se comprime, et vient plonger dans le Chéran par une roche feuilletée univalve, au bas de laquelle sourd la fontaine sulfureuse froide, dite de la Traversaz, dont je parlerai bientôt.

FONTAINE DU PISSIEUX.

La fontaine du Pissieux, la plus remarquable des Bauges, est encore une des curiosités de la montagne de Margériat ; elle se trouve au bord d'un torrent appelé le *Nant* d'Aillon*. Sa position, la fraîcheur et l'abondance de ses eaux vives et transparentes, qui sortent d'un rocher, la nature du site, retracent quelques souvenirs de la célèbre fontaine de Vaucluse. Pour s'y rendre, on longe le torrent d'Aillon ; arrivé au Martinez Armenjon, après avoir quitté la route d'Aillon, il faut tourner à droite ou gravir lentement la colline ; puis, en s'enfonçant, à gauche, dans un taillis épais, suivre le bord du torrent d'Aillon, sur la grève, au milieu des prairies émaillées de fleurs, ou bien des champs chargés de moissons.

* C'est le nom des torrens, dans l'idiôme du pays.

Le naturaliste y remarque sous ses pas une grande quantité d'oursins de la grosseur d'une petite pomme d'api applatie ; on les aperçoit dans le ruisseau à travers ses eaux limpides : il est facile de les reconnaître à cette forme d'araignée que présente ce fossile, et à la trace qu'ont imprimée sur les articulations les diverses pièces ou vulves formant la coque de ce mollaïque crustacé.

A l'approche de la fontaine, un bruit confus se fait entendre, l'onde jaillit de tous côtés ; elle s'étend en nappe sur un vaste tapis vert formé par la mousse qui recouvre le rocher arrondi et crevassé : on voit tout près la Chaumière du Charbonnier, des foulons et d'autres artifices ; au bas du rocher, se trouve une petite grotte voilée par le rideau d'une onde pure ; cette nappe d'eau, divisée dans sa chute, est encore embellie, au soleil levant, de tout l'éclat de l'arc-en-ciel, et par des milliers de rubis, d'émeraudes et de saphirs : c'est le séjour de la nymphe de cette charmante source. La roche, qui est au dessus, est sillonnée par de nombreuses anfractuosités, et recouverte d'une mousse aquatique qui peut tromper les pas du voyageur qui gravit ce rocher.

Là, une voûte immense s'offre aux regards ;

ses environs ne sont point arides et desséchés comme ceux de la célèbre fontaine

Que Pétrarque chantait dans sa brûlante ardeur,
Dont les flots agités, cataractes bruyantes,
Présentaient le tableau du trouble de son cœur.

Ici, tout respire la fraîcheur et la fertilité des riches vallées alpines ; des arbres élancés donnent de l'ombrage en tout temps ; des groupes d'arbustes, des touffes de plantes variées garnissent les bords de cette magnifique arcade ; quelques unes pendent en guirlandes de verdure nuancées de mille couleurs. La nature décora sans doute ce lieu enchanté pour le séjour de ces fées bienfaisantes qui veillent au bonheur des vierges de ces contrées ; leur donnent cet air simple et ingénu, image de l'innocence et de la paix du cœur ; et les embellissent de ce charmant incarnat, de cet aimable et doux sourire, de ces traits séduisans qui distinguent quelques unes d'entre elles.

La rose de l'églantier, des touffes de fleurs d'aubépine, le sceau de Salomon, le chèvrefeuille, la pervenche : ici, la verte scolopendre, le capillaire, la violette, le sainfoin, l'humble véronique, viennent se courber sous vos pas... La feuille de frêne, le lotus et le cytise des Alpes, qui croissent en abondance sur les rochers voisins, fournissent au chevreau une nourriture attrayante et délicieuse; il l'abandonne en bêlant, pour courir à la mamelle de sa mère, au milieu du troupeau voisin. Le poil fin et lisse de ces animaux, leur gaîté, leur démarche légère, sont l'effet de la bonté des pâturages de ces montagnes, et de l'excellence de l'air qu'on y respire.

La source du Pissieux jaillit de deux puits dont on n'a pu sonder la profondeur; les pierres que l'on y laisse tomber rebondissent de roche en roche, et produisent un long retentissement. Après les grandes pluies, l'eau s'élance de ces puits dans les abîmes, à travers les blocs de roche entassés pêle-mêle, et qui se sont détachés de cette grotte jadis six fois plus considérable. La naïade, en courroux, repousse l'approche de tout mortel; elle lui ferait payer cher cette témérité: en d'autres temps, elle est moins sauvage; elle accorde l'entrée de son palais.... Par une autre singularité, la nymphe du Pissieux, s'abandonnant quelquefois aux caprices de son sexe, inonde ses bords par une irruption subite de ses eaux, et surprend le curieux qui vient la visiter.

Cette montagne est le point vers lequel se termine le calcaire du Jura : c'est de là que roule cette innombrable quantité d'oursins pétrifiés que l'on trouve dans les courans qui en baignent le pied ; il s'en précipite en effet un grand nombre dans le torrent d'Aillon, et sur le revers opposé, dans le Chéran : ailleurs on n'en découvre presque pas.

Un peu plus haut, est une roche blanchâtre, d'une couleur de chaux moitié fusée ; elle est d'une composition différente des roches voisines sur lesquelles celle-ci repose : on l'appelle dans le pays le *Dron*. Dans les grandes averses de l'été, cette masse se détrempe, se délaye ; et les eaux blanches comme du lait coulent lentement jusqu'au fond de la vallée. J'ignore si cette substance a été analysée ; mais il paraîtrait que c'est un carbonate de chaux fort tendre, analogue à la chaux fusée depuis quelque temps. Quoi qu'il en soit, l'eau qui coule du Dron, mélangée avec celle du torrent d'Aillon, produit sur le poisson le même effet que la chaux et la coque du levant : ces animaux meurent à l'instant ; et l'on voit aussitôt accourir les habitans des villages environnans pour profiter de cette pêche, si abondante, que la truite saumonée des Bauges, comparable à celle du mont Cenis, se livre au vil prix de deux ou trois sous le demi-kilogramme ; mais la chair tendre et délicate de ce poisson, dont la mort a été si prompte, se corrompt si vite, qu'il est difficile de l'exporter.

Voilà, Amélie, ce que c'est que le Dron : il n'y a pas un seul habitant des Bauges qui ne connaisse cet effet extraordinaire. Le Dron tombe presque toutes les années ; il détruit alors tout le poisson qui existe au dessous du point où il se mêle avec les eaux du torrent d'Aillon ; mais il est si poissonneux, qu'il ne se ressent presque pas de ces sortes d'accidens : bientôt de nouvelles migrations remontent des parties inférieures de la rivière, et remplacent la génération qui vient de périr.

FONTAINE DE LA TRAVERSAZ.

Je vous parlerai encore d'une autre fontaine que l'on appelle la Traversaz : celle-ci est sulfureuse, froide et assez abondante ; en hiver, elle paraît chaude et fumante ; le bétail, surtout les chèvres y courent par instinct ; elle a une odeur fortement hépatique, elle dépose des flocons blanchâtres, et sa température varie entre le 10ᵉ et le 12ᵉ degré de Réaumur. Les médecins de l'endroit la conseillent aux mélancoliques, aux jeunes filles atteintes de chloroses, aux personnes affectées d'obstructions, de maladies de la peau, de maux d'estomac, etc.

CASCADES.

Dans un pays où les neiges couvrent, pendant sept à huit mois de l'année, les sommités des montagnes coupées à pic, on doit nécessairement rencontrer beaucoup de cascades et de chutes d'eau. Elles sont fort nombreuses à la fonte des neiges; mais la plupart n'ont rien qui puisse attirer l'attention : les seules remarquables sont celles du pont de Bange et du Pissieux.

GROTTE DE BANGE.

La grotte de Bange est un de ces souterrains qui ne sont pas rares dans les montagnes calcaires; elle est fameuse dans le pays par les croyances populaires qui s'y rattachent: les fées l'ont creusée, le diable l'a autrefois habitée, les sorciers y faisaient leur sabbat, les Sarrasins y venaient jadis recueillir du sable d'or ; enfin, des faux-monnayeurs, des brigands, y avaient établi leur repaire, et des richesses immenses y sont encore enfouies ; mais on ne peut les trouver qu'en faisant un pacte avec le diable : comme aucun des habitans des Bauges ne veut acquérir ces trésors au prix d'une alliance avec le démon, ils préfèrent les abandonner aux Bohémiens. Il y a plusieurs choses fort amusantes dans toutes ces merveilles, dont je renvoie le récit à un autre moment.

Je reviens à la grotte de Bange : elle est située dans la vallée de ce nom, sur la commune d'Alève, à un quart d'heure de distance de la grande route d'Aix au Châtelard, au dessous du hameau de Martenouz : dans ce village, on prend des guides habitués à ces courses et fort complaisans ; on peut gravir la montagne, à cheval ou sur des ânesses, par des sentiers tortueux qui conduisent jusqu'à l'entrée de la grotte. Lorsque tout est prêt pour l'expédition, sarraux, couvertures en toile, lanternes, flambeaux, on se met en marche, et bientôt commencent les récits merveilleux des guides au sujet de cette caverne. Parvenu au dessous d'un énorme banc calcaire, rompu dans la grande révolution qui a ouvert la vallée, un arc immense s'offre à la vue. Après être descendu par une pente rapide, on entre sous une voûte colossale d'un seul jet, entièrement recouverte d'incrustations stalactiteuses. Des enfoncemens plus ou moins marqués, ouvrage de la main des hommes, se voient sur différens points de cette vaste salle : ces travaux paraissent avoir été faits sans aucun objet bien caractérisé. Au fond de cette première grotte, on se croit au but du voyage ; mais ce n'est encore que le vestibule : on découvre bientôt une ouverture étroite appelée la *Gueule de Four*, où il faut passer, en rampant sur le ventre, pour pénétrer plus avant. A l'issue de ce passage de huit à dix pieds de long, est une caverne profonde, à l'extrémité de laquelle on aperçoit un étang appelé le *Lac* ; sa forme allongée décrit une courbe qui se dirige de gauche à droite, et dont on ne peut voir le bout. L'eau est très froide ; et, en certains endroits, les roches glissantes ne permettent pas de marcher avec des chaussures, ni même à pieds nus : il serait très dangereux d'en suivre les contours sinueux, sur l'espèce de lame saillante ou corniche qui l'environne.

Cette caverne, sous le rapport géologique, n'offre rien de remarquable que son étendue, ses anfractuosités et son lac : la roche est calcaire ; les filtrations qui ont lieu le long de toutes ses parois en augmentent graduellement l'épaisseur par une couche stalactiteuse qui en arrondit les contours ; ils ne présentent cependant aucune de ces stalactites curieuses que l'on trouve dans la grotte de Tétérac, en Chablais ; dans celle de Balme, en Faucigny, et beaucoup d'autres. Le passage de la première caverne à la seconde, par la Gueule de Four, se rétrécit chaque jour ; il finira par s'obstruer, si l'on n'y pratique quelques ouvrages propres à en éloigner les eaux, ou à l'agrandir : il s'y est même déjà établi une gouttière*.

Il y a peu d'années, Amélie, qu'un des meilleurs auteurs dramatiques de la capitale (M. Alexandre Duval), faillit ne pouvoir plus sortir de ce souterrain ; il y laissa ses habillemens en lambeaux, et jura qu'on ne l'y prendrait plus.

Le lac de la grotte de Bange s'élève souvent beaucoup plus haut ; ordinairement, à la fonte des neiges, ou après de grandes pluies, on le

* L'intérêt bien entendu des habitans exigerait qu'ils fissent élargir cette ouverture, et établissent une nacelle sur le lac. Les guides des voyageurs pourraient se cotiser pour cette dépense qui produirait bientôt le centuple : cet objet n'échappera pas sans doute à l'attention de M. l'Intendant-général, qui met tant de zèle à accroître les ressources de ses administrés.

voit monter dans la grotte supérieure, et y dépasser de plusieurs pieds la Gueule de Four. Il paraît que cet étang dégorge, par les *Eaux Mortes*, à vingt minutes de là : c'est ainsi qu'on appelle une source intermittente qui ne se montre qu'après de grandes pluies, ou à la fonte des neiges : elle forme alors une suite de cascatelles que l'on a comparées à celles de *Teverone*, à Tivoli.

Plusieurs personnes ont pensé que cette caverne était le dépôt des mines d'or, dont les paillettes sont détachées par l'impétuosité des eaux du Chéran. Mais ces paillettes, comme je vous l'ai dit, proviennent des pyrites aurifères qui sont les seuls minéraux de ce terrain de transition, ou tertiaire.

Les bancs de grès silico-calcaires qu'on remarque au fond de la grande vallée des Bauges, recèlent encore dans leur sein, outre les pyrites, des empreintes fossiles très curieuses. M. Neyret de Lécheraine trouva, il y a quelques années, dans une fouille près de la rivière, l'empreinte d'une branche de palmier, ou celle d'une énorme queue de poisson de mer : M. le docteur Despine en possède une partie ; il en a envoyé un autre fragment au docteur Mayor, conservateur du musée d'histoire naturelle de Genève. Il est à regretter que des recherches plus méthodiques n'aient pas été faites : elles auraient eu sans doute d'importans résultats pour la géognosie. Des échantillons de cette espèce se rattachent à des animaux anté-diluviens ; peut-être appartiennent-ils aux premiers siècles du monde, à cet âge du globe où la terre était douée d'une force végétative extraordinaire; à l'époque enfin où les plantes et les animaux de la zone torride pouvaient naître, vivre et se propager jusqu'aux terres polaires.

GROTTE DES PORTES.

La grotte des Portes est située à Doucy, commune des Hautes-Bauges, dans le roc appelé la *Dent de Charbon;* son entrée n'est pas loin de l'arête de la montagne. Le nom de *Grotte des Portes* lui vient du passage entre deux rochers, pour conduire les vaches en *alpement*, ou *pâturage d'été*, dans les chalets, à Gruyère, situé sur ce plateau, l'un des plus élevés des Bauges.

Cette caverne, moins connue que celle de Bange, n'est guère visitée que par les botanistes qui viennent herboriser dans ces hautes régions. C'est plutôt une longue galerie qu'une grotte proprement dite ; on ne peut la parcourir que d'une manière fort incommode, parce que le sol y est encombré, dans plusieurs points, par des rochers détachés de la voûte, qui rétrécissent le passage, et le rendent difficile ou dangereux. Parvenu au fond de cette galerie, on entre dans une grotte ou *chambre* spacieuse qui a servi quelquefois de repaire à des animaux ; car on y a trouvé des ossemens et du poil.

L'intérieur de ce souterrain est entièrement calcaire : on y voit entassés pêle-mêle des blocs d'une forme cubique, dont les angles sont bien tranchés ; il n'y existe ni stalactites, ni coquillages ; la chambre qui termine cette longue galerie offre quelques traces de l'ouvrage de l'homme ; mais ces travaux ne paraissent point avoir eu pour objet des recherches géologiques ou métallurgiques : on ne peut les attribuer qu'à des pâtres de ces contrées, ou bien peut-être à quelques uns de ces malheureux proscrits qui fuyaient le sol de la France, ensanglanté par ses tyrans populaires.

PONT DU DIABLE.

Je vous ai parlé naguère de la grotte de Bange, et des merveilles que l'on raconte à son sujet ;

voici une autre curiosité qui n'intéressera pas moins celui qui aime les *belles horreurs* : c'est le Pont du Diable, ou de la Charniaz, placé sur l'ancienne route d'Annecy au Châtelard, et au dessous des ruines du château de la *Charniaz :* ce pont, d'une seule arche, traverse un abîme où se précipitent les eaux réunies des vallées de l'Echaux et de Bellecombe. Ce gouffre a plus de cent pieds de profondeur ; le lit creusé par le torrent est si étroit, que l'entrecroisement des roches de droite et de gauche cache entièrement à la vue le cours des eaux : on les entend bouillonner, mugir et s'échapper au loin en écumant.

Ce pont est sans parapets, ce qui a causé divers accidens : dernièrement encore, une jeune bergère s'y précipita en poursuivant un mouton qui s'était échappé du troupeau ; elle crut abréger sa route, en sautant l'angle du pont ; le pied lui glissa, elle tomba dans l'abîme qui l'engloutit pour jamais. Je dois vous avouer, Amélie, que je n'ai pu le traverser, sans accuser les autorités locales d'une coupable insouciance pour la vie des hommes, et de priver le voyageur du charme qu'il éprouverait, en s'appuyant sur un parapet, à contempler cet abîme, et à écouter le mugissement des flots.

FORÊTS.

Jusqu'ici vous avez vu la nature se montrer sous des formes sauvages ; je vais maintenant ramener vos regards sur des tableaux plus riches et plus rians de cette contrée pittoresque et romantique.

Les plantes qui y viennent spontanément sont celles que l'on trouve dans tous les lieux placés à la même hauteur ; ainsi, dans la partie la plus élevée des montagnes des Bauges, et au dessus de la région des sapins, nous ne rencontrerons que de petites vernes et des rhododendrons ; le joli sabot de Venus, la gentiane, l'arnica et toutes les plantes alpines.

Les forêts de ce pays de montagnes ne répondent point à l'idée que l'on doit naturellement s'en faire, d'après sa position topographique : les arbres sont rares, chers, et généralement d'une croissance lente et tardive. Les causes du mauvais état des forêts en Bauges tiennent à l'établissement d'une verrerie qui existait autrefois dans la commune du Châtelard, au revers oriental de la montagne ; de plusieurs hauts fourneaux encore en activité ; des martinets, des forges à étirer le fer, de nombreuses clouteries; enfin au défaut d'usage des poêles économiques, dans une région où l'hiver a au moins six mois de durée; pardessus tout, à l'incurie de l'autorité locale, et au mauvais aménagement des forêts. Vous verrez là le hêtre, la sapine, la charmille, le chêne; plus bas, le frêne, les peupliers et les noyers, qui garnissent les clôtures des terrains cultivés : on n'y trouve pas un mélèse. Le plane ou platane sauvage bien veiné y est assez répandu dans les forêts pinifères; mais les bois de choix de cette essence y sont devenus fort rares : néanmoins, il n'y a pas long-temps qu'un amateur d'instrumens de musique y découvrit des planes veinés, avec lesquels il a fait des instrumens d'un beau travail et du plus grand prix.

Les Bauges ont donné l'exemple en Savoie des premiers sémis en pépinières du frêne commun, l'un des bois les plus utiles de l'économie rurale de cette contrée : c'est M. le notaire Francoz d'Arite qui en a eu l'heureuse idée; cette innovation lui a mérité une place dans les souvenirs historiques des personnes utiles à leur patrie. Cet arbre croît en futaie, en taillis, isolément, en plein vent; mais étant cultivé pour en retirer des récoltes régulières, on doit le placer en clôture, et l'ébrancher tous les trois ans; élevé à une hauteur de douze à quinze pieds, il fournit chaque année une très grande quantité de feuilles vertes ou sèches, qui sont pour le bétail une nourriture succulente, analogue au sainfoin et à la luzerne; le lait qui en provient est gras, riche en matière butireuse et caseuse.

PRAIRIES.

Les prairies hautes et basses y sont de première qualité; elles abondent en plantes aromatiques et sucrées des Alpes. La végétation herbacée y est si active dans les vallons élevés, que dans plusieurs on alterne les récoltes céréales avec celles des plantes fourragères : tel est le vallon appelé la Combe des Chartreux d'Aillon. Là, sans aucune semence, une récolte en foin succède spontanément aux céréales : elle est aussi abondante que celle d'un pré arrosé et aménagé depuis long-temps.

CÉRÉALES.

On cultive en Bauges toutes les plantes céréales

de la plaine ; les plus communes sont le blé d'automne, les semis de méteil, mélange de froment et de seigle ; au printemps, le *cavelin*, mélange d'orge et d'avoine qui réussit assez bien ; l'orge pur devient plus rare, à cause de la proscription de l'écobuage et du brûlage des terres par tous les propriétaires instruits ; et depuis que plusieurs d'entre eux ont introduit la culture en grand de la pomme de terre, du trèfle, du sainfoin ou *pélagra*, celle du froment d'automne et de printemps est devenue bien plus commune.

Quoiqu'on ait adopté, depuis plus d'un demi-siècle, la pratique de greffer des noyers, l'incertitude des récoltes en noix, dans un pays où l'on a vu neiger, il y a peu d'années, après le 15 mai, y a fait introduire la culture du colza, avec un plein succès.

Parmi les améliorations de l'agriculture, l'une des plus utiles à cette contrée, dont la population nombreuse, intelligente, est généralement instruite, serait l'établissement de ces associations rurales connues en Suisse et sur différens points de la France sous le nom de *fruitières*. Quelques encouragemens de l'autorité et l'exemple suffiraient pour vaincre l'esprit de routine et tous les petits obstacles de localité qui s'y sont jusqu'à présent opposés.

PÊCHE. — CHASSE.

La truite saumonée, dont les plus grosses pèsent à peine un demi-kilogramme, tachetée de rouge et de noir, est la seule espèce de poisson que l'on trouve dans les Bauges.

Les forêts recèlent des renards, quelques loups et des chamois, dont la chasse procure chaque année, deux ou trois fois, des réunions nombreuses d'amateurs de ce genre d'exercice : souvent des étrangers, venus à Aix pour les bains, ont pris part à ces parties. Les loups n'y sont que de passage ; les ours, les chevreuils, les cerfs en ont disparu. Mais on rencontre, dans les plateaux élevés et les riches prairies des montagnes, le lièvre, le lapin blanc des Alpes, la perdrix, le faisan ou coq de bruyère, la gelinotte, la bécasse, la bécassine, la grive, etc. ; il n'y a point de marmottes : dans les petites îles du Chéran, il paraît quelquefois des loutres qui sont bientôt détruites par les chasseurs.

COMMERCE. — INDUSTRIE.

Je vous ai déjà entretenue des bergeries, des

chalets de la montagne, ainsi que des produits agricoles et territoriaux des Bauges. Cet aperçu prouve que ces vallées pourraient se suffire à elles-mêmes sous le rapport de leurs principaux besoins. Mais les nombreux habitans des Bauges éprouvent encore ceux que le luxe, la fréquentation des villes, leur a fait connaître : de là résulte un commerce d'exportation et d'importation, dont la balance néanmoins se trouve en faveur du pays, par suite de la vente presque journalière des produits du sol et de l'industrie ; aussi l'argent y est-il assez commun, et les propriétés s'y vendent fort cher. Les paysans sont presque tous propriétaires ; il y a très peu de fermes appartenant à des étrangers. Les objets que l'on exporte des Bauges sont : le beurre, les différentes qualités de fromage, le bétail, qui est de race moyenne ; le gibier ; le fer ouvré en clous de toute espèce, les ustensiles de ménage en bois, fabriqués particulièrement au Noyer et à Saint-François du Charmillon ; le blé, dans les années d'abondance.

FERS.

Le fer des Bauges a long-temps passé pour le

meilleur des états Sardes ; on l'attribuait, dans un temps, à la qualité du charbon fait avec du sapin, qui passait pour être plus doux que celui qu'on prépare avec d'autres bois, et pour donner au fer plus de ductilité, de moelleux, en même temps plus de nerf ou de fermeté ; ce qui est d'un avantage inappréciable pour la fabrication des clous. M. le marquis de l'Echeraine l'emploie uniquement et préférablement à tout autre, pour la confection de l'acier de cimentation qu'il fabrique à Saint-Pierre d'Albigny, et avec lequel on a fait d'excellentes faux ; mais, sous le rapport du prix, elles n'ont pu soutenir la concurrence avec les fabriques du Tyrol, qui sont en possession de ce genre de commerce de temps immémorial : cela est d'autant plus fâcheux pour la prospérité du pays, que cette manufacture de M. de l'Echeraine aurait pu fournir à tous les besoins des états de Sa Majesté.

Les objets d'importation dans les Bauges sont : le sel, le tabac, la poudre de mine et de chasse, le plomb en grenaille, formant l'un des importans revenus du trésor royal qui s'en est réservé le monopole ; les épices, le sucre, le café, l'huile d'olive ; les draperies, les toiles peintes, la mercerie usuelle pour le peuple, les articles de teinture en toile commune et en coton ; les vins, les liqueurs et quelques objets de quincaillerie, depuis que le luxe y a pénétré comme ailleurs.

FROMAGES.

Je passe maintenant, Amélie, à un article aussi important dans la statistique des Bauges que dans la gastronomie : c'est celui des fromages. A ce sujet, vous vous rappelez ce que disait le plus célèbre des gastronomes de Paris. Le fromage occupe sans doute une place distinguée dans la bonne chère, puisque le prince de la gastronomie lui en donna une dans les aphorismes de cette science : c'est sous les auspices d'un si grand maître que je vous demande quelque attention sur cette partie des productions de ces contrées.

Les fromages qui se préparent en Bauges sont très variés ; voici les principaux : le *Gruyère Gras*, *Demi-Gras* ; le *Chevrotin* ou fromage de chèvre ; le *Grateron*, qui est un mélange de lait de vache, de chèvre et de brebis ; le *Persillé* fait avec du lait de vache : ce dernier fromage a beaucoup d'analogie, pour le goût et la qualité, avec le Sassenage et le Roquefort de France. Le

Vacherin est celui qui l'emporte sur tous les autres, au témoignage des gastronomes, lorsqu'il est *dans son point*; mais sa maturité est une chose presque aussi difficile à déterminer que celle du melon. Voilà pourquoi les opinions sont partagées sur sa qualité : les uns le trouvent délicieux ; les autres, fort ordinaire.

Le Vacherin se fabrique avec du lait de vache gras, de première qualité, à l'époque où le bétail descend de la montagne, en septembre, et quand les vaches mangent l'herbe fine et délicate de la troisième récolte, appelée en langue vulgaire le *Recorson*. Chaque région des Alpes prépare un genre de fromage analogue au Vacherin. C'est ainsi que dans les vallées de Thones et du Reposoir on fait le Réblechon ; et du côté de Tanninge, les *Tommes de Sixte*. Les premiers Vacherins se sont faits à Vachereuse et à Abondance, dans le haut Chablais ; puis leur fabrication s'est répandue dans d'autres lieux : la Combe d'Aillon est un de ceux où les élèves ont surpassé leurs maîtres.

On jette la présure dans le lait frais et tout chaud, sortant du pis de la vache, sans la faire chauffer, comme cela se pratique pour les autres espèces de fromages ; lorsqu'il est caillé, on le manipule, suivant la méthode ordinaire, en le brisant avec une cuiller de bois ; puis on le met dans la forme, où il est soumis à une pression convenable, dans une presse de montagne ; après quoi, on le dépose dans le fruitier ; il y passe successivement par les points de maturation nécessaires pendant deux ou trois mois ; il est expédié en petites caisses carrées contenant deux, trois, quatre et six Vacherins, où ils sont assortis, en mettant un Vacherin prêt à manger, et les autres à maturité plus ou moins éloignée. Il faut défaire la caisse avec précaution, parce que souvent le fond du Vacherin s'attache au bois. On place ce fromage sur une planche recouverte d'une feuille de papier, et on le porte ainsi dans la cave, où il doit être mis à l'abri des attaques des chats et des rats qui en sont très friands. Il est même écrit quelque part que c'est entre un Vacherin et un fromage de Hollande que le rat de La Fontaine s'était fait ermite : le premier avait fourni à ses travaux gastronomiques de l'hiver, et lui servait ensuite de salon pendant l'été, saison qu'il employait à l'exploitation du fromage de Hollande.

Quoi qu'il en soit, il faut avoir soin de les retourner au moins tous les deux jours ; leur maturité s'étend alors partout également, elle pénètre jusqu'au centre ; et si la cave est humide et chaude, vous aurez bientôt votre Vacherin au point désirable pour être trouvé délicieux. Une efflavescence rouge et jaune, qui survient alors, indique que cette espèce de fromage est faite : lorsqu'il est tendre comme du caillé frais, et que la croûte supérieure cède à la pression du doigt, vous pouvez être assurée, Amélie, que c'est le manger des dieux.

Cependant, il faut que je vous fasse observer qu'il offre trois degrés successifs de maturité, dont on peut jouir selon le goût des amateurs. Le premier est celui où le Vacherin, ayant subi une première fermentation caseuse, forme une pâte blanche, homogène et peu molle : il est doux alors, et n'a point ce piquant qui flatte certains palais blasés. Le deuxième arrive plus tard : le Vacherin devient presque liquide comme de la crême épaisse, il a acquis le montant et la saveur piquante du bon Roquefort. Enfin, le troisième degré de maturité est, lorsqu'il a pris la couleur bleue et toute la force du *Chapsig* des Allemands. Le gastronome délicat ne le mange que dans les deux premiers degrés ; il abandonne le dernier au sybarite blasé sur toutes les jouissances de la table, et à l'ivrogne de profession. Au reste, la dégustation du maître d'office, avec la pointe du couteau que l'on enfonce dans le fromage, est le moyen le plus simple pour reconnaître son véritable point de maturité.

Voici un autre genre de fromage : il se compose de cérac et de caillé dégagé du petit lait au moyen d'une forte présure ; il devient en vieillissant d'une forme extraordinaire, et pâteux comme de la chaux éteinte récemment retirée de son creux. Frais et délayé avec de la crême, il forme la *cerracée* ou *gruau de montagne*, qui se mange en été comme les tommes grasses : ce fromage est des plus rafraîchissans.

On donne généralement en Bauges, comme dans toute la Savoie, le nom de *tommes* à toute espèce de fromage, sauf le Gruyère, le Vacherin, le Persillé, le *Réblechon* et le Chevrotin, qui sont spécialement connus partout sous leur dénomination propre ; mais il se fait dans quelques maisons de ces montagnes un fromage tout particulier, dont le nom seul, Amélie, va exciter votre hilarité : je veux parler du *fromage de pommes de terre !* Oui, Amélie, c'est encore là une des propriétés de ce précieux tubercule, que vous ignoriez sans doute, ainsi que bien des personnes très versées d'ailleurs dans l'économie domestique et rurale. Je dois vous avouer franchement que moi-même, avant d'en avoir goûté, je ne pouvais y croire. Ce n'est pas qu'il y ait dans la pomme de terre rien qui puisse se convertir en matière caseuse, mais son parenchyme farineux s'imprègne si facilement des sucs du caillé, que malaxé, amalgamé et pétri avec lui, ils s'identifient tellement ensemble, et forment un tout si homogène, que je défie le plus habile connaisseur de l'y distinguer, lorsque le fromage est parvenu à sa maturité.

Pour le préparer, il suffit de faire cuire la pomme de terre à l'eau ou à la vapeur, de lui ôter la pelure. de la passer à travers une étamine pour en bien détruire la texture naturelle, et de l'amalgamer ensuite avec le caillé. On en fait ainsi des tommes communes, du persillé et du cérac, en y mêlant, dans la proportion d'un cinquième à un tiers du poids, du caillé sec. Ce fromage se fait, c'est à dire acquiert son point de maturité beaucoup plus vite que l'autre ; il est toujours plus tendre, quelle que soit la pression à laquelle on le soumette ; et il offre constamment une coupure grasse.

Ces phénomènes sont dus à ce que la pomme

de terre ne s'égoutte pas comme le caillé ; elle garde au contraire l'humidité, conserve un principe de fermentation qui accélère toutes les opérations qui conduisent le caillé, depuis la fermentation acide jusqu'à la fermentation *alcalino-putride* qui complète le travail. On ne peut en faire ni *Gruyère*, ni *Tommes grasses*, ni Vacherin ; mais ces deux derniers fromages ne sont point pour la table des pauvres : c'est principalement à la nourriture de cette classe nombreuse qu'il importe de pourvoir ; et le fromage de pommes de terre devient alors une véritable économie. Je puis vous assurer, Amélie, que la bonne qualité de ce fromage m'a surpris.

MŒURS.

Le peuple de ces montagnes est religieux sans fanatisme ; il est plus éclairé que celui de la plaine des environs de Chambéry ; il est sincèrement et fortement attaché à la religion de ses pères : il en a donné de nombreuses preuves pendant la persécution révolutionnaire. Les usages et les costumes ne diffèrent pas sensiblement de ceux du restant de la Savoie ; cependant ils offrent des nuances assez marquées entre les diverses communes du mandement; et dans une foire, ou un marché, il serait facile d'indiquer, au costume seul, la paroisse à laquelle appartient tel ou tel individu.

Au printemps, pendant l'été, dans l'automne, l'agriculture et ses différentes branches occupent toute la population; l'hiver même, outre la réparation et la fabrication des instrumens aratoires, des paniers propres au transport des terres; outre les soins donnés au bétail, et le battage des grains, les hommes commencent les travaux de défrichement et des clôtures, et à transporter les fumiers, au moyen des *traîneaux* ou *léges*, pendant que la neige couvre les champs.

La vigne ne croît pas dans une région si élevée; mais parmi les cultivateurs aisés, surtout dans les Hautes-Bauges, il n'est pas une famille qui n'ait son petit vignoble dans la vallée de Saint-Pierre d'Albigny.

Depuis que les jeunes gens appelés au service militaire ont parcouru l'Europe avec les armées françaises, ils ont poli leurs mœurs, perfectionné leurs méthodes, augmenté leur industrie et doublé leur activité. Le perfectionnement s'est étendu jusqu'aux arts industriels : on a simplifié certaines mécaniques, introduit de meilleurs assolemens, et rajeuni le sol en le minant, le défonçant, et en multipliant le fourrage et les engrais. Dès lors on a remarqué une amélioration et un accroissement sensibles dans les productions de la terre. L'introduction de la culture de la pomme de terre, due en grande partie aux assolemens réguliers, a beaucoup diminué la consommation de l'orge et de l'avoine, comme nourriture : aussi le pain de froment pur, ou mélangé dans de justes proportions avec le scigle ou l'orge, prévaut-il de plus en plus ; et l'usage de la viande ainsi que du vin est-il devenu plus général.

La population de ces contrées n'offre pas la plus petite trace de crétinisme ; au contraire, une contenance fière et une stature avantageuse caractérisent la généralité des habitans de certaines communes ; et l'on se croirait transporté au centre de la Suisse. Aujourd'hui, plus que jamais, les Baujus peuvent être considérés comme les Spartiates de l'Allobrogie. On se rappelle le fameux Pricas, de Bellecombe, conscrit de l'an XI, dont la taille de six pieds trois pouces deux lignes a été célébrée dans plusieurs journaux ; elle lui valut, en entrant au service, son admission dans la garde impériale : il couvrait avec le pouce un écu de six livres.

Des écoles primaires sont établies dans toutes les communes des Bauges; partout on rencontre, dans les habitans des deux sexes, un degré d'instruction qui étonne. Le villageois qui sait borner ses goûts se suffit ordinairement à lui-même, sans envoyer son argent à l'étranger; il accumule le produit de son beurre pour acheter un petit champ, un pré ou un jardin. La femme file, tricote, tresse de la paille pour en faire des chapeaux; elle carde et file la laine de son troupeau, elle en tricote aussi une partie : le reste est converti en drap grossier, dont la chaîne est en fil de chanvre, nommé dans le pays demi-drap ou *tirdaine*. Pendant l'hiver, les femmes et les filles, retirées dans la chambre du poêle, ou dans l'étable des vaches, y travaillent sans relâche, depuis l'aube du jour jusqu'à l'heure du repos, sauf le temps consacré à la préparation des repas et aux occupations intérieures du ménage.

Quelques familles nous rappellent encore les mœurs des anciens patriarches. Voici ce qu'en a dit M. le préfet de Verneilh, dans la statistique du Mont-Blanc, ouvrage qui fait autant d'honneur à ses talens qu'à la sagesse de son administration.

« Les mœurs de l'ancienne vie pastorale sont
« encore en honneur, en usage dans cette con-
« trée ; les fermes ou ménages ruraux y sont
« soumis à l'administration d'un chef qui n'est
« d'ailleurs, pour les bénéfices de la commu-
« nauté, que *primus inter pares :* c'est lui qui
« fréquente les marchés, qui fait les ventes et
« les achats, qui paraît seul dans tous les actes
« importans qui intéressent la société. Cette pla-
« ce n'appartient pas toujours au plus âgé, mais
« à celui qui a paru plus capable de la bien rem-
« plir. L'administration intérieure est confiée à
« une femme qui n'est pas toujours celle du chef,
« mais qui a été jugée la plus propre à s'en
« bien acquitter. Un autre homme, qu'on ap-
« pelle *le suisse*, est chargé de l'administration
« du bétail, ainsi que de surveiller la confection
« et les soins des fromages, qui forment une
« branche des plus importantes du revenu.

« J'eus le plaisir, ajoute M. de Verneilh, au
« mois de germinal an XI, de visiter à l'impro-
« viste une ferme de ce genre à la *Correrie*, près
« de l'ancienne Chartreuse d'Aillon ; elle se com-
» posait alors de trente-trois individus de tout

« âge, de tout sexe. J'avais trouvé les enfans dans
« une vaste cuisine, à côté de laquelle les gran-
« des personnes étaient à dîner, dans une pièce
« séparée. Je fus surpris, en y entrant, du grand
« silence observé à une table aussi nombreuse :
« les femmes y étaient placées toutes de file à
« l'un des bouts, et les hommes, à l'autre. Le
« foyer de la cuisine est d'une grandeur propor-
« tionnée à ce nombreux ménage ; le feu com-
« mun s'y fait au milieu de la chambre. Contre
« le mur, est placé un banc inamovible destiné
« aux anciens de la famille ; les autres occu-
« pent de petits siéges ou banquettes tout au-
« tour : la crémaillère consiste en une espèce de
« potence mobile qui tourne sur un pivot, à
« laquelle pendent les ustensiles de cuisine.

« Je suivis ensuite, ajoute encore M. de Ver-
« neilh, avec un grand intérêt, les autres détails
« de cette ferme, telle qu'une vaste étable plan-
« chéiée en bois de sapin, contenant soixante-
« douze bêtes à cornes, dont six bœufs de tra-
« vail, et le reste en vaches laitières ou génis-
« ses ; la fromagère, le grenier, etc. : partout
« je trouvai le meilleur ordre et l'empreinte de
« la véritable aisance.

« Le chef de cette intéressante ferme est le

« nommé *Donat Miguet*, dont les traits pei-
« gnent la probité et la candeur. J'eus le plaisir
« de dîner à la Chartreuse avec ce brave et hon-
« nête cultivateur, qui avait apporté un excel-
« lent Vacherin, dont il fallut goûter, comme
« de raison. »

Dans ce pays, il se fait peu d'émigrations an-
nuelles ; la commune d'Arite est, pour ainsi
dire, la seule qui en offre des exemples ; encore
la presque totalité des hommes ne part-elle qu'a-
près les travaux du printemps, pour parcourir
la France, et y faire le métier d'hongreur : ils
reviennent, pour les travaux d'automne, avec le
fruit de leurs épargnes, soit en numéraire, soit
en produits de l'industrie étrangère, dont ils font
une espèce de commerce.

POINTS DE VUE.

Je vous ai fait connaître les divers objets qui
peuvent intéresser un voyageur parcourant les
Bauges pour la première fois ; vous avez vu que
je les ai classés sous les rapports de l'histoire naturelle, de l'industrie, du commerce, des costumes et des mœurs des habitans : mais il en est
d'autres encore qui embrassent toutes les curio-

sités en masse, et qui ont l'avantage de flatter l'œil et l'esprit par un horizon étendu et plein de charmes dans ses détails : ce sont les *points de vue proprement dits*.

Les Bauges, formées par huit ou dix vallées qui se réunissent sur le lit du Chéran où elles versent leurs eaux, ne sauraient présenter, dans leur partie intérieure, de ces immenses perspectives qui n'ont d'autres limites que le cercle de l'horizon : cependant, elles en possèdent plusieurs qui sont dans les hautes vallées de véritables panoramas. Tel est le point culminant de la Butte, où se trouvent les ruines de l'ancienne maison forte du Châtelard, d'où l'on découvre presque toutes les Bauges.

Mais la position topographique de ce massif qui s'élève comme une île au milieu de vallées profondes, semblables aux immenses fossés de cette citadelle naturelle, lui procure l'avantage d'offrir divers effets d'optique d'autant plus pittoresques, qu'ils contrastent davantage avec le coup-d'œil magnifique qui se déploie sous les pieds, et avec les rochers abruptes qui barrent la vue derrière le spectateur comme des murailles.

Dans l'intérieur des Bauges, la Butte du château du Châtelard est le seul point de vue qui mérite la visite des voyageurs; mais au pourtour, les rochers qui limitent le massif des Bauges en présentent un grand nombre; les principaux sont: le col du Fresne, le col de l'Echaux, le col d'Arclusaz, le sommet d'Armennaz, et le télégraphe de la Tuile. Les deux premiers se rencontrent sur la route même; les autres doivent former l'objet de courses spéciales : ce sont de véritables voyages que j'indiquerai dans l'itinéraire qui va terminer cette notice. Je me bornerai donc à vous prévenir, Amélie, que du col d'Arclusaz, dominant toute la vallée de l'Isère au dessus de Miolan, on découvre cette vallée ainsi qu'une partie de la Maurienne. Du point appelé *la Bosse du Dromadaire d'Armennaz*, on jouit du beau panorama de la vallée de Conflans, d'une partie de la Tarentaise, et de toutes les Bauges. Du télégraphe de la Tuile, placé immédiatement au dessus de Montmeillan, on réunit sous un même point de vue la vallée de l'Isère, depuis Conflans jusqu'à Grenoble, l'entrée de la Maurienne, le beau bassin de Chambéry, et le plus magnifique aspect du massif des montagnes de la Tarentaise, de la Maurienne, du haut Dauphiné et de la Grande Chartreuse.

Je ne parlerai pas des Dents de Rossane, de

Pulvia et de Charbon, ni des autres points culminans des Bauges. Tout le monde sait que plus on s'élève, plus l'horizon s'agrandit ; mais à une certaine hauteur, les aspects offrent peu d'intérêt, et cessent d'être pittoresques. Quant aux passages du Fresne et de l'Echaux, je vais les décrire avec quelques détails, parce que ce sont ceux que vous verrez le plus souvent, si vous visitez quelquefois ces hautes régions. Ce point de vue est magnifique, il étonne lorsqu'on y arrive du côté des Bauges ; le bas de la vallée profonde qui s'ouvre tout à coup, est occupé par le cours tortueux de l'Isère. Les prairies de diverse nature, les îles formées par le fleuve, la belle culture de cette vallée la plus riche de toute la Savoie ; l'immense rideau de vignobles qui l'entoure, et la grande quantité de bourgades, de villages et de hameaux qui semblent s'y presser sur tous les points ; l'horizon découpé par la crête des montagnes, dont quelques unes sont couvertes de neiges éternelles, forment un tout qui surprend et agrandit l'homme par la pensée, autant qu'il le rapetisse devant l'immensité des œuvres du Créateur. Si l'imagination le reporte à plusieurs siècles en arrière, il voit près d'Aiguebelle les premiers princes de l'auguste maison de Savoie commencer leurs établissemens, jeter les fondemens de leur puissance au château de Charbonnières, et garder l'un des plus importans passages des Alpes. Il les verra bientôt délivrer ces vallées des brigands qui les infestaient, arrêter les Sarrasins dans leur marche dévastatrice, s'opposer aux conquêtes des Dauphins du Viennois, et agrandir peu à peu leur domination et leur héritage par des alliances, par le courage, par leurs exploits militaires, et par les tributs de la reconnaissance des empereurs, des rois, des princes, des évêques et des peuples.

A droite, la Butte de Montmeillan, les restes de ses anciennes fortifications, quelques arches du pont établi sur l'Isère, lui rappelleront les hauts faits dont ces lieux furent témoins. C'est ici que passèrent ces légions triomphantes de Rome, marchant à la conquête des Gaules ; c'est là, selon quelques auteurs, qu'Annibal, ses soldats africains et leurs lourds éléphans passèrent, pour aller porter l'épouvante au cœur de l'Italie. Plus loin, les fiers Allobroges leur barrèrent le chemin, et furent contraints de céder. Enfin, c'est dans cette vaste plaine que tour à tour se signalèrent François Ier, Henri IV, Emmanuel-

Lesdiguières, Bayard, le prince Eugène; et, dans les derniers temps, Napoléon, ses valeureux soldats et les armées alliées.

Grenoble, le fort Barreau, les tours du Château-Bayard, les solitudes de saint Bruno, de vieux bastions tombant en ruines, restes de l'ancienne féodalité qui régissait jadis ces contrées, et dont le grand Charles-Emmanuel avait affranchi ses états, long-temps avant la révolution française, se présentent successivement à la vue. Ici, s'est tenu un concile pour déposer un roi ; mais il ne reste plus de l'antique Mantala que le souvenir de ce grand événement conservé par le nom de Bourg Evescal, qui lui est resté. Plus loin, est le célèbre manoir des seigneurs de Miolan, devenu depuis lors une prison d'état, où fut renfermé le malheureux Lavin, victime coupable de son trop grand talent.

On n'en finirait pas, si l'on voulait dérouler le grand livre des souvenirs qui viennent se rattacher à cette magnifique vallée. Il me reste encore d'autres régions à vous décrire ; et pour abréger, je me bornerai à l'indication sommaire des lieux qui se présenteront successivement à vous dans le plan que je mets sous vos yeux. Commençons par la gauche : c'est là que chaque matin se lève l'astre radieux qui vivifie la nature. Suivez-moi, Amélie : voyez-vous cette haute montagne du premier plan? C'est un des bastions les plus avancés des Bauges ; c'est la montagne d'Arclusaz.

On parvient au col de l'Echaux par la route qui conduit des Bauges à Annecy. Ce point de vue n'étonne pas autant le voyageur que celui que nous venons de décrire ; cependant il n'est point sans intérêt. Derrière, on découvre le bassin des Bauges ; devant, c'est celui du lac d'Annecy, dont les bords enchanteurs, les eaux azurées, charment à la fois et le cœur et les yeux. Dans le premier de ces bassins, on remarque la vallée de Bellecombe et la mine de houille ; dans le second, on aperçoit un bassin profond et sinueux dont le lac occupe le centre. Talloire, patrie de l'illustre Bertholet, est en face de vous, et se trouve dominé par la tête chauve et crenelée de la montagne appelée *la Tournette*, l'une des plus élevées de la chaîne calcaire des Alpes.

Nous distribuerons cette partie de la manière suivante, qui me paraît la plus commode pour le voyageur.

Route principale.

D'Aix au Châtelard, et sa continuation du Châtelard à Saint-Pierre d'Albigny.

Route secondaire.

Pour les incursions à faire dans les Bauges : 1° du Châtelard à la Dent de Charbon, et retour par Bellecombe et la Motte. 2° du Châtelard au télégraphe de la Tuile, par Aillon, et retour par la Fuly. 3° du Châtelard à l'Echaux, et retour par les Banchets, Arite et l'Echeraine. 4° du Châtelard aux déserts de Nivolet, et retour par le Noyer, Margériat et le Pissieux.

CHAPITRE XXVI.

Fontaine de Mouxi.

Dei semplici pastori
L'innocenza tra... are
Dalle acque fresche e chiare,
Che sparge ignor da la bell' urna fuori
Con viso lieto, e con serena fronte,
La vaga ninfa che di Mouxi è al fonte.

L'un des grands avantages de la situation d'Aix pour les étrangers, est la facilité de se promener commodément dans des lieux plus ou moins élevés ; ce qui permet de changer d'air en peu de temps. Doux et chaud dans le bas de la vallée, il convient à la santé de beaucoup de personnes ; mais à mesure que l'on monte, il est plus vif et plus frais ; on se sent plus léger, on devient plus agile : c'est l'effet qu'Amélie avait souvent éprouvé sur la colline qui se déploie au dessus d'Aix, en amphithéâtre.

De fertiles campagnes ombragées de noyers, de châtaigniers, de hêtres, de peupliers, offrent des endroits de repos; de tous côtés on voit couler des ruisseaux et jaillir des sources abondantes. Celle de Mouxi, qui fournit le même volume d'eau dans toutes les saisons, et alimente à la fois l'établissement royal des thermes et toutes les fontaines de la ville, n'est pas une des moins remarquables : elle est à trois quarts d'heure d'Aix, dans une position agréable et élevée : nous en prîmes le chemin en passant par la porte de Mouxi. A quelques pas de là, se trouve son réservoir ou château d'eau, au bas duquel est une fontaine ; à droite, est située la maison de campagne de M. Fleuri, où l'on va voir la source d'alun, dont nous avons parlé ; sa position la rendrait susceptible de plusieurs accessoires agréables ; mais son bassin n'est autre chose qu'un petit canal d'où l'eau s'échappe pour aller arroser le fond du vallon.

Il faut s'arrêter un peu plus haut, vers le premier sentier qui tourne à droite, tout près de la route, pour jouir de l'un des plus jolis paysages des environs d'Aix ; vous remarquez, Amélie, l'étonnante variété de perspectives qui tient à la configuration de ce pays. Ce sont les mêmes objets que l'on aperçoit de la maison Chevalay; cependant la différence du point de vue en forme un autre tableau : tous les deux sont très pittoresques ; mais celui-ci semble plus riche, et sourit davantage à l'œil dans le développement de ses détails. Les regards se reposent sur la partie la plus fertile du bassin, et se promènent agréablement au dessous sur des vignobles, des vergers et des jardins ; vous distinguez parfaitement tout l'enclos du marquis d'Aix, le groupe de maisons qui compose la ville, la prairie ombragée par un grand nombre d'arbres. Plus loin, vous découvrez Hautecombe, une partie du lac ; et le paysage se dessine dans le haut sur trois plans différens, variés par les lignes onduleuses et découpées des montagnes de Saint-Innocent, d'Hautecombe et du Colombier.

Tous les sites du beau vallon d'Aix enchantent les étrangers, surtout ceux qui sont habitués au coup-d'œil des environs de Paris ; mais ils seraient encore plus magiques, si l'on pouvait les contempler plus commodément, et à toutes les heures du jour, de l'intérieur d'un belvédère. Le spectateur placé dans l'obscurité jouirait alors des effets de lumière et des illusions d'optique produits par leur jeu avec les ombres.

Cette station est une de celles que nous indiquerons dans la carte topographique des environs d'Aix, que nous avons annoncée. Si les autorités locales, guidées par leurs véritables intérêts, se décident à donner de l'agrément aux promenades, elles doivent établir des pavillons sur les points de vue les plus remarquables ; et celui-ci est un des premiers qui méritent leur attention.

La route traverse quelques vignobles ; elle est ensuite longée, à droite, par le petit ruisseau du Rachet ; un peu plus loin et à gauche, par un autre qui descend de Pugny.

Au nord, la colline présente divers mouvemens de terrain, où des vignobles tournés au midi sont couronnés par de grands arbres. On arrive vers la source qui borde la route du village de Mouxi : elle est dans un endroit couvert de beaux noyers, au bas d'un pré dont la pente inclinée offre un tapis de verdure d'une grande fraîcheur. Si le bassin de cette source était dans son état naturel, on y verrait bouillonner son onde limpide ; mais il a été recouvert d'un lourd massif de maçonnerie, où se trouvent les larges tuyaux qui conduisent les eaux dans la ville : le trop plein s'échappe à droite et à gauche, et forme encore un petit ruisseau. Cette fontaine, dont les eaux vont se joindre à peu de distance au ruisseau qui descend de Pugny, est dans un site champêtre et bocager : tout près de là, sont le village et l'église de Mouxi.

Je ne puis voir, me dit Amélie, les toits de chaume et les ustensiles de ménage en bois de ces contrées, sans qu'ils me rappellent les anciens temps et la simplicité des mœurs pastorales de ces peuples qui n'étaient occupés que de leurs troupeaux ; je me représente les premiers pâtres attirés par cette belle source dans ces lieux, où, pendant les siècles qui se sont écoulés, des chaumières se sont élevées sur les débris d'autres chaumières. Nous vîmes arriver quelques paysannes qui venaient y remplir de grands seaux de bois qu'elles portaient sur leur tête ; d'autres, pour abreuver leur bétail. Une jeune fille de douze à treize ans, joignant à la fraîcheur de son teint des traits d'une singulière finesse, fixa surtout notre attention. Amélie lui demanda un verre d'eau, et à l'instant elle disparut, courant comme un chevreuil, pour aller chercher un verre qu'elle offrit sur une assiette. Sa physionomie exprimait une sorte d'étonnement et de bonheur, de ce qu'une dame l'avait mise dans le cas de la servir ; et comme je cueillais des plantes de cresson sur le bord de la fontaine, elle entra dans l'eau pour m'aider : Amélie eut beaucoup de peine à lui faire accepter une petite pièce d'argent.

Ce site, dit Amélie, est un charmant bosquet formé par la nature. Que de jolies choses l'art pourrait y réunir à bien peu de frais ! Cette eau vive et brillante qui retomberait en cascades sur cette colline, en variant sa chute de mille manières, suffirait pour faire l'ornement de ces parcs magnifiques où l'art s'efforce en vain d'imiter les créations de la nature. Si j'étais propriétaire de cette source, combien j'aimerais à embellir ces lieux de quelques accessoires ! Je voudrais que l'on y vît, à l'ombre du saule pleureur, le nénuphar blanc et jaune, le butome, la macre flottante ou châtaigne d'eau, et d'autres plantes aquatiques. Toutes les eaux ont pour moi un charme particulier : je comprends que sous le ciel de la Grèce, où tout semblait enchanter le cœur et l'esprit, les habitans ont dû croire que les sources étaient les bienfaits des divinités, et y voir les nymphes et les déesses qui présidaient à leur destinée. Nous avons d'autres idées; mais la nature est-elle donc moins poétique pour ceux qui savent en jouir; et les sources de la vallée d'Aix ne présentent-elles pas tout ce qui peut enflammer et féconder l'imagination ?....

Les idées d'Amélie me revenant à l'esprit dans la soirée, m'inspirèrent les pensées suivantes : A l'aspect des eaux brûlantes des deux sources thermales, je me représente cet immense cratère qui est au centre de la terre, et dont les feux, semblables à ceux du soleil, brûlent depuis l'origine du monde sans se consumer : il me semble voir ce feu mille fois plus dévorant et plus terrible que ceux du Vésuve et de l'Etna, dont l'imagination peut à peine concevoir la force et les effets, poussant les vapeurs thermales avec une effroyable vitesse par des soupiraux, où elles se condensent dans de vastes réservoirs qui viennent former une source à la surface de la terre.

>Dove, dico fra me, cogli occhi intenti
> Di quelle fonti, al loco,
> Dove s'asconde il fuoco
>Che v'imprime il calor acque cocenti?
>Già l'ardito pensier, si spazia ed erra
>Per l'ignea, profonda, ampia regione,
>Che in le viscere sue chiude la terra;

> Quella al cui paragone,
> Non che il Vesuvio e il Mongibello, quanto
> Fuoco nel mondo aparse.
> E uomini e città distrusse ed arse,
> Parria scintilla a gran volcano accanto.
> Quivi in densi vapori
> Spinge rapida forza i vostri umori
> Per l'ima cavità che in sen v'accoglie.
> E in onde salutevoli vi scioglie.

De ce terrible tableau, je passe à des images douces et riantes : la fontaine merveilleuse d'Hautecombe, qui retient et cache quelquefois ses eaux aux regards empressés de ceux qui viennent la visiter : semblable à cette jeune beauté dont les aimables caprices charment ceux qui s'en plaignent.

> Mostra piu lungi le sue limpide onde
> Fresca un fonte, e ratta poi s'asconde;
> Quale modesta e bella
> Inosservata appar la verginella;
> Se alcun cupido osserva i pregi sui
> Ritrosetta s'invola a' sguardi altrui.

Les eaux souvent immobiles du beau lac d'Hautecombe sont l'image du calme et de la tranquillité de l'ame.

Ma quando immote miro
Le tranquille, lucenti acque del lago;
Ecco, sclamo, quel ben per cui sospiro!
Della pace dell' alma ecco l' imago!

Le torrent du *Sierroz* qui roule ses flots impétueux dans les rochers, en terminant une longue suite de cataractes et de cascades, nous représente ces orages de la vie, ces convulsions du monde moral, où les hommes s'agitent, s'entrechoquent, et disparaissent bientôt après dans les gouffres du temps, comme ces ondes dans ces abîmes.

    Quel torrente impetuoso
    Che gonfio in se ribolle
E giù fra balze aggira fragoroso
L'onda che in bianche spume al ciel s'estolle
    E in nube variopinta
Ricade al suolo si disperde e fugge.
    Tutto cosi distrugge
L'irresistibil turbo in cui sospinta
L'umana schiatta egnor s'urta s'incalza;
    Or questo, or quel s'innalza
    Mentre un altro decresce;
Ma nel Pelago eterno ognun si mesce.

Le ruisseau du *Tillet* qui fertilise la plaine, et dont le cours égaye le voyageur, est l'image de la vie douce et tranquille de l'homme que le temps entraîne sans bruit, et qui ne laisse sur son passage d'autres traces que celles du bonheur qu'il procure.

> Qui un ruscelletto poi l'occhio rimira
> Che con benefica onda
> Nel suo placido corso il pian feconda
> E la cui vista sol piacere inspira.
> Questa è l'immagin fida
> Dell' uom che i giorni mena
> Sull' orme di virtù che ognor lo guida;
> Ignoto passa, e di sua vita amena
> Sol riman la memoria eterna e pura
> Della felicità che altrui procura.

La fontaine de Mouxi est une naïade des Alpes; ses eaux pures et brillantes qui répandent autour d'elle une délicieuse fraîcheur, et la portent dans tous les sens, retracent à l'esprit ces jouissances calmes et douces, fruit de l'innocence et de la bonté qui se peignent sur le front des bergères de ces lieux champêtres.

> Dei simplici pastori
> L' innocenza traspare
> Dalle acque fresche e chiare,
> Che sparge ognor dalla bell'urna fuori
> Con viso lieto, e con serena fronte,
> La vaga ninfa che di Mouxi è al fonte.

CHAPITRE XXVII.

Promenade a Chambéry et dans les environs.

> S'il y a une petite ville au monde où l'on puisse jouir des douceurs de la vie dans un commerce agréable et sûr, c'est Chambéry... L'accueil aisé, l'esprit liant, l'humeur facile des habitans, me rendirent le commerce du monde aimable.
>
> J. J. ROUSSEAU.

Parmi les sujets de distraction que la situation d'Aix procure aux étrangers, les promenades à Chambéry et les courses dans ses environs ne sont pas ce qu'il y a de moins amusant. On va visiter la capitale du duché, les établissemens publics, la bibliothèque, le musée, les églises, le théâtre, les hospices et quelques fabriques : la foule y accourt, surtout les jours de fêtes, telles que le *tir de l'oiseau*.

Près de la ville, on trouve une très belle cascade, les Charmettes, célèbres par le séjour de Jean-Jacques Rousseau; la maison de plaisance du général de Boigne, celle du marquis de Costaz; puis on veut juger du mérite des restaurateurs dont la renommée a publié les noms : cet épisode du voyage chez les émules du *Fidèle Berger* de Lyon, n'est pas un des moins intéressans. Quelques voyageurs, à l'exemple de M. le chevalier de Craquevolant, courant d'un endroit à l'autre, veulent tout voir en un jour; d'autres y emploient plusieurs journées; mais ordinairement les promeneurs reparaissent le soir au cercle d'Aix. Lorsqu'il y a représentation au théâtre de Chambéry, on part l'après-midi, et l'on revient encore coucher à Aix. Je vais donc, Amélie, vous donner une idée générale de tout ce que vous aurez à remarquer.

Chambéry est éloigné d'Aix d'environ deux heures de marche; la route est belle et ombragée de noyers, de frênes, de peupliers et de châtaigniers. Après avoir passé le petit village du Vivier, autrefois appelé *Vivaria Romanorum*, où Albanis-Beaumont a découvert plusieurs antiquités dont le plus grand nombre a disparu, la route longe la plaine marécageuse du Vivier.

A gauche, les regards se portent sur les fertiles collines de Drumettaz, Clarafond, Méry, Montagni, où l'on distingue, parmi une multitude de maisons de campagne, le château du Donjon, la maison de M. Rambert du Molard, celle de M. Grobert, ancien commissaire des guerres, et le château de Montagni.

On monte sur le grand plateau de Sonnaz, de Saint-Ombre et de la Croix-Rouge, qui sépare le bassin d'Aix de celui de Chambéry. Parvenu vers la pente qui s'incline du côté de cette ville, la route taillée dans l'escarpement d'un grand rocher calcaire, est assise sur une belle rampe d'où le spectateur domine sur toute la vallée environnée de riches coteaux en amphithéâtre. De fertiles campagnes sont parsemées de villages, de hameaux, de maisons de plaisance et de châteaux.

Le bassin de Chambéry, beaucoup plus vaste que celui d'Aix, est moins varié par ces mouvemens de terrain qui changent brusquement les scènes du paysage ; mais cette vallée aussi fertile, aussi riche par ses cultures, déroule un tableau plus magnifique dans son ensemble. Les collines se prolongent sur des lignes moins inclinées ; les dômes de Granier, de Saint-Thibaud de Couz, que l'on voit de plus près, forment des masses dont l'aspect est plus imposant. Les vastes échancrures qui les séparent paraissent plus larges ; et l'on distingue mieux les campagnes qui sont sur la croupe de ces montagnes.

Cependant, le rocher de Lemenc cache la partie du bassin où se trouvent Chambéry et les hauteurs qui le dominent : le point de vue dont on jouit de la grande route n'est pas le plus favorable ; il faut se placer sur le plateau, dont l'un des aspects remarquables est celui de la charmante maison de campagne qui porte le nom de *Caramagne*. On découvre de là tous les contours du bassin, Chambéry, ses environs, la rivière de l'Aisse qui serpente dans le fond de la vallée. Ce tableau enchante tous les étrangers, et plusieurs en ont retracé des souvenirs dans leurs écrits. Un illustre voyageur, dans son itinéraire de Paris à Jérusalem, visitant l'une des contrées de la Grèce, y a trouvé des rapprochemens avec le paysage de cette vallée. Voici ce qu'il en dit :

« Nous prîmes le chemin de la plaine au pied
« du Taygette, en suivant de petits sentiers om-
« bragés et fort agréables, qui passaient entre
« des jardins ; ces jardins, arrosés par des cou-
« rans d'eau qui descendaient de la montagne,
« étaient plantés de mûriers, de figuiers et de

« sycomores. On y voyait aussi beaucoup de
« pastèques, de raisins, de concombres et
« d'herbes de différentes sortes : à la beauté du
« ciel et à l'espèce de culture près, on aurait
« pu se croire dans les environs de Chambéry
« (pag. 79 et 80, tom. Ier). »

Chambéry, situé dans le fond du vallon, est traversé par les deux petites rivières de l'Aisse et de l'Albane. Cette ville, dont la population est d'environ quatorze mille ames, a quelque ressemblance, pour le site, avec Grenoble ; on peut la comparer, pour les agrémens de la société, à celle de Bourg. On y remarque plusieurs belles maisons ; au centre est une grande place ; elle aboutit à la nouvelle rue de Boigne qui sera ornée de portiques, et établira une communication entre les boulevards et le château : cette place sera très belle et donnera à la ville un aspect de gaîté, lorsqu'elle sera embellie de deux rangs d'arbres ; et à ses deux extrémités, de deux monumens élevés à la gloire du général de Boigne, en forme de fontaine à grand volume d'eau, dans le genre de celle de Grenoble.

L'ancienne cité de *Lemnicum*, au temps des Romains, était située sur la colline qui porte encore le nom de *Lemenc*, où l'on voit quelques habitations et la plus ancienne église de Chambéry.

L'histoire de cette ville, dont la fondation remonte au onzième siècle, présente d'intéressans événemens. S'il faut en croire ce qu'on lit dans un manuscrit de la bibliothèque de Lyon, elle doit son origine à l'abbaye d'Ainay. Il paraît en effet que *Lemenc* et ses dépendances furent cédées en 1029, par Rodolphe III de Bourgogne et Hermangarde son épouse, à l'abbé d'Ainay, qui y envoya des religieux; ceux-ci fondèrent un monastère, autour duquel se réunirent plusieurs habitans : bientôt se forma la ville de Chambéry qui passa ensuite sous la domination des princes de Savoie.

En 1288, Amédée V y fixa sa résidence, et fonda la Sainte Chapelle où fut ensuite déposé le Saint Suaire. Aymon, son successeur, y créa une cour de justice; le Comte Vert environna la ville d'une nouvelle enceinte de murailles, et fit établir la promenade du Vernay, où l'on célébra des joûtes, des tournois et des fêtes, sous Amédée VIII, à l'occasion du séjour de l'empereur Sigismond.

En 1536, l'armée de François Ier y entra : ce prince y établit un parlement et une chambre des comptes. La paix de Cateau-Cambresis rendit au duc de Savoie ses états ; Emmanuel-Philibert en prit possession en 1559.

Henri IV y entra en 1600 ; mais, à la paix de Lyon du mois de Janvier suivant, la Savoie fut restituée ; la Bresse, le Bugey, le Valromay, le pays de Gex, furent cédés à la France, en échange du marquisat de Saluces.

Occupée sous Louis XIII par les Français, elle fut rendue à la paix de Chérasque.

Louis XIV s'en empara pendant des démêlés avec Victor-Amédée II, et la rendit à la paix d'Utrech.

Réunie à la France en 1792, elle rentra sous la domination de ses anciens souverains par les traités de paix de 1814 et 1815.

BIBLIOTHÈQUE PUBLIQUE.

Les amateurs des sciences, des lettres et des arts, vont visiter la bibliothèque de Chambéry ; l'édifice, qui sera agrandi par la munificence du général de Boigne, est maintenant une belle salle avec une galerie dans son pourtour.

Cet établissement possède plus de douze mille volumes d'un très bon choix, dans tous les genres, et principalement en littérature et en histoire naturelle. On y remarque une riche collection des Elzévirs, des Didot, des Bodoni, des Winkelman, etc., etc. Cette bibliothèque possède encore des ouvrages rares et quelques manuscrits, entre autres une bible du neuvième siècle et le missel d'Amédée VIII.

Dans la même enceinte est un petit musée : c'est un établissement naissant où l'on trouve environ douze cents médailles romaines, parmi lesquelles il y a un grand nombre de monnaies consulaires en argent; quelques unes sont assez rares.

On remarque celle de *Jules César*, ayant pour type un éléphant; une autre, *Enée portant son père;* une troisième, les attributs du souverain Pontife.

Parmi les médailles d'Auguste, celle de *Lyon*, qui a pour type la tête de ce prince, offre au revers un autel entre deux victoires.

Plusieurs médailles de la colonie de Nîmes, deux autres ayant pour légende : *Salvius Otho* et *Luvius*, deux triumvirs monétaires.

C'est depuis cet empereur que l'on trouve sur les médailles le nom d'Auguste et de César, qui lui fut accordé par le sénat et le peuple; ce titre devint l'apanage de tous ceux qui obtinrent le pouvoir souverain ; les fils naturels ou adoptifs étaient appelés seulement César : il fut aussi revêtu du grand pontificat. Cette dignité fut conservée par les seuls empereurs jusqu'à Balbin et Pupien ; et abandonnée définitivement sous le règne de Gratien.

Une médaille d'*Agrippa*, ayant au revers Neptune, tenant un dauphin de la main droite et un trident de la gauche, en l'honneur de ses victoires navales.

Une médaille de *Tibère*, dont le revers est un temple décoré de colonnes et de statues : c'est le temple dédié à Auguste, que Tibère fit achever à Rome.

Germanicus, au milieu du champ S. C. : cette médaille fut frappée par ordre de Caligula, son fils, parvenu à l'empire.

C. *César* soit Caligula, au revers S. P. Q. R. *Ob cives servatos*. Caligula accepta de suite cet honneur qui lui fut rendu par le sénat : cette médaille est aussi attribuée à Auguste, à cause de la couronne de chêne qui lui fut offerte.

Claude, cette médaille a pour type *Spes Augusta* S. C. : une femme debout tenant une fleur de la main droite, relevant sa robe de la gauche : c'est l'espérance. Claude lui rendait des honneurs ; c'est la première médaille de ce type.

Un *Néron* ayant au revers *Decursio* S. C. : ce sont deux cavaliers. Cette médaille rappelle les courses à cheval en usage chez les Romains, auxquelles Néron s'était fort adonné.

Popée ayant au revers la tête de Néron son époux : elle est rare, on ne connaît de médaille de cette femme qu'en grec.

Néron ayant au revers *Roma* S. C. : femme assise, portant un casque imité d'anciens deniers d'argent du temps de la république, qui se voit souvent depuis cette époque sur les monnaies impériales ; la ville de Rome, personnifiée et divinisée, eut de bonne heure des temples et des statues.

Galba, au revers *Libertas Publica* : la mort de Néron excita dans l'empire une joie universelle. On regarda le nouveau règne comme une ère de bonheur et de liberté. Ce revers fait allusion à ce sentiment.

Othon S. C. : dans une couronne de laurier, elle est fausse et de la fabrique du Padouan.

Vitellius, R. *Fides exercituum* ; deux mains jointes ; après la fin tragique d'Othon, les armées donnèrent les premiers exemples de ces élections violentes. Vitellius, qui devait le trône aux soldats, fit célébrer leurs sentimens et leurs promesses sur ses monnaies.

Vespasien, R. *Judæa capta* : femme assise au pied d'un palmier, monument des victoires de cet empereur sur les Juifs.

Tite, *pietas Augusti* : au revers, on voit Tite debout, en toge, donnant la main à Domitien, signe des bons procédés de cet empereur envers son frère.

Domitien, R. *Germania capta* : cet empereur, assis sur le trône, entreprend une expédition contre les Germains ; mais, sans les avoir combattus, il s'arroge le surnom de Germanicus, et se donne les honneurs du triomphe.

Nerva, R. *Libertas publica* : la liberté debout indique la tranquillité dont Rome jouissait alors.

Trajan, R. S. P. Q. R. *Optimo principi*, avec un port maritime : on croit que c'est celui d'Ancone. Les travaux magnifiques de cet empereur pour l'embellissement de Rome furent souvent représentés sur ses monnaies.

Adrien, R. *Locupletator orbis terrarum* : la liberté, tenant une corne d'abondance, indique la générosité de ce prince qui est retracée maintes fois et de plusieurs manières sur ses monnaies.

Sabine, *Veneri Genitrici :* la qualité de *genitrix* est donnée à Vénus, parce que l'ancienne tradition la fait mère d'Enée, qui vint en Italie pour y fonder un empire. Sabine est représentée dans ses médailles, coiffée de plusieurs manières ; elle restait presque tout le jour à sa toilette ; ce qui prouve la diversité des modes que suivaient alors les dames Romaines.

Antonin, *Pie Apollino Augusti*, Apollon tenant une patère et une lyre ; depuis la bataille d'Actium, Auguste et ses successeurs honoraient particulièrement Apollon ; Auguste était même comparé à ce dieu, dont le temple dominait le lieu du combat.

Autre, *Genio senatus*, Génie grave. Quoique les génies soient ordinairement figurés par un jeune homme, celui du sénat est représenté par un homme mûr en toge : la consécration de *Marc-Aurèle* est désignée par un aigle prenant son essor ; celle de Faustine son épouse, par un paon faisant la roue ; celle de *Vénus*, par un quadrige d'éléphans.

La fécondité de Lucile est exprimée par une femme tenant un enfant emmailloté, et en ayant deux autres à ses pieds.

La libéralité de *Commode*, par l'empereur remettant ses dons à un citoyen. Les plus méchans princes étaient obligés d'acheter la faveur et la patience du peuple ; et le sénat donnait l'exemple de la bassesse et de la flatterie.

J'ai encore remarqué un Pescenius Niger, un Trajan Dece, ayant au revers un homme avec une tête d'âne ; un Gordien d'Afrique, etc., etc.

Les amateurs verront aussi avec satisfaction quelques morceaux précieux d'antiquités qui sont au musée, tel qu'un Caducée en bronze d'un très beau style et de la plus parfaite conservation, qui appartient au siècle d'Auguste ou d'Adrien ; ses proportions annoncent qu'il était porté par une statue colossale dont on a trouvé les doigts de la main droite, qui sont également d'un beau travail.

Ces antiquités ont été découvertes sur le côteau de Lemenc qui domine la ville de Chambéry, où était la ville de *Lemnicum*.

Un Galba en marbre, et un Esope en bronze.

Un cadran solaire en pierre, trouvé à Saint-Pierre d'Albigni.

Un moulin antique, découvert à Nezin ; un bracelet en or, avec une hyacinte orientale très bien conservée, à Bourgneuf ; un baudrier en métal, trouvé dans un tombeau, en Maurienne.

Les médailles ont été déterrées en partie dans le clos de M. le président de Savoiroux qui en a fait le généreux abandon au musée ; et les autres, trouvées dans les environs.

Ce musée possède en outre un herbier assez complet de plantes alpines, une collection de papillons et d'insectes, une collection d'oiseaux très bien empaillés et fort bien conservés ; et enfin, une collection de minéraux suffisante pour faire un cours complet de minéralogie.

L'on voit aussi dans la bibliothèque quelques tableaux de mérite, tels que l'Enfant dormant du Carrache, l'adoration des Mages, par Van-Leik.

Au milieu de cette salle, les regards s'arrêtent avec intérêt sur le buste en marbre de M. le général de Boigne, donné par Sa Majesté le Roi de Sardaigne à la ville de Chambéry. Dans les projets d'agrandissement de cet édifice, il serait à désirer que l'on construisît une galerie biographique pour les bustes des hommes nés dans ces contrées, célèbres par leur bienfaisance, leurs talens ou leurs vertus. On y verrait entre autres le fondateur de l'académie florimontane, saint François de Sales, le président Favre, Vaugelas, Saint-Réal, Lagrange, Ducis, Berthollet, le comte

Joseph de Maistre, et enfin un homme d'état récemment enlevé à sa patrie par une mort prématurée, qui a laissé des souvenirs dans tous les cœurs, et mérité les larmes de son souverain : M. le comte Roget de Cholex.

Parmi le petit nombre de peintures que l'on voit à Chambéry, on peut citer les suivantes :

Deux petites peintures à fresque du quatorzième siècle, derrière le chœur de la cathédrale, dont l'une représente la Vierge et l'Enfant Jésus, et l'autre, un Christ sur la croix ;

L'adoration des Mages, par le célèbre Jean de Bruges, au musée de la ville.

Un tableau de *l'incrédulité de saint Thomas*, dans l'église des anciens jésuites, maintenant de Notre-Dame ; ce tableau, qui appartenait autrefois aux religieux Augustins, est attribué à l'école Lombarde et au siècle qui a précédé les Carrache ; la copie de saint *Jérôme* du Corrège, faite à Parme par Bérengier, artiste de Chambéry, peintre du Duc de Parme, qui avait fait ses études à Rome et à Paris ; cette copie a été fort louée par le célèbre Mengs ; elle est au musée.

Le tableau actuel du maître-autel de l'église de Notre-Dame, exécuté et envoyé par M. Berger, l'honneur de l'école romaine actuelle, artiste du premier ordre, né à Chambéry, qui a remporté des prix distingués en Italie *.

Il n'existe plus à Chambéry qu'un fort petit nombre de tableaux de mérite, la plupart ayant été achetés à grand prix par des amateurs étrangers ; ceux qui restent ornent les principales églises.

J'ai remarqué un tableau du Minotaure, dans le labyrinthe de Crête, de douze pieds de large sur dix de haut, par M. Peytavin, artiste-amateur de Chambéry, élève de David, plein de talent et de goût ; ce tableau, qui a été exposé au salon de Paris, est dans la salle du musée.

Le tableau du Rosaire, dans une des chapelles de l'église de Notre-Dame, du même artiste.

Un beau tableau de la Cène, dans la salle du musée ; dans la chapelle intérieure du palais épiscopal, saint François de Sales, exerçant sa mission apostolique dans le Chablais ; ce tableau est de M. Chabord, qui est aussi un artiste de Chambéry.

Trois tableaux exécutés postérieurement par

---

* La bibliothèque, le musée et le cabinet d'histoire naturelle doivent beaucoup au zèle infatigable et aux profondes connaissances en littérature, en histoire, en archéologie, de M. Reymond, précédent bibliothécaire, et de M. Bise qui lui a succédé.

M. Moreau, autre artiste savoisien, élève distingué de David, professeur de peinture à Chambéry ; le portrait en pied de S. M. le Roi de Sardaigne Victor-Emmanuel, au musée de la ville ; le tableau de saint Benoît, dans l'église de ce nom ; et le portrait de M. le général comte de Boigne, dans l'une des salles de l'hospice de Saint-Benoît. On peut encore indiquer les peintures à fresque des Gagliari, dans le beau salon des Marches, à une heure et demie de distance, sur la route de Grenoble.

ÉGLISES.

On remarque à Chambéry l'église cathédrale d'architecture gothique, qui est simple et d'une belle proportion ; le sanctuaire a été décoré en 1810 par des peintres de Turin, élèves des célèbres Gagliari.

L'église des anciens jésuites, d'ordre dorique, et dont le chœur, d'ordre corinthien, est tout en marbre ; l'église du collége ci-devant Visitandines, nouvellement restaurée, qui est une croix grecque, est d'une belle simplicité et d'ordre corinthien ; la Sainte Chapelle, ainsi nommée du Saint Suaire qui y était déposé autrefois.

Dans ces temps on voyait accourir des pélerins de tous les pays ; des grands et même des princes y venaient de fort loin et souvent à pied.

Pour vous donner une idée de ces pélerinages, je vous citerai la relation de celui de François Ier ; elle est tirée du manuscrit d'une princesse de Savoie, célèbre par ses hautes vertus, autant que par sa prudence et sa fermeté, dans les circonstances orageuses où elle se trouva.

C'était la duchesse d'Angoulême, Louise de Savoie, mère de François Ier ; elle avait suivi jusques à Lyon son fils, qui la déclara régente du royaume, au moment où ce prince partit pour se rendre en Italie.

Après la célèbre bataille de Marignan, où François Ier reçut vingt-deux blessures, de laquelle Trivulce disait que *les vingt autres batailles où il s'était trouvé n'étaient que des jeux d'enfant, auprès de celle-ci qui était une bataille de géans*, et la conquête du duché de Milan, ce prince revint à Lyon, le 15 février 1516, et en sortit, le 18 mai, pour un pélerinage à Chambéry.

« Mon fils, dit la régente dans son journal, « partit de Lyon pour aller à pied au Saint « Suaire à Chambéry. En ce temps là, ajoute un « historien, environ la pentecoste, le Roi partit

« de Lyon, accompagné de plusieurs gentils-
« hommes, pour aller rendre un vœu au Saint
« Suaire de Notre Seigneur, lequel est à Cham-
« béry ; et était la dévotion du Roi d'aller à
« pied ; par quoi le Roi partit de Lyon à pied :
« conséquemment avec lui force gentilshommes
« qu'il faisait moult beau voir. Car ils étaient
« fort gorgias d'accoustremens faits à plaisir,
« et force plumars, et tous à pied, suivant le
« Roi ; et fut le Roi en cette sorte à pied jus-
« qu'audit Chambéry, et fut festoyé le Roi par
« plusieurs jours du duc de Savoye. »

Plus tard Madame Royale Christine de France, fille d'Henri IV, y fit élever le portail qu'on y voit aujourd'hui ; et en 1578, le Saint Suaire fut transporté à Turin, dans la vue d'épargner le passage des Alpes à saint Charles Borromée qui avait fait vœu de le visiter à pied.

Les peintures des vitraux de la Sainte Chapelle et les marbres précieux de son autel méritent l'attention des amateurs.

THÉATRE.

Le théâtre est situé à l'issue des boulevards, à l'entrée de la ville ; c'est un parallélogramme de 69 mètres de longueur, sur 22 de largeur; la façade, en très belles pierres de roche, a un avant-corps d'ordre ionique à pilastres; elle est couronnée d'un fronton dans lequel sont sculptées les armes du roi. On passe d'un péristyle assez bien distribué, dans un vestibule orné de quatre colonnes, où se trouvent quatre escaliers. La salle, qui peut contenir environ quinze cents personnes, est d'une belle proportion; sa forme est demi-circulaire; les loges sont à galeries ornées de sculptures et de peintures. Au centre est la loge du roi richement décorée; derrière est un salon comme dans les théâtres d'Italie. La scène est très spacieuse; il y a d'assez belles décorations, peintes ainsi que le rideau, représentant la descente d'Orphée aux enfers, par les frères Vacca dont nous avons déja parlé.

Dans la profondeur du péristyle et du vestibule, on a construit au premier étage une grande et belle salle de bal avec une galerie dans son pourtour et de riches peintures au plafond; de chaque côté, sont deux salons pour les jeux, une vaste salle et plusieurs pièces pour la buvette.

Ce théâtre est un monument digne de remarque par sa coupe, son plan intérieur, la commodité des distributions et l'élégance des ornemens : cet édifice fait honneur au talent des architectes Trivelli et Préliasco qui en ont donné les dessins et dirigé la construction.

LE BOUT DU MONDE.

Le Bout du monde; c'est le nom que l'on donne à une très belle cascade, à peu de distance de Chambéry ; mais avant de la visiter, il faut lire la belle description qu'en a faite M. Reymond dans son intéressante notice sur les Charmettes, dont je transcris ici un passage : « Entre le roc ma-
« jestueux de Chaffardon, et la montagne de Ni-
« volet, qui s'élève à côté, on voit blanchir les
« eaux d'un torrent qui descend avec impétuosité :
« c'est la Doria, qui, après avoir formé parmi
« des rochers ignorés plusieurs belles cascades,
« au bruit desquelles j'ai rêvé souvent, vient
« mettre en jeu les artifices d'une papeterie éta-
« blie en 1740, qui a appartenu à Augustin
« Montgolfier, et qui est encore dirigée par un
« propriétaire d'Annonay. Au dessus des bâti-
« mens de la papeterie, est un spectacle peut-
« être unique en son genre ; c'est là ce qu'on
« appelle dans le pays le Bout du monde. Tous

« les amateurs des beautés pittoresques de la
« nature vont visiter ce lieu. »

« Pour arriver à la papeterie, il faut prendre,
« au sortir de Chambéry, l'un des deux chemins
« qui remontent le torrent de l'*Aisse*, jusqu'au
« village de ce nom. En sortant du village de
« l'Aisse et se dirigeant au nord, on entre dans
« un vallon étroit et frais; on a à sa droite
« le torrent qui coule avec bruit au pied d'un
« rocher taillé à pic, semblable à une haute
« falaise, formé de bancs gris et roussâtres dis-
« posés horizontalement et garnis d'arbustes.
« Leurs sommets chevelus et irréguliers se des-
« sinent sur le ciel en larges festons. Vis à vis,
« à gauche, est un amphithéâtre rapide, chargé
« d'arbres, et dont les inflexions suivent pa-
« rallèlement celle des rochers opposés. Dans
« le fond et au dessus de cette avenue agreste
« et solitaire, s'élève, comme un géant super-
« be, la montagne de Chaffardon, dont le front
« chauve et escarpé surplombe et menace le
« voyageur. A deux cents pas du village, le ro-
« cher tourne à l'est, et la vue s'enfonce tout à
« coup entre deux montagnes verticales et sem-
« blables, dirigées l'une et l'autre du couchant
« au levant; l'œil se perd dans cet espace, au

« milieu des bois qui le remplissent ; c'est là que
« coule le torrent de l'Aisse, qui vient se joindre
« à la Doria, au dessous de la dernière chute
« que forme celle-ci. A gauche du tableau, sont
« les bâtimens de la papeterie, entre deux rochers.
« Cette singulière fabrique dans un tel
« paysage, les étendages de papiers, les ouvriers
« qui vont et viennent, le spectacle de l'industrie
« humaine, qui met la nature à contribution
« et l'appelle en aide de ses efforts ; les
« moutons qui paissent sur les bords des torrens ;
« le bruit de l'eau qu'augmente la réflexion du
« son répercuté de toute part : tout cela met le
« spectateur dans une situation difficile à exprimer.
« Ce tableau demi-sauvage, quoique animé,
« semble faire pressentir quelque scène
« frappante.

« On passe au milieu des bâtimens et des magasins ;
« on monte à gauche par un petit escalier
« étroit et sale, formé de pierres brutes et
« de quelques morceaux de planches ; on marche
« sur la bouillie des chiffons et au bruit des
« pilons qui retentissent de tous côtés ; on est
« arrosé çà et là par l'eau qui s'échappe des
« aqueducs de bois sous lesquels il faut passer :

« enfin on a traversé tous les édifices, et l'on
« est arrivé au *Bout du monde*.

« Deux hautes murailles de rochers vont se
« réunir au fond d'une enceinte, que l'on a com-
« parée à un cirque et qu'elles terminent en s'a-
« baissant toutes les deux, pour ouvrir un pas-
« sage au courant extérieur qui tombe de cent
« pieds de haut sur un tapis de mousse. A gau-
« che de cette cascade, on en voit deux autres
« dont l'eau jaillit des fissures du roc, par des
« ouvertures que l'on croirait artificielles; à droi-
« te, une suite remarquable de filets s'élancent
« de même dans le bassin commun, et se déta-
« chent avec grâce sur un fond nuancé de ver-
« dure et des tons variés du rocher. Quelques
« unes de ces fontaines curieuses laissent d'abord
« tomber leurs eaux en faisceaux sur des corni-
« ches saillantes qui les repoussent et les disper-
« sent en éventail ;

L'eau se précipitant . . . .
Court, tombe et rejaillit, retombe, écume et gronde.
Les Jardins, Chant III.

« Un beau moment pour jouir de ce spectacle,
« est celui où les rayons du Soleil, glissant sur

« les sommets des rochers latéraux, pénètrent
« dans cette enceinte profonde au travers des
« feuillages qui en couronnent les murs. Alors
« des filets d'or jaillissent d'un côté et se mêlent
« aux gerbes d'argent qui s'échappent de l'autre;
« et les uns et les autres se croisent et se con-
« fondent avec la masse des flots écumans qui
« se précipitent au milieu.

« Toutes ces eaux se calment tout à coup, et
« forment une première nappe en figure de crois-
« sant ; elles s'avancent lentement sur la circon-
« férence antérieure du bassin: là, une partie se
« déploie en lames transparentes et arrondies ;
« une autre se distribue en une multitude de
« nouveaux filets, dont les uns coulent d'un
« trait dans le lit du torrent, tandis que les au-
« tres descendent avec mesure l'escalier naturel
« des couches du roc, et glissent tranquillement
« d'un gradin à l'autre.

« Pour voir le ciel et compléter le tableau,
« il faut se reculer et choisir un point de vue
« convenable. Alors on jouit une seconde fois
« de ces détails qu'on ne peut quitter : ils re-
« çoivent un nouveau charme de cette voûte d'a-
« zur qui les domine : toute la partie inférieure
« du tableau s'obscurcit et le contraste est admi-

« rable. Il est encore embelli par l'éclat d'un
« terrain élevé qui, couvert d'un voile transpa-
« rent et lumineux, et suspendu dans le haut
« des airs, surmonte cette scène d'ombre, de
« mouvement et de bruit, mais surtout par la
« tête colossale et dorée du roc de Chaffardon,
« qui couronne cet ensemble. »

Cette description est entremêlée et suivie de fragmens de poésie qu'il faut lire, ainsi que plusieurs autres détails sur Chambéry et ses environs. Le principal sujet de cet écrit est le tableau des *Charmettes*.

Les étrangers et les Anglais surtout ne manquent point d'aller visiter cette campagne, dont le célèbre J. J. Rousseau a peint les délices.

J'admire, dit Amélie, l'éloquence de J. J.; ses tableaux de la nature sont faits avec une vérité et une magie de style inimitables; ses peintures des passions enflamment l'imagination et remuent le cœur; elles sont pour les écrivains ce que l'Apollon du Belvédère et le Laocoon sont pour les sculpteurs : c'est le beau idéal. Mais j'en demande pardon aux mânes de ce célèbre auteur : lorsque je me le représente écrivant avec tant de feu sur les sentimens de l'amour et de la tendresse maternelle, en même temps outrageant sans remords dans ses actions tout ce que ces sentimens ont de plus sacré, j'éprouve un certain désenchantement que je ne puis décrire : il me semble que je sors de la représentation d'un drame, et que je vois ou dans les coulisses, ou dans la rue, l'acteur dont la voix et l'expression m'ont fait répandre des larmes. J'avouerai que je n'ai pas la vénération de certains enthousiastes pour toutes les petites choses qui tiennent à la vie privée de J. J. Rousseau : je m'accuserai même d'avoir porté l'irrévérence jusqu'à plaisanter avec quelques profanes de cette admiration pour toutes les niaiseries relatives au séjour de J. J. à *Montmorenci* et aux *Charmettes*. A ce sujet, je vous confierai un projet, dans lequel j'ai intention de vous mettre de moitié : c'est celui d'un petit vaudeville, sous le titre de *Jean-Jacques Rousseau aux Charmettes*, du genre de ceux dont nous nous amusons à la campagne avec nos voisins ; je vous communiquerai mes idées, et je me chargerai, pour ma part, de la scène où le jeune philosophe, observant les astres, est costumé avec le *pet-en-l'air* de Madame de Warens.

PÉPINIÈRE. — JARDINS DE M. MARTIN BURDIN.

L'origine de ce bel établissement remonte à plus d'un siècle. A cette époque l'agriculture, qui laisse encore tant de choses à désirer dans ce pays, y était entièrement ignorée; lorsque M. le comte de Conzié, d'une ancienne et illustre famille de la Savoie, aimant et cultivant les sciences et les arts, et particulièrement adonné à l'agronomie, conçut le généreux dessein d'enrichir sa patrie des précieuses ressources qu'elle pouvait lui procurer. Appelant auprès de lui tous les hommes capables de seconder son zèle, il fonda une société d'agriculture; frappé des dispositions du jeune Martin, il lui fournit tous les moyens d'acquérir les connaissances théoriques et pratiques de l'agronome, en l'envoyant à Lyon, auprès du célèbre abbé Rosier. Le jeune Martin y justifia bientôt les hautes espérances de son protecteur, qui l'envoya ensuite en Hollande, en Angleterre, en Italie et dans tous les pays où il existait des établissemens agricoles. C'est après de telles études, que Martin Burdin revint dans sa patrie.

Puissamment aidé par M. de Conzié, secondé

par de dignes collaborateurs, il parvint à naturaliser dans son pays une multitude de plantes et d'arbres exotiques; il y forma, sur un plan vaste et bien entendu, une collection qui est unique dans les états de Sa Majesté; à laquelle son fils, héritier de son talent et de son zèle, donna encore un accroissement considérable; et l'on peut dire qu'elle rivalise maintenant avec les plus beaux établissemens de ce genre qu'on voit en France.

De vastes pépinières, dans une heureuse exposition, renferment le choix le plus varié de toutes les espèces connues. On y trouve à souhait des arbres à plein-vent, hautes tiges, à mi-vent ou mi-tiges, quenouilles ou pyramides, basses-tiges ou espaliers, arbres nains, etc.; et cette branche importante de l'agriculture est l'un des objets particuliers des soins de M. Martin Burdin.

On y remarque les plus beaux assortimens d'arbres forestiers et de toute espèce d'arbrisseaux et d'arbustes d'ornement, de plantes vivaces de tout genre, de pleine terre, toujours verts, à feuilles persistantes ou caduques; les conifères les plus utiles dans l'économie rurale et domestique, tels que les mélèses, les différentes variétés de pins, etc.

De vastes et nombreuses serres à diverses températures font encore l'admiration des agronomes, qui remarquent avec intérêt l'ordre qui règne dans les cultures ; et parmi la prodigieuse quantité de végétaux de tous les pays, des *cumollois* du Japon. On y voit des milliers d'individus de cette magnifique plante, de tout âge, de toute grosseur. La collection des rosiers (genre si recherché aujourd'hui) est une des plus belles qui existent. On y trouve des graines potagères de toute espèce; celles de fourrages, de céréales, de fleurs et de plantes d'agrément, d'arbres et d'arbrisseaux d'orangerie, de pleine terre, des ognons, des griffes et des racines de fleurs de toute espèce.

Enfin, tout ce que cet établissement renferme de beau, de bon et d'utile, pourrait être l'objet d'un gros volume ; mais nous terminerons cette notice par une observation déjà faite par plusieurs agronomes, et qui se vérifie chaque jour de plus en plus : c'est que les végétaux de la Savoie, exposés à une transition souvent très brusque d'une température froide à de grandes chaleurs, acquièrent, par la transplantation, une force végétative prodigieuse, et sont bien plus propres à réussir dans tous les climats que les plantes favorisées d'un beau ciel et d'une température constante.

La maison de commerce de M. Martin Burdin s'est acquis une grande renommée par sa scrupuleuse exactitude, sa bonne foi commerciale et l'excellente qualité de ses produits, qu'elle fournit aux prix les plus modérés : elle les exporte dans toute l'Italie, la Suisse, la France et l'Allemagne. Depuis plusieurs années le cercle de ses relations s'est tellement agrandi, qu'elle correspond maintenant avec Smyrne, Alep, Alexandrie, Odessa, le Mexique et les Etats-Unis d'Amérique.

NOTE.

Je dois la notice sur l'établissement de M. Martin Burdin, à l'obligeance de M. MARIN, agronome distingué, membre et secrétaire perpétuel de la chambre d'agriculture et de commerce du duché de Savoie, dont le zèle, les talens héréditaires, égalent les connaissances, et font revivre la mémoire de son père et de son aïeul. Je regrette que les bornes de cet ouvrage ne m'aient pas permis de donner plus d'étendue à cette notice.

CHAPITRE XXVIII.

Promenade a la gorge de Saint-Saturnin.

> D'un solitaire écho la voix mystérieuse
> Troubla son tendre cœur, et la rendit rêveuse.
> L'AUTEUR.

Suivant un homme de beaucoup d'esprit :
Désir de *nonne* est un feu qui dévore ;
Désir d'*Anglais* est cent fois pire encore.

Voilà, me dit Amélie, un plaisant début au sujet de la Gorge de Saint-Saturnin ; je ne sais comment il nous y conduira. — Cependant il nous y mène, puisque cette promenade rappelle un de ces actes de munificence dont les Anglais donnent souvent l'exemple chez eux et même dans les pays étrangers. Les liaisons que l'on peut former avec eux n'ont point cette aimable facilité naturelle aux Français ; mais elles procurent souvent des avantages plus solides et des souvenirs plus durables. Lorsqu'ils se passionnent pour quelqu'un ou pour quelque chose, rien ne les étonne dans la grandeur de leurs entreprises, rien ne leur coûte pour l'exécution ; et ils montrent dans ces occasions un esprit de générosité et de persévérance que l'on retrouve ordinairement dans leur caractère (I). En voici un exemple.

J'ai eu des relations à Aix avec Lord.... qui voyageait sur le continent, à son retour des Grandes Indes. Lord...., amateur des sciences et des arts, se plaisait singulièrement aux recherches de toutes les antiquités romaines ; il cultivait l'archéologie avec une sorte de passion ; et toutes ses idées portaient l'empreinte de son goût pour la magnificence. Après avoir parcouru ensemble toutes les lignes des voies romaines qui traversaient la vallée d'Aix jusqu'à la Gorge de Saint-Saturnin, qu'il admira beaucoup, il conçut le singulier projet d'une fête qui devait figurer le voyage d'un proconsul romain à *Lemnicum*. Enthousiasmé de son idée, il avait lui-même fait tous les plans ; et j'électrisais encore son imagination, en l'entretenant de l'éclat d'une fête pareille, et des souvenirs qu'elle laisserait, qui seraient transmis à la postérité par une médaille.

Le nombre des invités devait s'élever à environ quatre cents ; et afin que rien ne manquât à la pompe et à l'illusion, des chars et des litières d'une forme romaine étaient destinés aux dames. Le cortége du proconsul, composé de chevaliers romains et des dignitaires allobroges, devait être précédé d'une escorte de soldats et de musiciens costumés à la romaine, jouant des marches militaires.

On aurait fait entendre les plus beaux morceaux de la musique de la Vestale dans la Gorge de Saint-Saturnin, pour jouir de tous les effets des échos. Là eût été servi un repas splendide, à la suite duquel la marche aurait continué jusqu'au lieu de l'ancien *Lemnicum*, où l'on aurait fait halte, pour y poser la première pierre d'une petite colonne avec une inscription.

Ce projet exigeait environ vingt jours de préparatifs, et il devait être annoncé dix jours à l'avance. Par une fatalité bien malencontreuse, Lord.... ayant reçu des nouvelles qui le mirent dans la nécessité de partir en toute hâte pour

Londres, le projet resta sans exécution, à son grand déplaisir et au mien : ce fut même un véritable désappointement pour quelques dames que j'avais informées de tout cela. Lord.... promit de revenir l'année suivante ; mais nous apprîmes qu'il s'était embarqué pour les Grandes Indes.

Cette fête avait quelque chose de grandiose et de romanesque tout à fait dans le goût des Anglais. A ce sujet, je me rappelle le récit d'une fête donnée quelques années avant la révolution, par le duc de Glocester, sur les bords du lac de Genève : ce que l'on m'en a raconté tient vraiment de la féerie. Cette fête avait eu lieu dans une forêt ; et pour imiter le climat de la Provence, ce prince y avait fait transporter tous les orangers et les arbustes des pays chauds qu'il avait pu réunir. Après un dîner de quatre à cinq cents couverts, des divertissemens de toute espèce et un feu d'artifice des plus magnifiques, la forêt parut toute en feu par l'effet d'une illumination en verres de couleurs : on dansa toute la nuit.

Il n'y aurait pas moins de gloire à réaliser le projet de la promenade à Saint-Saturnin qu'à l'avoir conçu ; et s'il plaisait à un de ces Anglais dont la fortune égale ou surpasse celle de quelques souverains, de venir recueillir le fruit des idées de son compatriote, je pourrais lui communiquer tous les plans. Peut-être un autre Anglais se présentera-t-il. En attendant, je vous engage, Amélie, à faire une promenade à Saint-Saturnin. Vous pourrez suivre la ligne de la voie romaine, au bas des collines de Méry et de Montagni, où vous ferez une station au château de M. le marquis d'Oncieux, qui fut, en 1814, le lieu d'un combat fort animé entre les Français et les Autrichiens. On y a conservé quelques uns des boulets dont cette maison fut criblée par une batterie voisine. Ce château me rappelle les souvenirs d'une des plus anciennes et des plus illustres familles de la Savoie (2).

Vous continuerez ensuite votre route jusqu'à Saint-Saturnin. Là est un étroit passage entre deux grandes montagnes, qui ouvre une communication avec la vallée de Bassin. Les rochers s'élèvent à une très grande hauteur ; leurs bancs inclinés, contournés à droite et à gauche, sont parsemés de broussailles d'où l'on voit quelquefois sortir des oiseaux de proie. J'y ai entendu, dans un temps sombre, le croassement d'une nuée de corbeaux dont les cris étaient répétés par les échos, ce qui produisait un singulier effet. Cette gorge solitaire a un aspect sauvage qui porte dans l'ame une sorte d'effroi: elle retrace à l'imagination l'idée d'un repaire de brigands, ou de bêtes féroces. Le poète, le peintre, le romancier, pourraient y trouver de beaux modèles de composition, pour y placer une scène de voleurs, ou d'un voyageur attaqué par un ours. Ces rochers sont encore extrêmement curieux sous le rapport géologique: pressés, affaissés et tourmentés en sens divers, ils portent les traces de l'effroyable secousse qui leur a fait prendre ces différentes positions, à l'époque où ces matières calcaires étaient une pâte molle à laquelle le mouvement pouvait imprimer diverses formes.

Dans la partie la plus étroite de ce défilé, on voit les restes d'une épaisse muraille qui fut, dit-on, construite dans le temps de la peste, pour empêcher toute communication entre la vallée de Chambéry et celle d'Aix, où ce fléau n'avait pas pénétré. D'autres font remonter sa construction à l'époque où les princes de Savoie, ayant acquis le château de Chambéry et ses dépendances, de la maison de Berlion, voulurent mettre les voyageurs dans la nécessité de passer par cette ville.

Un peu plus loin est la chapelle de Saint-Saturnin que le peuple appelle *Saint-Saorlin* : il y va en dévotion certain jour de l'année. On dit qu'il y avait autrefois un ermite dans un petit bâtiment qui subsiste encore aujourd'hui, tout près de la chapelle, au devant de laquelle on voit un grand tronc en forme de coffre : son ouverture annonce qu'il était destiné à recevoir des offrandes de blé, dont l'usage a laissé des traces. C'est par ce défilé que passait la voie romaine allant de Genève à *Lemnicum;* à quelques centaines de pas, il s'élargit, et l'on découvre le pic appelé la Dent de Nivolet, qui forme un coup-d'œil très pittoresque, surtout au coucher du soleil. C'est de cet endroit que l'on entend un écho qui répète assez distinctement, et même, dit-on, plusieurs fois, dans les temps très secs ; ou peut-être existe-t-il des positions où il est à plusieurs voix. Cet écho produit un assez grand effet avec un porte-voix, ou par des décharges d'armes à feu. Il devait faire un beau tintamarre, le jour de la bataille des Autrichiens et des Français ; car la montagne de Nivolet est toute caverneuse. Je m'y trouvai dans le temps d'une chasse au fond du vallon ; j'entendais retentir au dessus du château de Montagny, et très longuement, tous les coups de fusil, quoique le bruit fût très peu sensible dans la plaine.

On raconte qu'un jeune étourdi, qui était aux eaux d'Aix, s'avisa d'un tour d'espièglerie assez plaisant. Plusieurs dames de sa société ayant formé le projet de visiter la gorge de Saint-Saturnin, il prit les devants et alla se cacher dans les rochers. Aussitôt qu'il les vit paraître, il les appela par leur nom. Il serait difficile de peindre l'étonnement et l'effroi des belles promeneuses : les unes, poussant des cris, couraient vers l'entrée de la gorge pour en sortir ; les autres allèrent se réfugier dans la chapelle de Saint-Saturnin. Mais revenant insensiblement de cette terreur panique, par les efforts des cavaliers qui les accompagnaient, elles se groupèrent autour d'eux pour jouir de cette merveille, qui donna lieu à mille conjectures. L'espiègle, prenant alors une voix douce et tendre, fit répéter aux échos plusieurs choses aimables pour chacune de ces dames: nouvel étonnement ; on cherchait partout, on n'apercevait rien ; était-ce un sylphe, un lutin, la nymphe des échos ? On ajoute que l'une de ces dames n'écouta pas sans émotion des paroles mystérieuses qui lui furent adressées, et dont elle seule avait le secret.

NOTES.

(1) Parmi une multitude de traits de générosité et de bienfaisance des Anglais, à Aix, on peut citer un fait trés récent : M. Haldiman, touché du spectacle d'une espèce d'épidémie ou fièvre quarte qui désolait quelques campagnes des environs, donna une somme de 2,400 francs pour acheter de la quinine. L'année suivante, après avoir secouru quelques malheureux étrangers qui étaient venus aux eaux d'Aix, il fit don d'une somme de 10,000 francs pour la fondation d'un hospice destiné à les recevoir.

(2) Ce château appartient à M. le marquis d'Oncieux. Guichenon, dans son histoire de la Bresse et du Bugey, nous a laissé une généalogie très détaillée de cette maison originaire du Bugey, qui remonte sans interruption jusqu'au delà du douzième siècle.

Guy d'Oncieux fit hommage de ses terres à Philippe, comte de Savoie, le premier juin 1217. Adrien d'Oncieux était gouverneur militaire de Chambéry, en 1270. La seigneurie de Douvres, située près d'Ambronay, entra dans cette maison en 1280, par le mariage de Pétronille de Douvres avec Guillaume Ier d'Oncieux ; après celui-ci, la famille se divisa en deux branches : celle de d'Oncieux de Dyème Montiernos, qui s'établit en Dauphiné, et celle de d'Oncieux de Douvres, qui subsiste encore à Chambéry.

Cette famille a produit plusieurs personnages illustres : Guillaume d'Oncieux, président au sénat de Savoie, en 1599, fut un homme d'une grande instruction ; il publia plusieurs ouvrages très estimés de jurisprudence, de philosophie et de littérature. Son fils Janus, premier président du sénat de Savoie et gouverneur général du duché, en 1643, fut également un homme des plus distingués par ses profondes connaissances et par sa conduite politique, pendant les troubles de la régence de Madame Royale, Christine de France.

Le marquis Joseph-Louis d'Oncieux, arrière-petit-fils de Janus, eut, de son premier mariage avec sa parente Madame d'Oncieux de Douvres, veuve de la Chambre, Guillaume d'Oncieux de Vaudan, marquis de la Bâtie ; et de son second mariage avec Madame Magdelaine Millet d'Arvillars, Louis-Esther, marquis de Chaffardon, mort sans enfans. Le marquis Guillaume de la Bâtie a eu deux fils : M. Jean-Baptiste, marquis d'Oncieux, actuellement inspecteur-général des carabiniers royaux ; et M. Paul, marquis de Chaffardon, Gentilhomme de la Chambre de Sa Majesté.

Des talens distingués, une instruction solide, les plus nobles vertus, une piété exemplaire, une généreuse et active bienfaisance, et une franche affabilité : telles sont les qualités héréditaires qui ont toujours été remarquées dans cette famille respectable, et qui lui ont mérité, dans tous les temps, une estime universelle.

CHAPITRE XXIX.

Manufacture de draps de m. Chevalier

> C'est la richesse des nations qui fait leur puissance, et qui règle leur rang dans l'ordre politique.
> (Smith, *de la Richesse des nations.*)

J'avais promis à Lord.... dans un entretien au sujet des manufactures, et d'autres objets de statistique, d'aller voir avec lui quelques établissemens de ce genre. Nous nous rendîmes dans la jolie petite vallée de Cognin, où l'on voit une scierie de marbre. Un mécanisme très simple, dont l'eau est le moteur, scie un bloc en trois ou quatre plaques, et remplace ainsi les bras de quatre manœuvres, sur lesquels il a l'avantage d'un travail aussi parfait, exécuté jour et nuit sans interruption, et avec plus de promptitude. Il est étonnant qu'une économie de cette importance n'ait pas déjà fait adopter un semblable artifice à Lyon, et dans d'autres villes. Plus loin, est la manufacture de draps de M. Chevalier, visitée avec intérêt par tous les étrangers : voici les notes que je recueillis sur cette fabrique.

Elle est située sur les bords de la rivière d'Hyère, qui ne tarit jamais, et dont le volume d'eau, à peu près égal dans toutes les saisons, a l'avantage de plusieurs pentes : celle de la manufacture de M. Chevalier est de quatorze pieds; et la force motrice peut être évaluée à cent chevaux.

Le plan général de cet établissement paraît avoir été conçu par des personnes ayant une connaissance approfondie de tout ce qui est relatif aux manufactures de draps, et de tous les détails de la fabrication que l'on a réunis dans le même local.

On remarque que l'on a suivi pour la construction des roues d'engrenage le système de l'ingénieur anglais Trégold; on l'a également adopté pour le chauffage à la vapeur, qui est combiné de telle manière, que le bâtiment est échauffé l'hiver par le même foyer que celui de la teinture ; ce qui produit une grande économie de combustible : l'emploi du lignite, au lieu du bois, est encore une épargne considérable. Un aqueduc qui entoure le bâtiment porte l'eau dans toutes ses parties, sans aucune main-d'œuvre.

Une machine ingénieuse, inventée par le directeur, exécute par son mécanisme les trois opérations qui ont lieu entre la filature et le tissage : ce qui remplace le travail quotidien de quatre femmes. Les foulons, par pression, réduisent la dépense de plus de moitié; et l'eau de la rivière d'Hyère, battue par une multitude de chutes, est, dans son état naturel, très propre au dégraissage.

Nous examinâmes ensuite les diverses qualités de produits : les draps communs nous parurent d'une excellente fabrication; les draps fins peuvent rivaliser avec les plus beaux des fabriques d'Elbœuf et de Louviers. Lord.... fut partout frappé des immenses avantages de localité. « Un « moteur, dit-il, soit par eau, soit au moyen de « machines à feu, a déjà, dans les villes d'El- « bœuf et de Louviers, une valeur de plus de

« cent mille francs ; tandis que, d'après les ren-
« seignemens que nous venons de prendre, ce
« cours d'eau n'a pas coûté le vingtième de cette
« somme. Les matières premières, indigènes,
« sont très abondantes et de bonne qualité ; la
« main-d'œuvre est à très bas prix, et même des
« deux tiers au dessous. Avec de tels élémens de
« prospérité, quelle est donc la cause qui arrête
« l'essor d'une branche d'industrie si riche et
« si importante ? » Telle est la question que
Lord.... me fit, en voyant un si petit nombre
d'ouvriers dans une fabrique d'ailleurs adminis-
trée avec un ordre et une régularité parfaite.
C'est, lui dis-je, ce qui étonne tous les étrangers ; il ne manque, pour imprimer un grand
mouvement à cette manufacture, qu'une chose
qui serait très facile à trouver en Angleterre et
même ailleurs : ce sont des capitaux.

La modicité des fortunes, la défiance qu'ins-
pirent les nouvelles entreprises, ne permettent
pas de s'en procurer aisément. Il ne convient
point d'en tirer de l'étranger, parce que ce serait lui livrer les avantages de l'industrie natio-
nale, dont il ne manquerait pas de s'emparer.
Le gouvernement est donc le seul protecteur
dont cette belle manufacture puisse attendre des

secours et des encouragemens. Il serait à désirer que le trésor royal fît à M. Chevalier, pour un certain nombre d'années, un prêt, dont il se rembourserait en fournitures pour l'armée.

CHAPITRE XXX.

Cascade de Grésy.

> L'eau se précipitant. . . . .
> Court, tombe et rejaillit, retombe, écume et gronde.
> DELILLE.

Le Sierroz est la rivière la plus considérable du vallon d'Aix; il descend des Bauges, et verse ses eaux dans le lac, après avoir recueilli celles de plusieurs ruisseaux; dans les temps de pluies abondantes, ou de la fonte des neiges, semblable à un torrent impétueux, il roule ses eaux avec fracas dans les rochers calcaires, où il s'est creusé un lit profond. Les gros cailloux qu'il entraîne forment une pointe avancée dans le lac, qui devient chaque jour plus sensible.

Au nord d'Aix et à trois quarts d'heure de

cette ville, près de la route de Genève, sont des moulins sur le bord d'un précipice, vers lequel la Daisse se joint au Sierroz. M. de Saussure visita ces moulins et la chute d'eau, qui sont devenus dès lors un objet de curiosité pour les étrangers. Ce lieu a pris le nom de Cascade de Grésy : toutefois, par l'élévation de sa chute, ni par l'abondance des eaux, elle ne peut être comparée à celles que l'on voit aux environs de Chambéry, appelées de *Couz et le Bout du Monde*; et bien moins encore aux cascades du Faucigny. C'est un gouffre au milieu d'une enceinte de rochers qui présentent des crevasses, des anfractuosités, des puits et des blocs contournés en sens divers, dont les sommets sont couronnés par des moulins et d'autres usines. Ce gouffre forme un carré alongé, où l'on peut descendre, du côté du nord, jusques à une certaine profondeur ; du côté du midi, il est fermé dans sa partie supérieure. Les eaux, détournées par des canaux latéraux servant au jeu des usines, retombent en nappes et en filets le long des rochers, et forment sept ou huit petites chutes ou cascatelles. Ces eaux bouillonnent, blanchissent, écument et se précipitent avec impétuosité et un grand fracas dans ces cavités.

Dans les crevasses de ces rochers, des broussailles, des plantes rampantes, suspendues sur cet abîme, ajoutent à l'effet pittoresque du jeu de la lumière et des ombres avec les eaux. Pour jouir de ce spectacle, il faut descendre par un escalier en bois, au bord du précipice, où l'on est aujourd'hui garanti de tout accident par une barrière. Près de là, une pierre tumulaire qui rappelle d'attendrissans souvenirs, apprend aux voyageurs la catastrophe à la suite de laquelle fut élevé ce monument.

En 1813, la baronne de Broc, dame d'honneur et amie de la princesse Hortense, alors ex-reine de Hollande, l'avait accompagnée aux eaux d'Aix. Madame de Broc réunissait à une rare beauté toutes les qualités du cœur et de l'esprit : son affabilité, sa douceur et une bonté touchante, la faisaient chérir de tous ceux qui la connaissaient : la princesse Hortense trouvait beaucoup de charme dans son intimité. La réunion aux eaux fut très brillante cette année : on ne voyait que jeux, fêtes et amusemens, dont Madame de Broc était l'ame et l'ornement.

Après une pluie abondante, la princesse, sa suite et un grand nombre d'étrangers, se rendirent à la cascade de Grésy ; on descendit sur le bord du précipice ; il fallait alors franchir une petite crevasse ; les rochers étaient devenus glissans par la chute des eaux : madame de Broc, ayant négligé de donner le bras à un des guides, tomba dans l'eau.

Au premier cri d'effroi, succédèrent bientôt les accens du plus affreux désespoir, lorsqu'on la vit précipitée dans le fond d'un de ces gouffres, où elle disparut à tous les regards. Ce fut en vain que deux intrépides meûniers exposèrent leur vie pour la secourir : on ne la retira de là que morte et fracassée par les rochers. Il serait difficile de peindre la consternation que cet affreux événement répandit à Aix ; pendant toute la saison des eaux, il fut un sujet continuel d'entretiens et de regrets qui se renouvelèrent même les années suivantes ; et pour donner une idée de ceux qu'il devait exciter, je rapporterai ici un quatrain composé dans le temps pour elle, et qui la peint avec beaucoup de vérité :

> D'esprit et de grâces pétrie,
> On la voit briller tour à tour
> Comme une fleur dans la prairie,
> Comme un diamant à la cour.

Voici l'inscription qu'on lit sur la pierre tumulaire :

*MADAME LA BARONNE DE BROC,
âgée de vingt-cinq ans, a péri sous les yeux de
son amie, le 10 juin 1813.*

O vous qui visitez ces lieux, n'avancez qu'avec précaution sur ces abîmes : songez à ceux qui vous aiment.

De la cascade on peut aller à la tour de Grésy, distante d'une bonne demi-lieue; le pays est bien garni de bois, et la route variée par plusieurs mouvemens de terrain. Cette tour, située sur une petite éminence, faisait partie des constructions d'un château autrefois considérable, et dont il ne reste qu'une portion de bâtiment. Elle est carrée, et a vingt-cinq pieds de largeur sur chacune de ses faces. Les murs, qui ont 8 à 9 pieds d'épaisseur dans le bas, sont composés de grosses pierres de roche toutes soigneusement taillées en carrés longs, qui paraissent de la même dimension que celles du temple de Diane à Aix. A une certaine hauteur, elle est construite en tuf taillé dans les mêmes proportions; elle a été démolie dans le haut, où il ne reste plus qu'une petite partie de la construction en tuf. Suivant le récit des gens du pays, elle avait à peu près cent cinquante pieds d'élévation; elle en a maintenant un peu plus de soixante.

Tout porte à croire que c'est une ancienne construction romaine, et que c'était l'une des tours destinées à servir de points d'observation dans la vallée, pour correspondre avec celles de Cessens, et plusieurs autres qui sont aux environs de Chambéry. Il est fâcheux que les matériaux de ce monument deviennent un objet de spéculation. Il serait à désirer que les autorités prissent des mesures pour conserver au moins ce qu'il en reste, afin d'en former un belvédère, d'où la vue s'étendrait très loin : le coup-d'œil dont on jouit du pied de la tour présente plusieurs aspects intéressans. A peu de distance, on entend le bruit des eaux du Sierroz, qui roulent dans les rochers au dessous d'un autre château. Les regards s'étendent sur la commune de la Biolle, dont on distingue tous les villages; on voit le château de Longefand et ses dépendances, Saint-Germain, la Montagne et la Tour de Cessens. On découvre plusieurs autres villages, tels que Monfalcon, Savigny ; au midi, le lac d'Hautecombe, la colline de Tresserve, le Mont du Chat, Voglans et la plus grande partie du bassin de Chambéry.

CHAPITRE XXXI.

Vallée de l'Isère, Digue de cette rivière.

> O Princes adorés! votre auguste mémoire
> Sera dans tous les tems l'amour de vos sujets;
> Et l'on dira toujours : S'ils vivent dans l'histoire,
> Les uns par la vertu, les autres par la gloire,
> Dans nos cœurs c'est par les bienfaits.
> L'Auteur.

Vous avez souvent remarqué, Amélie, la fertilité des vallées d'Aix et de Chambéry; mais il en est une autre à peu de distance de cette dernière ville, qui les surpasse encore : c'est celle de l'Isère, vulgairement appelée *Combe de Savoie*. Elle a sur les deux premières l'avantage d'une plus grande richesse. Située entre les chaînes des Bauges et les dernières montagnes de la Maurienne et de la Tarentaise, elle renferme plusieurs bassins, formant une étendue de plus de cinq lieues et demie de longueur, sur une largeur qui varie d'une lieue à un tiers de lieue. Plusieurs de ces expositions jouissent d'une température plus chaude que les environs de Chambéry. Cette vallée est traversée dans toute sa longueur par le cours tortueux de l'Isère qui la ravage et la fertilise tour à tour, en y déposant un limon gras, dont la fécondité égale les meilleurs engrais. Les sites, bien plus variés que les environs de Chambéry, charment le voyageur qui prend la route d'Italie par le petit Saint-Bernard. On peut encore parcourir cette vallée en allant dans les Bauges, ou en revenant par le col du *Fresne*. On a entrepris pour le *diguement* de l'Isère un travail public digne d'admiration. Que de motifs, Amélie, pour visiter cette intéressante contrée, à l'exemple de plusieurs étrangers qui viennent aux eaux d'Aix !

Il faut d'abord passer à Montmeillan, petite bourgade très ancienne, dont l'origine remonte à une station romaine indiquée sur tous les itinéraires romains. Vous arrêterez vos regards sur le mamelon où existait le fort de Montmeillan, célèbre dans toutes les guerres entre les princes de Savoie, les Dauphins et les Rois de France.

Vous apercevrez les ruines de cette citadelle que Henri IV appelait *une merveilleusement forte place et la meilleure qu'il vit jamais ;* elle ne se rendit à François Ier, que par la trahison d'un gouverneur napolitain ; en 1600, à Henri IV, qu'à la suite des ingénieux artifices de Sully, auprès de l'épouse du commandant ; elle résista pendant 13 mois à tous les efforts de l'armée de Louis XIII. En 1691, cette place succomba par l'adresse et la persévérance du maréchal Catinat, après un blocus d'une année et 31 jours de tranchée ouverte ; ayant capitulé en 1705, après deux ans de blocus, faute de vivres et de munitions, les troupes de Louis XIV y entrèrent et démolirent les fortifications.

Cette vallée s'ouvre à Montmeillan, en passant le pont sur l'Isère, qui aboutit à la route d'Italie par le mont Cenis. Si vous tournez vos regards au nord, vous jouirez d'un magnifique point de vue, qui se termine dans un immense lointain par les dômes majestueux du mont Blanc que l'on aperçoit très bien dans les jours où l'atmosphère est purgée de vapeurs, quoique l'on en soit éloigné de plus de trente lieues. On le découvre également de Lyon, où il produit un très bel effet, surtout lorsque ses neiges éternelles sont colorées d'une teinte aurore par les rayons du soleil couchant ; mais du pont de Montmeillan, cette perspective est bien plus magique, par l'opposition des montagnes qui bornent l'horizon à droite et à gauche.

L'élévation de cette vallée, mesurée au pont de Montmeillan, est de 270 mètres au dessus du niveau de la mer, et de 317 mètres, mesurée au bas de Conflans : ce qui prouve que son exhaussement progressif n'est que de 47 mètres sur 27 kilomètres et demi (soit cinq lieues et demie) de longueur.

Toute cette vallée, parsemée sur ses riches coteaux de bourgades, de villages, de jolies maisons de campagne, est variée dans le bas par les cultures du maïs, du chanvre et de céréales de toute espèce ; ce qui lui donne un air de vie et de gaîté : elle présente une multitude de points de vue enchanteurs. Ce tableau est celui dont vous commencerez à jouir au village d'Arbin, qui semble former une dépendance de Montmeillan : il domine une magnifique plaine de la plus riche végétation, mais souvent ravagée par l'Isère qui la sillonne par ses divagations. Vous verrez ensuite la commune de Cruet, dont les vignobles produisent des vins très estimés.

Plus loin est Saint-Jean de la Porte, au pied du mont Cervin, dont la pointe est de 1,561 mètres au dessus du niveau de la mer : le site de ce village est extrêmement agréable. En avançant un peu, la vallée s'élargit insensiblement, et la route s'éloigne de la rivière dont elle est séparée par une très belle plaine couverte de noyers et d'arbres fruitiers qui ombragent des champs et des prairies.

L'on entre bientôt dans le grand et magnifique bassin de Saint-Pierre, d'une forme demi-circulaire, coupée à son extrémité par le cours de l'Isère, en ligne droite. La prodigieuse fertilité de ce vallon a passé en proverbe ; et les gens de la campagne l'appellent le *Rognon* de tout le pays : on retrouve cette expression populaire dans certaines localités des bords de la Saône, remarquables par la richesse des productions du sol. Saint-Pierre d'Albigny est un gros bourg où l'on voit plusieurs jolies habitations : le climat y est encore plus doux qu'à Montmeillan, et la végétation, qui devance de quinze jours celle du bassin de Chambéry, est presque aussi précoce que celle du coteau de Sainte-Foy, près Lyon. Il y a dans les environs quelques carrières de marbre. Saint-Pierre est l'entrepôt des productions des Bauges, d'où l'on descend par le col du Fresne.

Suivant M. Albanis-Beaumont, cet endroit doit son origine et son nom d'Albigny à une colonie albanaise : quoi qu'il en soit de cette conjecture, il est certain que les Romains l'ont habité. En 1381, un seigneur de Miolan y fonda un couvent de frères ermites de l'ordre de saint Augustin. On conservait dans leur église une des épines de la couronne de N. S. Jésus-Christ. Cette relique, échappée aux désastres de la révolution, fut replacée dans l'église en 1803, où elle attire un grand concours de fidèles.

En sortant de Saint-Pierre, à gauche, est une colline fort élevée, composée de rochers calcaires dont les couches très inclinées se prolongent jusqu'aux environs de Miolan : le château de ce nom, situé à l'extrémité d'un de ces rochers, domine la route à une hauteur de plus de deux cents mètres. Ce fort construit pour défendre l'entrée de la Tarentaise remonte à la plus haute antiquité. Il appartenait à une des plus anciennes et des plus illustres maisons du pays, déja puissante vers le neuvième siècle, et qui l'était encore au temps de Louis XI, puisque ce prince fut obligé de faire marcher des troupes contre elle : ensuite transformé en prison d'état, sur la fin du dix-septième siècle ; il est aujourd'hui abandonné, et ne présentera bientôt plus que des ruines.

On voit un peu plus loin le village de Fontaine, sur une colline couverte de vignobles, au pied des montagnes. Tout annonce qu'il y avait dans ce lieu des bains antiques maintenant recouverts par leurs débris, à travers lesquels filtrent encore quelques filets d'eau minérale. Des archéologues prétendent que cet endroit était l'ancien *Ad Publicanos* que l'itinéraire d'Antonin et les tables de Peutinger placent entre *Mantala* (Montmeillan) et *Oblimum* (Conflans). M. Albanis-Beaumont y a découvert des fragmens de marbre qui avaient servi à l'ancien bâtiment des bains. Il en reste quelques uns près de la route ; ils offrent une portion d'inscription, de laquelle on distingue encore les mots AD PUBLIC.

De Fontaine, on passe au bourg de Grésy, situé à une demi-lieue de distance : le chemin est bordé de grands noyers, et ressemble beaucoup aux environs d'Aix ; il présente de plus le contraste piquant d'une plaine fertile et riante, en face de la sombre vallée de la Maurienne : c'est dans ce lieu que se réunissent l'Arc et l'Isère. Le confluent de ces deux rivières produit beaucoup de ravages dans le fond de la vallée, où elles enlèvent une grande quantité de terrain à l'agriculture : on y a trouvé plusieurs fragmens d'antiquité. On traverse l'Isère sur un pont de bois qui conduit à la fonderie de Sainte-Hélène; et de là à Aiguebelle. Les montagnes des Bauges se rapprochent de l'Isère, en formant une grande colline, où sont plusieurs villages que l'on aperçoit de la route.

On arrive ensuite à Conflans, après deux heures de marche; il faut s'y arrêter, pour jouir du coup-d'œil de cette charmante et belle vallée, qui offre les sites les plus intéressans ; vous y trouverez successivement les villages de Tournon, de Gilly et de Cléry, environnés de champs qui déploient la plus grande richesse de végétation. A l'extrémité de la commune de Cléry, près du hameau de Frontenex, s'ouvre, à main gauche, une route d'embranchement par le col de Tamiez, qui communique, de la vallée de l'Isère et de la Tarentaise, avec Annecy : cette route aboutit à Faverge, devant l'ancienne abbaye de Tamiez, fondée en 1132 par Pierre, archevêque de Tarentaise. Le voyageur, au lieu de l'hospitalité qu'il y trouvait autrefois, n'y voit plus qu'un immense bâtiment, tombant en ruines. La vallée de l'Isère se termine au bourg de l'Hôpital, où le torrent de l'Arly verse ses eaux dans cette rivière. Cet endroit, qui n'était qu'un petit village, est aujourd'hui un bourg considérable, dont les rues sont larges et les maisons bien bâties.

En parcourant cette vallée, on remarque surtout le cours impétueux de la rivière de l'Isère, qui grossit quelquefois comme un torrent, et surpasse toutes les autres par sa rapidité. Vous vous souvenez, Amélie, de son effrayante vitesse à Grenoble, et près de Valence où elle verse ses eaux dans le Rhône; et quoique ce fleuve soit le plus rapide de l'Europe, sous ce rapport il ne peut lui être comparé. Elle serpente dans la plaine, où ses eaux volumineuses et vagabondes sillonnent un sol uni, que rien ne défend contre ses fureurs. On la voit déposer dans quelques parties un limon gras et fécond, qui bientôt se couvre des moissons les plus riches; tandis que, d'un autre côté, elle détruit et ravage les plus belles récoltes.

Le *diguement* de l'Isère était depuis plusieurs siècles le vœu le plus ardent des nombreux habitans de cette vallée; mais cette vaste entreprise, surpassant les ressources réunies de toute la population, ne pouvait être qu'un bienfait de l'autorité souveraine, dont elle exigeait les trésors.

Ces considérations d'intérêt public n'échappèrent point au cœur paternel de S. M. VICTOR-AMÉDÉE, qui a laissé tant de souvenirs de sa bonté touchante et de sa munificence. Le 15 mai 1787, ce souverain ordonna le *diguement* de l'Isère, qui devait rendre à l'agriculture d'immenses propriétés envahies par les eaux, et arrêter leurs fréquentes irruptions dans les plus belles parties de cette vallée. Mais l'exécution de ce grand dessein réservée à son auguste fils, CHARLES-FÉLIX, héritier de ses vertus et de ses vœux pour le bonheur du peuple, présentait des difficultés de tout genre : c'est du choix de la commission chargée d'y veiller, que pouvait dépendre le succès. Elle fut composée de Son Excellence le Gouverneur-Général du duché de Savoie, qui en eut la présidence ; de MM. l'intendant-général, l'inspecteur du génie civil de la division, l'ingénieur de la province et l'archiviste du duché.

Dans le nombre des bienfaits de Sa Majesté, la nomination de Son Excellence le comte d'ANDEZENO, Gouverneur-Général de la Savoie, est un de ceux qui lui assurent le plus la reconnaissance de ses fidèles sujets ultramontains ; car on doit à Son Excellence la justice de dire que, par l'intérêt et le zèle ardent qu'elle a mis à aplanir toutes les difficultés, à préparer et activer tous les moyens d'exécution, elle a été l'ame de cette haute entreprise : son nom se rattachera à jamais à l'un des plus grands travaux publics qui aient été faits dans les états de S. M., et à celui qui doit, par ses résultats, contribuer le plus à la richesse et au bonheur des habitans de ce pays.

Sous le règne de VICTOR-AMÉDÉE, M. l'ingénieur Garella avait dressé un plan général du *diguement* ; mais la commission s'est bientôt convaincue que le changement du cours de l'Isère nécessitait plusieurs modifications importantes ; et M. l'ingénieur Bayetti fut chargé de la levée d'un nouveau plan de tout le bassin de l'Isère, depuis le confluent du torrent de l'Arly, jusques aux limites de la Savoie avec la France ; et d'y joindre un profil longitudinal de la rivière et de ses affluens, en l'accompagnant d'observations propres à servir de base aux décisions de la commission.

En 1824, le Roi ayant manifesté le désir de

visiter les différentes provinces qui composent le duché, Son Excellence le Comte d'ANDEZENO saisit cette circonstance, pour faire agréer à Sa Majesté une fête qui avait pour objet de poser la première pierre de la digue de l'Isère. Cette intéressante solennité est assurément une de celles qui doivent faire époque dans l'histoire de cette province.

Un arc de triomphe de forme antique, orné, sur chaque face, de quatre colonnes doriques, ouvrait l'entrée d'un bel amphithéâtre de forme elliptique : vis à vis s'élevait un temple majestueux, orné de huit colonnes doriques isolées ; sa position, relativement à l'amphithéâtre, permettait de voir toute la cérémonie.

Au delà de l'Isère, s'élevait le simulacre en bois du monument destiné à perpétuer le souvenir de cette heureuse époque, qui a été consacré par une médaille. C'est le 17 août qu'eut lieu cette belle fête, à laquelle le Roi se rendit de l'hôpital avec la Reine son épouse, Son Altesse Royale Madame la duchesse de Chablais, sa sœur, les grands de la couronne et les dames de la cour. Cette solennité, tout à la fois pompeuse et touchante, fut suivie des acclamations du peuple qui était accouru en foule sur les pas de Sa Majesté, pour célébrer ce grand acte de munificence.

M. le chevalier Chianale, inspecteur de la division, et M. l'ingénieur Bayetti furent chargés de proposer le tracé du nouveau lit de l'Arc et de l'Isère, qui fut approuvé par Sa Majesté et signé par Son Excellence M. le comte Roget de Cholex, premier secrétaire-d'état au ministère de l'intérieur.

Les avantages de ces travaux seront immenses, puisqu'ils auront encore pour résultat de faciliter la navigation de l'Isère. Les détails renfermés dans la note suivante, sur la longueur de cette digue, sur sa hauteur, sur sa construction et sur les moyens employés, tout à la fois, pour préserver les propriétés et les faire jouir de l'engrais que la rivière dépose dans ses crues ; la quantité de terrain qui sera conquise sur l'ancien lit, présentent le plus haut intérêt pour les gens de l'art : ils feront juger de la grandeur de l'entreprise, de l'habileté de ceux à qui l'exécution en est confiée, et pourront servir de modèle pour tous les travaux publics de ce genre.

NOTE.

La commission royale chargea ensuite M. le chevalier Barbavara, ingénieur, de la rédaction du projet définitif pour la mise en œuvre, en lui confiant la direction des travaux.

Il résulte de ce projet que la longueur des digues à faire sur la rive droite de l'Isère est de 43,436 mètres, et de 32,255, sur la rive gauche : ce qui fait en total, ci. . . . . 75,691 m^{es} ⎫
Digue de l'Arc, jusques au confluent de l'Isère. . . . . . 3,400 ⎬ 79,091 00 ⎭

La pente totale de cette rivière est de 83 mètres 51 centimètres, sur une longueur de 42,206 mètres, divisée de la manière suivante :

		PENTE TOTALE.	PENTE PAR MÈTRE.
En partant de l'hôpital sur une longueur de.	2842	9 74	0 0034271
Ensuite sur une longueur de	5148	15 93	0 0030945
Idem.	5955	13 40	0 0022500
Id.	7330	12 70	0 0017320
Id.	10541	16 20	0 0015370
Id.	10390	15 54	0 0015000

La largeur du lit artificiel, soit la distance entre les digues, est fixée à 110 mètres, depuis le confluent de l'Arly jusqu'à celui de l'Arc avec l'Isère ; et à 130 mètres, depuis ce point jusqu'aux limites avec la France.

Les digues consistent dans un fort enrochement d'environ 5 mètres cubes, pour chaque mètre courant ; la forme de la digue est celle d'un trapèze, dont le sommet est à la hauteur des crues ordinaires ; la hauteur moyenne est de 2 mètres 60 centimètres au dessus de l'étiage. Les matériaux pour la construction de ces digues proviennent des carrières qui se trouvent sur la rive droite, à l'exception d'une seule sur la rive gauche : la nature de la pierre est schisteuse jusqu'à Grésy ; et de Grésy à Montmeillan, elle est calcaire.

La dépense de ce *diguement* est supportée en partie par le trésor royal, et en partie par les propriétaires du bassin, qui seront garantis par ces travaux.

Les terrains imposables pour faire face à la dépense, et qui seront préservés par cette digue, s'élèvent à 16000 journaux environ, sans compter 3000 journaux gagnés sur le lit habituel de l'Isère : lesquels seront divisés en quatre catégories, et chaque catégorie sera subdivisée en plusieurs classes (*Manifeste de la commission royale du 25 octobre 1827*).

M. l'ingénieur Justin est chargé de cet important travail.

Après la construction de ces digues, on élèvera, par la suite, sur plusieurs points, un petit mur jusqu'à la hauteur des grandes eaux. Quand les attérissemens auront eu lieu, on fera des chaussées, pour servir de route et de chemin de hallage.

Afin de faciliter les attérissemens, il est ordonné

d'exécuter de fortes levées en terre qui s'élèveront au dessus du niveau des grandes eaux, et qui, partant de la digue, arriveront à la terre ferme, suivant la direction que les localités exigeront.

La commission royale s'est réservé de statuer, d'après les résultats de l'encaissement de l'Isère, sur les deux parties actuellement en construction à l'hôpital et à Montmeillan, et de consolider le *diguement* de la rivière, par le moyen que les Italiens appellent *Golène*; c'est à dire, par une bande de terrain parallèle à la digue, d'une largeur donnée, bordée du côté de la campagne d'une levée en terre, au dessus du niveau des grandes eaux, pour garantir les terrains adjacens. Cette bande de terrain serait de plus, par la suite, complantée d'arbres; ce qui consoliderait la digue, et défendrait le pied de la levée en terre, des corrosions de cette rivière impétueuse.

CHAPITRE XXXII.

Les Gastronomes de Chambéry et d'Aix-les-Bains.

> Dis-moi si tu es gai et enjoué à table, si tu sais jouir de ses plaisirs comme un aimable convive, je te dirai ce que tu es.
> (*Aphorisme des Gastronomes de Chambéry*).

L'ABONDANCE et les variétés de fruits, de légumes, de volailles, de gibier, de poissons, et généralement de tout ce qui peut contribuer à la bonne chère, étonnent tous les étrangers qui arrivent à Aix ; et ils n'apprennent pas avec moins de surprise que toutes ces productions sont indigènes.

Il est assez naturel que, dans un pays où tout semble inviter les habitans aux plaisirs de la table, ils soient l'un de leurs goûts dominans. On raconte à ce sujet qu'un plaisant, pour en donner une idée, publia, dans ses observations sur Chambéry, que l'on y comptait jusqu'à douze traiteurs renommés, tous très riches, et seulement deux libraires, fort pauvres.

Le tableau de cette ville, tracé vers la fin du siècle dernier, est encore aujourd'hui le même, à peu de chose près, sans que cependant on en puisse tirer la conséquence indiquée par le malin auteur. La proximité de Lyon, Grenoble, Genève et Turin, peut facilement expliquer le peu de succès de la profession de libraire à Chambéry.

Les habitans de cette ville, ne manquant ni de gaîté, ni de cette tournure d'esprit qui porte à l'épigramme, plaisantèrent, dit-on, l'observateur sur ses connaissances en bibliographie, aussi bien qu'en biographie. Ils trouvèrent, dans ses remarques, des rapprochemens avec celles de quelques uns de ces voyageurs qui courent le monde, en examinant les contrées qu'ils parcourent, à travers les glaces de leur chaise de poste : on peut appliquer cette observation à la plupart de ceux qui traversent les Alpes. Quoi qu'il en soit, la biographie de ces contrées est pleine de détails curieux et d'un grand intérêt : elle justifie ces vieux proverbes de tous les pays, sur l'alliance des plaisirs de la table avec l'esprit, le goût des lettres.

Ce goût pour la bonne chère, qui remonte à des temps très reculés, semble avoir sa racine dans les mœurs. Les repas sont considérés comme un témoignage d'amitié entre les familles, où l'on se livre à tous les épanchemens du cœur : les visites, à la campagne surtout, sont toujours suivies d'une collation. Cet usage fort ancien retrace le souvenir des mœurs simples et hospitalières des habitans de ce pays.

Des monumens historiques de la fin du XVme siècle établissent que les festins à l'occasion des mariages, naissances et décès, dégénérant en profusion ruineuse, Amédée VIII, prince fort sage, voulut y mettre un terme, en publiant, en 1430, une loi somptuaire qui réglait tout à la fois le nombre des convives, celui des plats d'usage, et les habillemens pour les diverses classes. Ce réglement offre un tableau fort curieux des mœurs de ce temps, où l'on trouve les distinctions entre les nobles, les gradués, les marchands et les artisans.

Il n'était pas permis de rassembler, à l'occasion du mariage de la fille d'un banneret, plus de 24 convives; de 16, pour celle d'un gradué; et de 8, pour celle d'un artisan.

Le repas d'un banneret pouvait être de deux services, chacun de deux plats renforcés : les vins étrangers en étaient bannis. Le même repas était permis aux bourgeois, avec deux plats moins renforcés.

Un réglement de cette nature devait sans doute éprouver des difficultés dans sa rigoureuse exécution. Le goût de la bonne chère, ingénieux dans ses ressources, trouva bientôt des moyens de l'éluder. On fit fabriquer des plats en argent ou en laiton, d'une énorme grandeur, où les viandes bouillies et rôties, le poisson et le gibier, furent arrangés en pyramides : les sauces servies séparément n'étaient point une infraction à la loi. Les convives au delà du nombre fixé se présentaient comme officiers servans de la première table; après quoi, ils étaient régalés à leur tour par ceux qu'ils avaient servis : ce qui donnait lieu à des saillies fort piquantes.

L'esprit de galanterie trouva dans ces usages de courtoisie des moyens d'animer ces banquets par des propos pleins de gaîté. En 1792, époque où ce pays passa sous la domination française, on voyait encore plusieurs de ces plats dans divers châteaux et maisons bourgeoises : on en trouvait surtout dans les églises, où ils servaient à recevoir les offrandes.

Près de quatre siècles se sont écoulés depuis ce réglement. La marche du temps, les progrès du commerce, des sciences et des arts, ont produit bien des changemens dans les mœurs, les usages et les lois ; mais il y a dans le fond du caractère des nations des choses que le temps modifie sans les changer. Le goût des Savoisiens pour le plaisir de la table, qui semble s'allier à un certain esprit de franchise, de douceur et de gaîté, sans perdre de son intensité, a pris des formes agréables. Il a reçu des règles de politesse, de courtoisie, plus puissantes peut-être que les lois du prince.

Amélie avait ouï parler d'une chevalerie de gastronomes, dont on racontait de hauts faits. Il y a, dans les rapports des gens du pays avec les étrangers, un accueil aisé qui tient aux mœurs douces et hospitalières. Nous reçûmes bientôt une invitation à un dîner à la campagne, chez un de ces gastronomes que nous avions eu occasion de voir à Aix. La réunion était composée de plusieurs membres de cette société : quelques uns appartenaient à l'académie florimontane ; la plupart se faisaient remarquer par leur esprit aimable et enjoué ; l'un d'entre eux surtout, habile gastronome, grand conteur, avait une conversation fort animée : deux grosses touffes de cheveux noirs et crépus, semblables aux ailes du messager des dieux, ombrageaient chaque côté de sa grosse tête carrée et à moitié chauve ; sa physionomie riante, ses yeux vifs et brillans, annonçaient une prédestination pour les plaisirs de la table : l'ensemble de ses traits formait dans la gastronomie une figure à caractère : c'était en effet un des docteurs de l'ordre. Amélie se plaisait à l'attaquer par de vives agaceries. Je vais essayer de rendre leur conversation, autant que ma mémoire me le permettra.

AMÉLIE.

Les gens de lettres ont un talent admirable, pour donner des formes gracieuses et séduisantes à toutes les choses qui peuvent flatter leur goût : entraînés par un doux penchant à la bonne chère, ils ont voulu faire un art de la gourmandise, dont ils se sont constitués les professeurs. Mais la gourmandise étant un gros mot qui aurait effarouché surtout les dames, ils lui ont donné un nom plus décent qui est, dit-on, renouvelé des Grecs.

LE CHEVALIER GASTRONOME.

La prévention des dames est assurément une chose fâcheuse ; car elles font le charme, l'agrément de nos réunions gastronomiques ; et suivant la pensée d'un de nos chevaliers, *un repas où il n'y a point de dames est une fête sans musique.* Cette belle sentence, qui honore le cœur et l'esprit de son auteur, est devenue un des aphorismes de notre ordre. Persuadez-vous donc bien, ma belle dame, qu'au lieu d'être des enfans de Satan, nous nous entendons parfaitement avec les prédicateurs et les médecins, pour réprimer les excès de la gourmandise.

AMÉLIE.

Je ne me serais vraiment pas doutée de cette singulière alliance.

LE CHEVALIER GASTRONOME.

Eh bien ! Madame, je vais plus loin : aussi

sévères que les prédicateurs et les médecins, nous faisons plus de conversions que les premiers, et nous sommes mieux obéis que les seconds. Vous riez ! veuillez m'écouter : en effet, ce n'est qu'après les folies du carnaval que l'on va entendre les terribles anathèmes contre les faiblesses humaines ; et entre autres, contre le péché de la gourmandise ; ce qui n'empêche point à cette jolie dame, qui a dit son *mea culpâ*, de recommencer à l'ouverture du carnaval suivant. Ce n'est qu'après une indigestion qu'on fait appeler le médecin ; mais nous, nous prenons l'homme intempérant et le gourmand sur le fait ; nous l'attaquons avec toutes les armes de la chevalerie, les préceptes, les exemples, les plaisanteries ; et souvent il nous arrive ou de prévenir le mal, ou d'arrêter le coupable.

Nous disons au glouton, qu'il doit se modérer, pour apprendre à jouir des plaisirs de la table ; à celui qui prend des indigestions, qu'il pêche essentiellement contre les règles de la gastronomie ; à ce gourmand de profession, dont le goût pour la bonne chère est une passion désordonnée, qu'il méconnaît ce que la gastronomie a de plus fin et de plus délicat. Nous apprenons à l'homme du monde, sans cesse occupé des rêves de son ambition, à les oublier pour un instant, et à passer des affaires au plaisir, avec une égale facilité : nous faisons des éducations ; et la gastronomie est, dans l'art de la bonne chère, ce que la politesse est dans la bonne compagnie. Elle emprunte partout ce qu'il y a de bon et d'utile ; elle a ses règles, ses principes et ses devoirs à remplir : c'est pourquoi nous en avons fait une chevalerie.

AMÉLIE.

Vos chevaliers, à ce qu'il paraît, sont d'aimables gens, et ressemblent beaucoup aux gastronomes de Paris, où cet art a pris naissance : c'est là, dit-on, que siègent les professeurs par excellence.

LE CHEVALIER GASTRONOME.

Les Français sont assurément les maîtres en l'art de plaire ; et pour les plaisirs de la société, on ne peut pas choisir de plus parfaits modèles. Ils s'attribuent sur l'art de la gastronomie, comme sur beaucoup d'autres, l'invention et la suprématie. Ils prétendent, dit-on, que les Anglais, les Allemands, les Russes et les Italiens ne sont point aussi bons juges qu'eux en cette matière ; et que toutes les nations doivent se plier aux règles de leur école.

Mais il y a plusieurs choses à dire sur cette prétention. Sans entrer dans ce vaste champ de controverse, nous conviendrons que cette préférence et cet appétit des substances animales les plus solides, que cette soif des liqueurs fortes qui dominent généralement dans la bonne chère des peuples du nord, s'accordent peu avec les principes de la gastronomie. Cependant il faut avouer que les Anglais trouvent dans ces viandes succulentes et dans ces liqueurs, des jouissances qu'il ne nous est point donné d'apprécier ; tout comme les Italiens, dans leurs sorbets et les boissons rafraîchissantes, goûtent des délices que nous ne pouvons éprouver. Suivant nous, pour beaucoup de choses, tout se réduit à une dispute sur les goûts ; et chaque contrée peut avoir ses règles de gastronomie, et ses mets particuliers, qui ne sauraient être bien jugés que sur les lieux et par les habitans.

Vos gastronomes de Paris sont d'habiles gens et des savans ; leurs vastes connaissances embrassent les productions de tous les pays. Mais pour nous qui n'ambitionnons point des richesses qu'il est si difficile de se procurer; nous ne dépassons pas le cercle de celles que la nature a répandues entre le Rhône et les Alpes : nous connaissons toutes les qualités de vins de nos coteaux, les poissons de nos lacs, de nos rivières ; toutes nos espèces de gibier de passage, de plaines et de montagnes.

On se mit à table; il y avait nombreuse compagnie. C'était la maîtresse de la maison qui faisait les honneurs : nous remarquâmes à ses mouvemens, à l'expression de sa physionomie, et à sa manière de donner ses ordres, combien elle était exercée à ce genre de représentation : semblable à un chef d'état-major, elle embrassait d'un coup-d'œil la table et les convives, et mettait chacun à sa place. A la droite d'Amélie, se trouvait le président, dont j'ai parlé; à gauche, un chevalier de Saint-Louis rentré dans son pays, après avoir laissé des souvenirs de sa bravoure sur plusieurs champs de bataille. C'était un homme enjoué; sa belle tête, ses larges épaules, ses yeux vifs, sa physionomie animée, composaient un bon portrait gastronomique. Il avait complimenté Amélie, et prétendu deviner à son amabilité qu'elle était parisienne, ou qu'elle avait habité long-temps la capitale de la France.

On remarquait, à l'autre extrémité de la table, une dame ayant une espèce de tournure anglaise, et qui faisait de l'esprit : elle avait attiré l'attention d'Amélie, qui semblait chercher à deviner ce qu'elle était. — C'est une *littéracière*, lui dit tout bas le chevalier! Je vous demande pardon du terme; mais il a été adopté parmi nous, pour désigner les académiciens en jupon. Elle a passé une journée dans ma campagne; et lorsque ma fille Fanchette lui présenta un bouquet, elle lui parlait avec une sorte d'enthousiasme des belles pétales et des brillantes corolles de ses fleurs. A l'occasion d'une volière, elle lui vantait son perroquet et le beau plumage des oiseaux de l'Afrique et de l'Amérique : ma fille, qui est assez espiégle, lui montra une grosse poule de Normandie, couvant ses petits, dont elle prenait soin ; puis elle lui faisait admirer son superbe panache, prétendant que cela était plus beau que tous les oiseaux qu'elle avait vus en peinture dans les ouvrages de Buffon. Comme elle l'entretenait du roman de Malvina, elle la conduisit vers un petit four, où l'on faisait cuire d'excellens pâtés : nous rîmes beaucoup de cette petite malice.

La personne que vous voyez à côté de la

femme savante, est un des présidens du sénat, et l'un des plus aimables vieillards de notre ville, qui fut, comme on dit, un *vert galant*. Le temps qui a blanchi sa tête n'a vieilli ni son esprit, ni son imagination, et les jeunes personnes trouvent beaucoup de charmes dans sa société.

La table était, suivant l'usage, garnie à profusion d'un grand nombre de plats, quoique ce ne fût pas un dîner d'appareil : tout nous parut exquis. L'excellente qualité de l'hortolage et son apprêt succulent sont bien supérieurs à cette partie de la cuisine parisienne. On ne remarque point dans certains mets ce mélange des viandes, et ces savantes compositions de Paris qui tendent à confondre leurs différens goûts, et à leur en donner de factices. On a soin au contraire de conserver à chaque chose la saveur et le parfum naturels; et les méthodes paraissent se rapprocher de celles des plus fameux traiteurs de Lyon, qui pourraient trouver des rivaux à Aix et à Chambéry.

Il y a des mets particuliers au pays : quelques uns sont des importations de la bonne chère du Piémont, parmi lesquels on distingue les *agnolots* (1), la *coyette* (2), les *rissoles* (3), la *tymbale au riz* (4), le *riz au cagnon* (5), la *truffe* de *Piémont* (6), la *tymbale à la pollinte* (7), et le *sambayon* (8).

Dans un moment de silence, entre les deux services, un convive au teint pâle et bilieux, aux yeux creux, qui avait beaucoup mangé, sans dire une parole, ouvrit la conversation sur les nouvelles publiques : c'était un de ces hommes qui nourrissent leur esprit de la lecture des journaux. Voilà précisément, dit Amélie à son voisin, une de mes figures de somnambules. Il parla de la politique du prince de Metternich, du cabinet anglais et des diverses puissances de l'Europe. Mais au moment où il s'élevait dans les plus hautes régions, on apporta une énorme truite; et le fil de la conversation fut rompu tout à coup, au bruit d'un murmure général d'admiration. On eût dit de notre diplomate, que c'était l'aigle frappé par la balle enchantée de Robin des bois, qui tombe tout à plat. Cet incident amena la conversation sur les diverses espèces de poissons.

La truite, dit un des convives, est votre meilleur poisson; celles du lac sont vraiment délicieuses; on peut les comparer à celles du Rhône : c'était un Lyonnais. Je vous demande pardon, repartit assez vivement un avocat distingué de

Chambéry, dont les petits yeux noirs étincelaient de vivacité, et qui paraissait connaître sa carte gastronomique tout aussi bien que les lois. Nous avons un poisson particulier au lac d'Hautecombe, appelé lavaret, que les étrangers préfèrent à tous les autres ; et j'ai sur ce point à vous citer une autorité bien respectable : c'est celle d'un roi de France, Henri III. Ce souverain, passant à Chambéry, trouva le lavaret si délicieux, qu'il voulut qu'on lui en envoyât souvent à Paris. Il y avait dans ce temps, quoi qu'on en dise, de fort habiles praticiens dans la gastronomie, bien qu'il n'y eût pas alors tant de livres sur cette science. Mais Henri III aurait été plus émerveillé encore de l'excellence de notre poisson, s'il avait mangé de la truite saumonée du lac du mont Cenis, et de celle de plusieurs de nos rivières, supérieure au même poisson des autres lacs.

Nos tables gastronomiques ont établi des échelles de graduation, qui classent ces diverses qualités. Elles placent au premier rang non seulement les truites saumonées du lac du mont Cenis, mais encore celles des rivières de Fier, du Chéran, de Giffre et de plusieurs autres torrens ; elles sont marquées de petites taches rouges ; la chair a une teinte rougeâtre ; elles surpassent toutes les autres par la finesse du goût. Viennent ensuite les truites de l'Arve, qui ont une chair plus ferme et plus délicate que celles du lac de Genève.

Nous plaçons au troisième rang les poissons des lacs d'Hautecombe et d'Annecy : il n'y a pas de différence, pour la qualité, entre ceux de ce premier lac et ceux du Rhône, excepté toutefois pour le barbeau de ce fleuve qui est meilleur, lorsqu'il est gros. Mais nous divisons pour le goût, en quatre ou cinq classes, les diverses sortes de poissons du lac d'Hautecombe, qui sont au nombre de plus de vingt; et suivant nos tableaux, le lavaret n'est qu'au second rang de la seconde classe : dans la première sont la truite, le brochet, le carpeau, l'umble-chevalier ; et dans la seconde, la lotte, le lavaret, la perche et l'anguille.

Il n'y a pas un de nos chevaliers gastronomes, qui, au goût, et souvent même à la première vue d'un poisson, ne dise s'il est du lac du mont Cenis, des rivières dont je vous ai parlé, du lac d'Hautecombe, ou de celui d'Annecy. Car, ce qu'il y a de de bien remarquable, il existe encore certaines différences dans les qualités des mêmes poissons de ces deux lacs. Les registres de notre chancellerie sont pleins de détails intéressans sur tous ces objets *.

On apporta plusieurs bouteilles de vins coiffées d'un épais goudron, et dont le verre avait une apparence terreuse. On parla des diverses qualités de vins, la conversation s'anima ; on servit des vins de Saint-Jean de la Porte, de Cruet ; puis vinrent ceux de Montmeillan. On s'égaya, on trinqua, suivant l'usage du pays. *Tout repas sans bon vin est une belle femme qui ne sait ni parler, ni rire !* s'écria un des chevaliers gastronomes, d'une voix claire et retentissante. — Très bien, chevalier, lui dit-on. — Cette maxime n'est pas de mon invention, reprit-il, vous savez que c'est un des plus beaux aphorismes de notre ordre.

Voilà d'excellent vin de Mâcon ou du Beaujolais, dit le convive lyonnais, en goûtant le vin de Saint-Jean de la Porte. Je ne sais si je me trompe, mais celui-ci est de Côte-Rôtie, ajouta-t-il, en dégustant un vin de Montmeillan très vieux. Ces vins sont tous de nos vignobles, repartit notre gastronome ; et ce qu'il y a de bien étrange, c'est que nous en avons une assez gran-

---

* Voyez à la fin du chapitre le tableau des poissons.

de quantité que l'on peut comparer à ceux de Surêne; tandis que l'on en trouve qui approchent des meilleurs de France. Par suite des progrès de l'agriculture, qui ont amélioré nos vins, et nous ont appris à les apprécier, nous bannissons de nos tables les vins étrangers, dont le luxe est d'ailleurs au dessus de nos fortunes. Par une bien grande singularité, c'est nous qui faisons exécuter aujourd'hui les ordonnances d'Amédé VIII, qui furent si souvent éludées sous son règne*.

Quel est donc ce genre de crême, dit Amélie, en goûtant le sambayon ? C'est très bon ! C'est un mets qui nous vient du Piémont, lui dit son voisin; et s'il faut en croire certaines chroniques gastronomiques, le sambayon et les agnolots doivent leur invention à l'amour ingénieux d'une jeune et belle Piémontaise pour un prisonnier de guerre français. On raconte que, dans le temps de la guerre entre les Guelfes et les Gibelins, un jeune officier distingué, fait prisonnier en Piémont, était devenu amoureux de la fille du gouverneur d'une citadelle. Celui-ci, irrité de cette passion, avait fait renfermer étroitement son

---

* Voyez à la fin du chapitre la notice sur les vins.

prisonnier; il avait poussé la dureté jusqu'à le réduire au régime des chartreux, en le privant de vins et de liqueurs. Cependant les billets doux et tendres pénétrèrent, dit-on, à travers les grilles et les verroux, comme cela arrive souvent : la jeune Piémontaise, occupée de la santé de son amant, trouva le moyen de faire entrer dans des pâtés ce que la volaille a de plus fin et de plus exquis, et de lui faire goûter un mets qui lui rappelait le goût des liqueurs les plus délicieuses.

On servit le dessert, et le chevalier reprit : Un des plus grands docteurs de la gastronomie a dit *qu'un dessert sans fromage est une belle femme à qui il manque un œil*. Les nôtres n'ont pas cette difformité; il nous serait facile de fournir des yeux de rechange à plus de vingt lieues à la ronde. Le prince de la gastronomie aurait pu ajouter *qu'un dessert sans fruit est un visage sans nez*. Vous voyez que nous pourrions fournir aussi des nez à ceux qui n'en ont pas.

Effectivement, ce dessert présentait un beau coup-d'œil; et, par une réunion bien rare des fruits du printemps, de l'été et de l'automne, on y voyait tout à la fois des fraises, des framboises, des cerises, des prunes, des pêches, des poires, des raisins, et plusieurs espèces de confitures, parmi lesquelles on remarquait la compote verte, composée de concombres et d'un sirop aigre-doux : elle est surtout fort estimée des Anglais.

NOTES.

(1) Les agnolots sont des blancs de volaille enveloppés d'une pâte fine, d'abord cuite au bouillon, et ensuite desséchée sur le feu.

(2) La coyette est du veau roulé avec des herbes aromatiques qui lui donnent un parfum analogue à celui de la viande des bêtes fauves.

(3) Les rissoles sont de la pâte feuilletée frite à la poêle, dans laquelle on met de la crême, de la franchipane et de la marmelade de toute espèce.

(4) La tymbale au riz est un gâteau de riz, farci de blancs de volaille, de gibier et de truffes.

(5) Le riz au cagnon est du riz cuit au jus, sur lequel on met un pigeon, une perdrix ou une bécasse.

(6) La truffe blanche du Piémont, particulière à cette province, a un parfum délicieux qui tient un peu de l'ail.

(7) La tymbale à la pollinte est, comme celle au riz, un gâteau de farine de maïs du Piémont, ou des contrées les plus chaudes de la Savoie, farci de blancs de volaille, de gibier et de truffes.

(8) Le sambayon est une espèce de crême, composée de jaunes d'œufs, de vin blanc d'excellente qualité, de rhum, de sucre et de canelle.

NOTICE

Sur les diverses qualités de Vins, extraite de la Chancellerie des Gastronomes.

Les vins sont très abondans et d'une prodigieuse variété dans ces contrées ; leurs diverses qualités embrassent la plus médiocre, jusques à celles des coteaux les plus renommés de la France : quelques uns de ces vins ont une telle analogie avec ceux de Bourgogne, de Mâcon et des côtes du Rhône, que les étrangers s'y trompent. On doit cet avantage à la nature d'un pays où la configuration des montagnes et les contours des collines présentent une grande variété d'aspects et de température.

Les vignes sont parsemées jusque dans les montagnes qui se rapprochent des grandes Alpes ; on en trouve même à quelques lieues du mont Cenis : la Tarentaise a aussi ses vignobles. Le voyageur qui traverse les gorges de la Maurienne, pour aller en Italie, ne se doute pas que dans ces contrées arides et sauvages, où l'œil ne se repose que sur la sombre et triste verdure du sapin et du bouleau et sur des rochers, il y ait cependant quelques coins où l'on voit mûrir les fruits de la vigne et ceux des plus doux climats : il se persuade difficilement que ces petits vignobles y donnent un vin agréable et léger, comparable, dans les années de bonne maturité, à quelques uns de la Bourgogne de troisième qualité : on les nomme les vins de *Prinsan* et d'*Echaillon*. Les habitans du pays vantent encore ceux de *Saint-Jean* et de *Saint-Julien*; mais les vallées qui environnent Chambéry sont celles où l'on trouve les plus grands vignobles et les meilleurs vins.

On en compte sept à huit qualités différentes qui ont de la renommée. Parmi les plus estimés, on place le vin de *Saint-Jean de la Porte*, situé à quatre lieues de Chambéry. Ce vin, léger et spiritueux, réchauffe l'estomac, facilite la digestion, sans porter à la tête. A la troisième ou quatrième feuille, il acquiert un bouquet agréable : le vin de France avec lequel il a le plus d'analogie, est celui de Mâcon et de Fleury, dans le Beaujolais.

Le vin de *Monterminod*, dans le vallon de

Bassin, près de Chambéry, est également salubre et agréable : moins léger que celui de Saint-Jean de la Porte, il se rapproche des vins de Bordeaux ordinaires.

On place au second rang les vins de *Cruet* et d'*Arbin*, coteaux dépendans du grand vignoble de Montmeillan. Les vins de Touvière, sur la colline de Saint-Innocent, sont généralement inférieurs à ceux de Cruet et d'Arbin, et même à ceux de *Chautagne* ; cependant, divers essais de culture, suivant la méthode de Bourgogne d'où l'on a tiré des plants, ont prouvé que ces vins étaient susceptibles de s'améliorer.

Plusieurs coteaux, qui bordent la rive gauche du Rhône, produisent également de bons vins. On distingue ceux d'*Altesse* et de *Marétel*, vins blancs d'une excellente qualité, comparables à quelques uns du Languedoc, surtout lorsqu'ils sont vieux. Ces vignes ont été plantées par un prince de Savoie, qui en apporta le plant de Chypre.

Le plus grand vignoble des bords du Rhône est celui de *Chautagne*, qui s'étend sur une longueur d'environ deux lieues et demie, de la pointe du lac du Bourget, au nord, jusques à l'embouchure du Fier qui se jette dans le Rhône.

Ce vignoble tourné au couchant, qui n'est pas l'exposition la plus favorable à la culture de la vigne, a cependant un petit nombre d'aspects au midi. Les vins de Chautagne exigent un choix ; les meilleurs se rapprochent de ceux de Saint-Jean de la Porte et de Monterminod, auxquels ils sont pourtant inférieurs. La Chautagne donne aussi des vins fins-clairets qui parviennent à leur maturité la deuxième année, et d'autres plus foncés. Cette différence dans la couleur et le goût provient des procédés de fermentation : ils ne se conservent pas communément au delà de six à sept ans. Les vins de Chautagne de première qualité sont agréables, très sains pour l'usage ordinaire : on peut comparer les vins clairets à ceux de Beaugenci, sur les bords de la Loire, auxquels ils sont même supérieurs.

Les soins de quelques riches propriétaires avaient donné une assez grande renommée à plusieurs qualités de vins de Chautagne, autrefois fort recherchés à Aix, Chambéry et Genève ; mais la majeure partie de ce coteau étant devenue le partage des paysans, la qualité s'est généralement altérée, et l'on n'y trouve plus le vin blanc mousseux de l'*Ecrivain*, qui ressemblait à la clairette de Die, ni celui de *Chante-*

Merle, qui avait quelque analogie avec le vin des Thorins, dans le Mâconnais. Il en existait encore un autre remarquable par un bouquet de framboise ; cependant, quelques uns des anciens propriétaires en récoltent de bonne qualité. On remarque, sur la pente de la montagne de Saint-Germain tournée vers le lac, plusieurs vignobles parsemés dans les débris de roche calcaire : deux entre autres, *Brison* et *Sargoin*, donnent un vin clairet, léger et fort agréable.

Je ne dois point oublier le vin moussseux de la *Serraz*, près de Chambéry, qui imite le Champagne. Mais le vin qui surpasse tous les autres est celui de *Montmeillan*. Ce grand vignoble, à deux lieues de Chambéry, est situé dans l'exposition la plus favorable, au bas d'une longue chaîne de rochers calcaires qui se décomposent : son sol pierreux est propre à hâter la végétation. Ce vin, essentiellement spiritueux, contient beaucoup d'alcool ; il ne parvient à sa maturité qu'à la cinquième feuille, quelquefois plus tard, et il acquiert un bouquet agréable. On le conserve fort long-temps, et même, dit-on, jusqu'à vingt-cinq ans. Il a beaucoup de rapport avec le vin de Côte-Rotie, sur les bords du Rhône ; c'est celui qui étonne le plus les étrangers; on a bien de la peine à leur persuader qu'il est une des productions du sol : il est très estimé des Anglais, et l'on en fait quelques envois en Italie et en Angleterre.

On sait qu'en France, comme dans presque tous les pays de vignoble, où l'agriculture a fait des progrès, les diverses qualités de vins ont plus ou moins dégénéré; mais le sol généralement pierreux du vignoble de Montmeillan ne permettant que fort peu de culture et d'engrais, la qualité des vins s'est bien conservée.

En se dirigeant depuis Aix, au nord, du côté de Genève, on distingue, parmi une grande quantité de vins fort médiocres, ceux de *Désingy*, dans l'arrondissement de Rumilly, et surtout les vins blancs de *Frangy*, qui ont de la renommée.

D'après l'usage des banquets gastronomiques, les vins sont servis dans l'ordre suivant : le Chautagne, comme vin ordinaire; au second service, celui de Saint-Jean de la Porte, de Montmeillan; ensuite les vins blancs d'Altesse ou de Marétel, et les vins mousseux de la Serraz ou de Frangy.

TABLEAU

Extrait des registres de la Chancellerie des Gastronomes, sur les différens genres de Gibier, Volaille, Poissons, que l'on vend à Genève, provenant en général des provinces du Chablais, du Faucigny et de Carouge.

GIBIER.	Poids en livre de Genève de 551 gram.			PRIX A GENÈVE.			
Coq de bruyère, soit faisan, de	3	à	4	de 5	»	à 8	»
Perdrix rouge,	1	à	3	2 50		à 5	»
Perdrix grise,	0 1/2	à	1 1/2	1 50		à 2	50
Bécasse,	1	à	1 1/2	1 50		à 3	50
Lièvre,	5	à	8	4	»	à 6	»
Canard sauvage,	2	à	5	2	»	à 2	50
Cercelle,	0 1/2	à	1	1	»	à 1	50
Caille,				» 50		à »	75
Gelinotte,	0 1/4	à	1/2	2 50		à 4	»
Chevreuil,	15	à	30	20	»	à 40	»
Chamois,	20	à	50	15	»	à 25	»

VOLAILLE.

Coq-d'Inde, de	6	à	12	de 4	»	à 10	»
Chapon de la Roche,	2	à	5	3	»	à 6	»
Poularde de la vallée de Boëge,	2	à	4	2	»	à 5	»

Poulet,	1	à 2	1 » à	2 »
Canard,	2	à 3	2 » à	3 »
Poule,	2	à 4	1 50 à	2 50
Pigeon,	0 1/2	à 1	1 » à	1 50

Le coq de bruyère ou faisan vient des montagnes de Chamouny, du Valais.

Le chevreuil est fort rare.

Les chapons viennent presque tous de la Roche et de ses environs. Bonneville n'en fournit pas sur son marché, qui est à peu près nul ; ils ont une viande blanche, d'un très bon goût, donnant beaucoup de graisse avec laquelle on apprête toute espèce de pâtes, différens légumes, comme cardons, pommes de terre, etc.

Les poulardes de Boëge, assez semblables à celles de Bresse, sont même plus délicates, mais en général moins grasses.

POISSONS.

Truites de l'Arve ; les plus grosses pèsent communément de 6 à 7 livres ; dans le temps du frai, elles peuvent perdre environ 1/5 de leur poids ; elles quittent le Rhône pour remonter l'Arve, où elles sont attirées par la plus grande fraîcheur des eaux qui leur donne une peau un peu noirâtre, une chair plus ferme et plus délicate, que celles du lac de Genève.

Le lac de Genève est peuplé de truites de toute grosseur, jusqu'à 25 à 30 livres : l'on en a même pris, mais fort rarement, du poids de 40 livres.

L'umble-chevalier est en bien moins grande quantité que la truite ; il a un goût plus fin, il est plus délicat et plus gras : les plus gros pèsent environ 18 livres.

Le brochet est aussi en petite quantité ; il a une chair plus ferme que la truite et l'omble-chevalier ; et pourtant il est moins bon et moins délicat : les plus gros sont d'environ 20 livres.

On y pêche quelques lottes de 3 livres ; les plus grosses sont délicates et fort bonnes, lorsque leur fadeur est relevée par une sauce au vin.

Il y a une petite quantité de perches, du poids de 5 livres au plus, d'un goût savoureux ; ce poisson est plus sec, plus sain et moins indigeste que les autres ; il n'a que l'inconvénient d'une grande quantité d'arêtes.

On y trouve un autre genre de poisson, appelé la ferrat, fort commun dans le temps du frai ; les plus grosses ne sont guère que de 1 livre et 1/2 à 2 livres ; quoiqu'elles soient d'une qualité inférieure aux espèces précédentes, celles que l'on prend dans le mois de mai, appelées ferrats *du travers*, parce qu'on les pêche sur un banc de sable qui traverse le lac à deux lieues au dessus de Genève, sont pourtant très bonnes. Ce poisson coûte généralement 1 fr. 50 c. la livre ; mais dans les autres mois de l'année, particulièrement en août et septembre, il est extrêmement abondant, et ne coûte que 75 c. à 1 fr. ; ce prix le met alors à la portée de tous les habitans ; et il s'en fait une grande consommation.

Genève afferme ou fait régir directement la pêche dans la partie du lac attenante à la ville, par le moyen d'un barrage formé de pieux en bois très rapprochés.

traversant d'une rive à l'autre. Par le moyen d'une quantité de nasses placées en avant de cette barrière, l'on prend les plus grosses pièces que l'on place vivantes dans des réservoirs, espèces de petites maisons d'un seul carré, aussi formées de pieux en bois comme le barrage ci-dessus, suffisamment espacés pour ne pas attirer le courant, et permettre le renouvellement de l'eau.

Ces réservoirs constituent ce qu'on appelle vulgairement à Genève *la ferme*. Il y a un bureau avec un commis, pour y vendre le poisson; on n'y en trouve guère que de novembre en février; il y est toujours au prix fixe de 4 florins la livre (1 fr. 85 c.); mais quand il ne s'en trouve plus, et qu'il faut l'acheter sur le marché, il coûte le plus souvent de 3 à 4 fr. la livre, pour la truite et l'umble-chevalier; les autres espèces sont un peu moins chères.

FRUITS.

Pêches, coûtent 30 à 40 c. la pièce, les plus belles.
Abricots. . . . . 30 . . . . . la livre.
Cerises. . . . . . 15 . . . . *Idem.*
Poires. . . . . . . 25 . . . . *Idem.* Les beurrées sont les plus abondantes et les meilleures.
Pommes. . . . . 20 à 25 c. *Idem*, et un peu moins, achetées en provision; les reinettes sont les meilleures à manger crues; l'on ne mange guère les autres espèces que frites et apprêtées. Tous ces fruits sont en général beaux et bons.

EAU DE CERISES.

La meilleure vient des environs d'Evian, de Passy en Faucigny, et de Thônes, aux environs d'Annecy ; elle coûte 1 franc le litre.

MIEL.

Chamouny fournit la plus belle qualité d'un beau blanc, grené et plus doux que les autres ; il coûte environ 1 fr. 75 c. la livre.

FROMAGES.

Ceux du canton de Fribourg, appelés de gruyère, pour l'usage ordinaire, sont les meilleurs et les plus recherchés ; le prix courant est de 75 à 80 c. la livre.

Ceux de Savoie, inférieurs jusqu'à présent, continuent à s'améliorer par les soins que l'on donne à leur manipulation ; ils coûtent, en première qualité, de 60 à 75 c.

TABLEAU

Des Poissons des lacs d'Hautecombe et d'Annecy, extrait des registres de la Chancellerie des Gastronomes.

QUALITÉS :

1re
- Truite.
- Brochet.
- Carpeau.
- Umble-Chevalier.

2me
- Lotte.
- Lavaret.
- Alôse.
- Perche.
- Anguille.

3me
- Tanche.
- Brême.
- Carpe.

4me
- Goujon.
- Veiron.
- Barbeau.
- Armesse.

5me { Mirandèle.
Dremille.
Coridale.
Chevène.
Raie.

Cependant quelques chevaliers gastronomes donnent la préférence à l'umble-chevalier sur la truite : suivant eux, la chair de l'umble, qui tient de la truite et du saumon, est plus délicate.

Le lavaret est un poisson renommé, que l'on ne pêche que dans le lac d'Hautecombe. Quelques habitans de Genève y trouvent de l'analogie avec celui connu sous le nom vulgaire de ferrat; mais il en diffère pour l'espèce; et le lavaret est bien supérieur pour le goût : il est bon dans le temps du frai. Il paraît qu'il se nourrit dans le fond du lac; et il n'est pas commun dans toutes les saisons.

Le carpeau, classé dans la première qualité, est fort gros.

Les raies et les alôses, qui suivaient les trains de sel remontant par le Rhône, sont devenues beaucoup plus rares depuis que la remonte de ces bateaux a cessé.

Voici le tableau des diverses qualités de poissons du lac d'Annecy :

QUALITÉS :
1re { Truite.
Brochet.
Lotte.

2me { Perche.
Anguille.

3me { Carpe.
Tanche.

4ᵐᵉ { Barbeau.
Blason.
Sassot.
Dremille ou mirauton.

5ᵐᵉ { Veiron.
Chevêne ou meunier.

Ce lac, quoique plus grand que celui d'Hautecombe, est cependant bien moins abondant en poissons, et il n'en fournit pas autant d'espèces ; mais il a cela de particulier que la lotte et la perche du lac d'Annecy valent mieux que celles du lac d'Hautecombe ; et le veiron de ce dernier lac est supérieur à celui d'Annecy, où il est commun et peu estimé. Les deux lacs nourrissent quelques moules.

Dans le lac d'Hautecombe les espèces les plus nombreuses sont le lavaret, la perche, le brême et les mirandelles ou sardines d'eau douce. Les familles les plus nombreuses ensuite sont celles de la truite, du brochet, de l'alôse, de la carpe, du goujon, du veiron, de l'armesse, du mirauton ou dremille, et du meunier ou chevêne. Au troisième rang se placent l'umble-chevalier, la lotte, la tanche, le barbeau et le coridale. Au quatrième rang, l'anguille, et enfin la raie qui deviennent de plus en plus rares, depuis la cessation de l'introduction des sels de France dans les états sardes.

Les familles les plus nombreuses du lac d'Annecy sont la lotte, la carpe, le sassot, le veiron et le chevêne. Viennent ensuite la perche, le barbeau, la truite, le blason et la dremille ; la tanche occupe le troisième rang ; le brochet, le quatrième ; et enfin l'anguille qui devient assez rare.

TABLEAU

De quelques Papillons que l'on trouve dans la vallée d'Aix.

PAPILLIO.

A

Acis. G....	Sur la montagne de Mouxi et dans les environs d'Aix.
Argiolus. L....	
Sidero melus de P....	Sur les fleurs, dans le mois de Juillet. (Rare.)
Le demi-Argus.	
Adippe.	*Idem.* Mouxi et Aix.
Le Moyen nacré.	
Admetus... Devillers.	Montagne sur Aix. (Fort rare.)
Adonis.	Aux environs d'Aix. (Abondant.)
L'Adonis.	
Ægeria.	Dans les environs d'Aix, sur les fleurs. (Très abondant.)
Egérie.	
Ethiopœ.	Saint-Innocent. (Abondant.)
Le grand Nègre à bandes fauves.	

Aglaia. Le grand Nacré.	Dans les environs d'Aix, sur les fleurs. (Abondant.)
Alceæ. Devillers.	Dans les environs d'Aix.
Alexis. L'Alexis.	Sur toutes les montagnes élevées des environs d'Aix, celles de Gruffy, du Mont du Chat.
Allionia. Prunner. L'Allioni. Dédié à M. Ailloud, auteur de la Flora pedemontana.	Montagne de Corsuet, au dessus de Saint-Innocent. (Rare.)
Amatusa. Petite Violette.	Sur la montagne de Mouxi.
Antiopa. Le Morio.	Sur le plateau de la montagne de Mouxi; quelquefois aux environs d'Aix.
Apollo. L'Apollon.	Sur les sommets de toutes les montagnes qui environnent le bassin d'Aix.
Arcanius. Céphale.	Sur la montagne de Corsuet.
Argus.	A la Balme, près d'Yenne.

Arion.
Argus bleu à bandes brunes.

(Notes de musique sur le dos). Au Biolay, sur les fleurs.

Arthémis de Hybdener.
Damier.

Sur la montagne de Corsuet, sur les fleurs de la Piloselle.

B

Betulæ.
Le Porte-queue à bandes fauves.

Aux environs d'Aix, dans le jardin du marquis d'Aix, sur les fleurs.

Boeticus... Devillers.
Le Boeticus.

A Grésy et à Aix. (Rare.)

Bracissæ.
Le grand Papillon du chou.

Aux environs d'Aix. Très commun. (Fléau des jardins.)

Brisœis. L...
Brisœis.

Sur les rochers arides. Sur la montagne de Corsuet.

C

Cabbum.
Robert le Diable.

Abondant à Aix.

Camilla. Sylvain cénobite.	Montagnes de Corsuet et de Mouxi. (Difficile à prendre.)
Cardamenes. L... L'Aurore des Alpes.	Dans les environs d'Aix, devant la fontaine ou les clos de M. Berthier.
Cardui. La belle Dame.	Aux environs d'Aix. (Très abondant.)
Castor.	Montagne de Gruffy. (Rare.)
Celtis. L'Echancré.	A Bordeaux, dans les premiers jours du printemps, sur le Celtis australis. (Fort rare.)
Cinxia. Panz. Damier.	Dans les environs d'Aix.
Circé. Vulgairement la Sordène.	Dans les montagnes et aux environs d'Aix.
Cleobis. L'Argus bleu à bandes brunes.	A Touvières. (Rare.)
Comma. Papillon virgule.	Touvières et Saint-Innocent.
Coridon. L'Argus bleu nacré.	

Crategé.	Environs d'Aix, les mon-
L'Egaré.	tagnes et la plaine.
Cyllarus.	Touvières et Saint-Inno-
L'Argus bleu à bandes brunes.	cent.

D

Dia minor. P...	Environs d'Aix, montagne du Corsuet.
Dictynua.....	Sur la montagne de Mouxi et de Corsuet.
Daplidice. L... Variété du papillon Aurore.	Sur la montagne de Corsuet.
Dydimma. Damier, première espèce.	Au Biolay, ou Roche du Roi.

E

Echion.... Devillers.	Sur le Mont du Chat et la montagne de Mouxi.
Edusa... Devillers.	Environs d'Aix.
Eudora... Prunner. Lemesis.	Aux environs d'Aix. (Rare et très recherché.)

Eumedon... Devillers.	Environs d'Aix.
Euphrosine.... L. Le Collier argenté.	A Grésy et sur la montagne de Corsuet.

F

Fauna de Prunner.	Saint-Innocent et Corsuet.
Fritillum... God. Le Plain-Chant.	Montagne de Mouxi, près des chalets.

G

Galatea. L... Demi-deuil.	Dans la plaine et sur la montagne. (Abondant.)

H

Herse. L... Piloselle. Fab... Thitonius... Devillers. L'Amaryllis.	A Saint-Innocent, sur la montagne de Saint-Innocent et de Corsuet.
Hermione. L... Le petit Silvandre.	Mont du Chat. (Abondant.)

Hyale. L...   Aux environs d'Aix.
Le Souci.   (Abondant.)

Hybridus de... Perret.   Au Biolay. (Fort rare.)
Metisentra l'Hypperanthus et la Déjanire.

Hyperantus. L...   Environs d'Aix. (Abon-
Tristam.   dant.)

I

Icarus.
Lepidoptera pedemontana.
L'Argus bleu.

Io. L...   Environs d'Aix. (Rare.)
Le Pan du jour.

Iris cerubæa. L...   Environs d'Aix.
Lutea.

J

Janira. L.... L.   Aux environs d'Aix.
Justina. L.... L.   (Très abondant.)
Le Myrtil.

L

Lacteus.... Perret.
Le Blanc de Lait.

Montagne de Mouxi. (Très rare.)

Lathonia. L...
Le petit Nacré.
Ligæa. L.

Environs d'Aix. (Abondant) à Bordeaux et à Corsuet.

Lavateræ... Goddard.
Alceæ. F...

Bois du Diable, au pied de la Colline de Tresserve.

Leucomelas. Devillers.

Montagne de Mouxi.

Lucina. L...
Le Faune à taches blanches.

Bois du Diable.

M

Macao. L...
Le Papillon de la Reine.

Aux environs d'Aix. (Abondant.)

Macra. L...
Le Satyre.

Environs d'Aix.

Malvæ. L...
Papillon de la Mauve.

Idem. (Abondant.)

Megæra. L...   *Idem.* (Abondant.)
Le Nemasien.

Minimus.... Prunner.   *Idem.* (Rare.)
Le demi-Argus.

N

Napeœ.... Hybdener.   Environs d'Aix.
Rapæ de L...
Le petit papillon blanc
du chou.

Napi. L...   Sur la montagne de
Veine de vert.   Mouxi.

P

Palœno. L...   Environs d'Aix. (Abon-
Le Souci.   dant.)

Pamphilus. L...   Environs d'Aix.
Le Procrès.

Paniseus.... Prunner.   Montagne de Mouxi.
Lahiquier.

Paphia. L...
Tabac d'Espagne.

Phedra. L...   A Hautecombe, dans le
Dryas de Scropoli.   bois.

Phocas.... Prunner.   Environs d'Aix. (Abon-
L'Argus myope.   dant.)

Phœbé.... Goddard.   Montagne de Mouxi.

Phlœas. L...   Environs d'Aix. (Abon-
Le Bronze.   dant.)

Podalyrius. L...   Environs d'Aix. (Très
Le Flambé.   abondant.)

Polychbros. L...   Environs d'Aix. (Très
La grande Tortue.   abondant.)

Pruni. L...
La Porte-Queue brune à
ligne blanche.

Q

Quercus.... Devillers.   Montagne de Beauregard, au dessus de Saint-Innocent. (Très rare.)

R

Rhamné. L...   Dans la plaine et sur la
Papillon de la camiale,   montagne.
ou le Citron.

Rubi. L... Aix, sur les montagnes de Mouxi, Mont du Chat et Saint-Innocent.
L'Argus vert.

S

Sao. L... Montagne de Mouxi.

Semelé. L. Mont du Chat. (Abondant.)
L'Agreste.
Synapis. L...

{ Sybilla. L... Montagne de Mouxi.
{ Camilla. L...

Sylvanus.... Pranner. *Idem.*
Variété de la bande noire.

T

Telephii. L... Environs d'Aix.

Tyresias. *Idem.* (Très rare.)
Le petit Porte-Queue.

U

Urtucæ. L... *Idem.*
La petite Tortue.

V

Virgaureœ. L...		Sur le sommet de la
Le Bronzé ou l'Argus		montagne de Mouxi.
satiné.		

NOTE.

Je dois ce tableau à M. le naturaliste PERRET d'Aix, dont les profondes connaisssances en botanique, en diverses branches de l'histoire naturelle égalent l'extrême obligeance pour les étrangers qui vont visiter son cabinet. Je le prie de recevoir ici le témoignage de ma reconnaissance, et l'expression de mon regret de n'avoir pas eu le temps de faire un chapitre sur sa collection de plantes et de papillons, comme je me l'étais proposé.

NOTICE

SUR LA MAISON HOSPITALIÈRE D'AIX-LES-BAINS POUR LES PAUVRES.

Aix-les-Bains n'avait aucun hôpital pour les pauvres étrangers qui s'y rendaient : les amis de l'humanité voyaient avec peine que la classe indigente se trouvât sans asile, et privée des secours de ces eaux salutaires. Mais un établissement de ce genre présentait de grandes difficultés : la ville n'avait point assez de ressources pour cette fondation, et le gouvernement, bien loin d'y trouver son intérêt, devait craindre qu'un hospice de ce genre y attirât tous les indigens des pays voisins, sous le spécieux prétexte de prendre les eaux. Les administrations locales, cherchant à concilier les devoirs de la charité avec le bien du pays, avaient su prendre un terme moyen, en accordant aux étrangers malheureux l'usage gratuit des eaux, et la faculté de se procurer des logemens à un prix fixe très bas, et des pensions soumises à la surveillance des autorités. C'était sans doute avoir déja beaucoup fait pour l'humanité ; mais, malgré la vigilance d'une police très sage, ces établissemens présentaient encore de graves inconvéniens. Dans cet état de choses, l'administration des bains connaissant l'ame généreuse et compatissante du Roi, chargea le docteur Despine fils de portez aux pieds de Sa Majesté les vœux qu'elle faisait pour le soulagement des étrangers malheureux. Sa Majesté daigna accueillir favorablement la demande, et promit de seconder les autorités locales.

Sur ces entrefaites, un Anglais connu par sa philantropie, M. William HALDIMAN, dont le nom restera éternellement gravé dans la mémoire des habitans de ces contrées, avait déjà manifesté, l'année précédente, le généreux dessein de concourir à la fondation d'un hospice de ce genre. Encouragé par la promesse du Roi et les efforts des administrateurs, jaloux de placer la pierre fondamentale d'un établissement aussi utile, il fit spontanément l'offre d'une somme de dix mille francs, pour acheter la maison convenable à cette œuvre, la réparer et commencer son ameublement.

Le subside accordé par le Roi pour la fondation de cette maison hospitalière a commencé la dotation ; et la ville s'est associée à cet acte d'humanité par une rente annuelle destinée à augmenter et à perfectionner cet établissement, qui s'ouvrira en 1829. Il se composera d'abord d'une douzaine de lits ; l'hospice sera tenu par des sœurs de Saint-Joseph.

Pour y être admis, les malades doivent être porteurs :

1° D'un certificat de bonnes vie et mœurs.

2° D'une attestation d'indigence absolue.

3° D'habillemens et de linge personnel, au moins pour un rechange.

4° Enfin, d'une somme de trente francs.

Chaque cure est de trois semaines. Un *lit* ou une *bourse* est l'entretien d'un malade pendant cet espace de temps : la dépense est prélevée sur son dépôt de trente francs, et le surplus lui est rendu à son départ.

Déja quelques étrangers charitables y ont fondé des *lits* ou *bourses*, en faveur de leurs compatriotes malheureux. Ces fondations ont lieu par des placemens en rentes sur l'Etat, ou bien en prêts d'argent, autorisés par les lois.

Les *logemens à prix fixe* chez les particuliers d'Aix qui en ont fait la soumission continueront, malgré l'institution du nouvel hospice, à recevoir, comme par le passé, les malades qu'on y adresse; ce qui présentera une heureuse concurrence, et favorisera les indigens qui ne pourraient pas être admis dans la maison hospitalière de M. HALDIMAN.

NOTICE

Sur l'organisation actuelle et sur l'administration de l'établissement royal des bains d'Aix.

L'ADMINISTRATION économique des bains d'Aix, dont est spécialement chargé M. l'INTENDANT-GÉNÉRAL de Chambéry, a été confiée par ce magistrat, depuis 1817, à un conseil d'habitans, auquel il a délégué quelques unes de ses attributions. Le conseil, appelé COMMISSION ADMINISTRATIVE des bains, est composé de M. le Syndic de la ville, de M. le Curé et du Médecin-Directeur des eaux qui en sont membres-nés, puis de quatre notables d'Aix, choisis par M. l'Intendant-Général sur une liste de trois personnes présentée à chaque vacance par la Commission Administrative. Elle a un Secrétaire-Caissier qui est chargé de tenir toutes les écritures.

Cette Commission s'occupe de la comptabilité de l'établissement, de son administration économique et d'en régler annuellement le budget.

M. le Médecin-Directeur des bains est chargé de proposer à M. l'Intendant-Général et de provoquer toutes les mesures utiles à la conservation des eaux, à l'amélioration de l'établissement thermal et à l'accroissement de ses ressources. Chaque année le médecin fait au gouvernement, par l'entremise de M. l'Intendant-Général, un rapport médical très détaillé sur tout ce qui s'est passé d'intéressant à Aix, pendant la dernière saison des bains : il y fait mention des améliorations faites et de celles qui sont encore à faire. Il donne une idée du mouvement général des baigneurs et des douches, bains, étuves, etc., etc., administrés dans l'établissement ; l'histoire des maladies guéries, et des cas rares qui y ont été observés.... Enfin, il fait un résumé de tout ce qui peut intéresser l'établissement, dont l'inspection et la direction médicales lui sont personnellement confiées. Cette charge est à la nomination du Roi.

Le mouvement de deux à trois mille baigneurs dans la saison des eaux a exigé, pour la régularité du service, un certain nombre d'employés ; leur chef se nomme l'*Econome des bains*, c'est le *Capo di bagni* des thermes d'Italie, ou le *Badmestre* des Allemands. Il distribue les *numéros d'ordre* pour la douche et le bain ; il est chargé de la police de détail, de l'exécution matérielle du réglement ; il règle chaque jour avec les employés subalternes le compte de leurs *Billets de bain*.

Les autres employés de l'établissement sont le *Contrôleur des billets*, les *Huissiers*, *les doucheurs*, *les doucheuses et les porteurs* ; enfin, le *Concierge*, qui a le droit de porter, comme dans toutes les maisons royales, la petite livrée du Roi.

De jeunes enfans, qu'on appelle *Postillons* ou *Coureurs*, sont chargés de porter, dans les momens où le service est pressé, chez les malades ou dans les diverses pièces de l'établissement, les ordres que l'*Econome* veut y transmettre.

Enfin, pour que le service ne puisse souffrir, quelque pressé qu'il soit, ou dans le cas d'empêchement de quelques uns des employés, chaque classe de ces derniers a plusieurs surnuméraires nommés *aspirans-doucheurs*, *aspirans-porteurs et aspirantes-doucheuses*, toujours prêts au premier appel.

Les porteurs, les doucheurs et les doucheuses, doivent être mariés, savoir lire et écrire, et être âgés de 20 à 25 ans. Ils sont choisis et désignés par la Commission Administrative sur l'avis du médecin des eaux, approuvés et brevetés par M. l'Intendant-Général de Savoie.

Le personnel de ces employés s'élève à plus de cinquante individus : un réglement imprimé fixe les attributions et les devoirs de chacun.

Le caissier des bains remet et reçoit contre de *l'argent comptant* toute espèce de *billets de bain*. Ces billets sont payables au porteur, et il y en a autant d'espèces qu'il se trouve de modifications différentes dans l'administration des eaux. Le tarif des droits perçus à cet égard est calqué sur la rétribution de 45 c. pour les doucheurs et les doucheuses ; 40 c. pour les porteurs, et 65 c. pour la caisse destinée à l'entretien de l'établissement et aux frais d'administration. Les baigneurs ne sont pas tenus à d'autre rétribution.

Les douches avec appareil particulier ou précautions spéciales, telles que celles qu'on appelle *douches écossaises*, *douches mitigées*, *douches avec vapeurs*, *etc.*, *etc.*, se payent un peu plus que les douches ordinaires, à cause de l'entretien des appareils nécessaires, et du temps plus long qu'elles exigent pour les administrer.

NOTE

DES PRINCIPAUX DONS FAITS PAR M. LE GÉNÉRAL DE BOIGNE.

HÔTEL-DIEU DE CHAMBÉRY.

Il a fait reconstruire le portail, et agrandir l'édifice, auquel on a ajouté plusieurs salles ; il a fondé plusieurs lits pour des malades, et quatre lits pour des voyageurs étrangers, de quelque pays et religion qu'ils soient. Il a aussi fondé plusieurs lits pour des malades atteints de galle, phtisie, maladies syphilitiques, que l'Hôtel-Dieu ne pouvait recevoir.

HOSPICE DES ORPHELINES DE CHAMBÉRY.

Fondation d'une place.

HOSPICE SAINT-BENOÎT.

Fondation d'un hospice spécial à Chambéry, destiné à recevoir quarante vieillards des deux sexes, de l'âge de soixante ans et au dessus, appartenant à une classe bien née et aisée de la société, qui auraient éprouvé des revers de fortune.

COMPAGNIE DES CHEVALIERS TIREURS.

Dotation d'un revenu annuel pour des fêtes et des prix.

COMPAGNIE DES GARDES-POMPIERS.

Dotation pour secourir ceux auxquels il arriverait des accidens dans leur service.

COLLÉGE DE CHAMBÉRY.

Dotation pour l'établissement d'un collége, sous la direction des révérends Pères Jésuites, et pour l'augmentation du traitement des professeurs.

DÉPÔT DE MENDICITÉ.

Fondation et dotation de cet établissement pour cent pauvres des deux sexes.

EMBELLISSEMENS ET ASSAINISSEMENT DE LA VILLE.

Construction d'une nouvelle rue, de la place du Château au boulevard. Acquisition des échoppes qui bordaient la rue Couverte, afin d'y former une nouvelle place.

Donation de plusieurs capitaux pour élargir la rue de l'Hôtel-de-Ville, et construire une nouvelle halle pour le marché aux grains.

HOSPICE DES ALIÉNÉS.

Dotation de cet établissement.

MÉTROPOLE DE CHAMBÉRY.

Dotation pour les enfans de chœur.

ACADÉMIE DE CHAMBÉRY.

Dotation de cette société.

THÉATRE DE CHAMBÉRY.

Diverses sommes données pour aider à la reconstruction de cet édifice, etc., etc.

FIN DU SECOND ET DERNIER VOLUME.

TABLE

DES CHAPITRES DU TOME SECOND.

Page.

CHAPITRE XV. — Promenade à Hautecombe. — Coup-d'œil général sur les rives du lac. — Notice historique sur l'origine du monastère d'Hautecombe. — Sur les princes de la maison de Savoie inhumés dans l'église. — Etat de cette église dans les temps antérieurs au XVIIme siècle. — Elégie historique sur la destruction de ces tombeaux en 1792. — Restauration des monumens en 1824. — Fontaine intermittente d'Hautecombe. 1

CHAPITRE XVI. — Promenades, Points de vue pittoresques aux environs d'Aix. 95

CHAPITRE XVII. La Colline de Tresserve. — Maison du colonel Vivian. 105

CHAPITRE XVIII. — La Maison du Diable. — Adolphe et Toinette. 125

CHAPITRE XIX. — Château de Bonport. . . . 137

CHAPITRE XX. — Promenade à Saint-Innocent. 163

Page

Chapitre XXI. — Promenade à Saint-Germain. 177

Chapitre XXII. — Le Crétin somnambule. . . 189

Chapitre XXIII. — Mont du Chat. — Passage d'Annibal. — Voie romaine. 209

Chapitre XXIV. — Fontaine de Saint-Simon. . 229

Chapitre XXV. — Statistique des Bauges. — Cols. — Passages. — Topographie. — Histoire. — Productions du sol. — Histoire naturelle. — Fontaine du Pissieux. — Fontaine de la Traversaz. — Cascades. — Grotte de Bange. — Grotte des Portes. — Pont du Diable. — Forêts. — Prairies. — Céréales. — Pêche. — Chasse. — Commerce. — Industrie. — Fers. — Fromages. — Mœurs. — Points de vue. — Itinéraire. 235

Chapitre XXVI. — Fontaine de Mouxi. . . . 295

Chapitre XXVII. — Promenade à Chambéry et dans les environs. — Bibliothèque publique. — Musée d'antiquités. — Cabinet d'histoire naturelle. — Eglises. — Théâtre. — Le Bout du Monde. — Pépinière. — Jardin de M. Martin Burdin. 305

Chapitre XXVIII. — Promenade à la gorge de Saint-Saturnin. 337

Chapitre XXIX. Manufacture de draps de M. Chevalier. 547

Chapitre XXX. — Cascade de Grésy. — Catastrophe de la baronne de Broc. — Tour de Grésy 553

Chapitre XXXI. — Vallée de l'Isère, Digue de cette rivière. 559

	Page
CHAPITRE XXXII. — Les Gastronomes d'Aix et de Chambéry. — Vins. — Gibier — Volaille. — Poisson. — Fruits. — Miel.	375
TABLEAU de quelques Papillons du bassin d'Aix.	409
MAISON hospitalière d'Aix.	421
ORDRE des bains et des douches.	424
FONDATIONS du général de Boigne.	427

www.ingramcontent.com/pod-product-compliance
Lightning Source LLC
Chambersburg PA
CBHW050907230426
43666CB00010B/2054